Papstwahl und Kaiserthum.

Eine historische Studie

aus dem Staats- und Kirchenrecht

von

Ottokar Lorenz.

Berlin.
Druck und Verlag von Georg Reimer.
1874.

Seinem Freunde

Gustav Hartenstein

in Jena.

Vorwort.

Die Grundlinien der vorliegenden Abhandlung wurden zuerst in dem Juliheste des 32. Bandes der preußischen Jahrbücher veröffentlicht. Ob die letztere Arbeit als ein Auszug aus der gegenwärtigen, oder diese als eine erweiterte Umarbeitung jener anzusehen sei, wäre mir kaum möglich anzugeben. Denn schon seit längerer Zeit schien eine Lücke in den neueren staatsrechtlichen sowohl, wie kirchenrechtlichen Werken beachtenswerth zu sein, deren Ausfüllung als eine dankbare Aufgabe für den Historiker gelten konnte. Soviel vortreffliches die kirchenrechtlichen Darstellungen über die Papstwahl darbieten, so ist doch das Verhältniß der weltlichen Gewalten zum Pontifikatswechsel in zusammenhängender Weise nicht genügend untersucht. Die Unsicherheit, welche auch in politischen Erörterungen über das seit Jahren discutirte und nun bevorstehende Ereigniß überall hervortritt, beweist wohl, wie schwer man sich selbst in den besten Werken über diese spezielle Frage Belehrung verschaffen mag. Aus dem Wunsche und dem Vergnügen eigener Orientierung über den Gegenstand sind die nachfolgenden Untersuchungen entstanden, deren Resultate in dem erwähnten Aufsatze im letzten Sommer, da man den Pontifikatswechsel sehr nahe glaubte, mitgetheilt wurden.

Hiedurch erhält nun die vorliegende umfangreichere Darstellung den Charakter einer Gelegenheitsschrift, obwohl sie es nur insofern ist, als das historische Studium in jedem Momente die Beziehungen zu der Gegenwart nicht abzuweisen vermag. Je länger man sich mit den historischen Quellen beschäftigt, desto reichhaltiger erweisen sich die Anknüpfungspunkte des täglichen Lebens an die alten und ältesten Vorstellungen der Menschen. Wenn der Zusammenhang der Vergangenheit und Gegenwart in der Geschichtswissenschaft nicht bei weitem mehr gepflegt erscheint, so hat dies nicht methodische Gründe, sondern beruht auf der psychologischen Schwierigkeit das zeitlich getrennte neben einander erscheinen zu lassen, also räumlich zu verbinden. Wer aber darin eine größere Uebung erlangt hat, bemerkt bald, daß zwischen den in den Jahrhunderten nacheinander auftretenden oder vorwiegenden Meinungen, Ueberzeugungen und Tendenzen der Menschen und den in einem bestimmten Momente neben einander bestehenden Ansichten kaum ein Unterschied vorhanden ist.

Wenn man von den fünfzig oder sechzig Generationen, die seit Constantins Zeit das hier zu erörternde Problem ganz genau kannten, je einen Repräsentanten in ein Parlament setzte, so würde ihr Gespräch sich genau in demselben Rahmen bewegen, in welchem die Discussion heute das Bild eines scharfen Parteikampfs bietet. Aber man darf behaupten, daß wenn jene fünfzig Vertreter der Vergangenheit gezwungen werden könnten, die Summe ihrer Erfahrungen in bestimmten Sätzen zum Ausdrucke zu bringen, das Resultat der Berathung ein fruchtbareres, reineres und gewisseres sein würde.

Die Wissenschaft, welche die vergangenen Zeiten vorführt und die Todten sprechen, die Zeitalter mit einander parlamentieren läßt, kann nichts anderes wollen, als jene großen, zuverlässigeren und wahreren Entscheidungen gewinnen, oder doch sich ihnen nähern.

In den folgenden Blättern sind die wichtigsten Stellen, welche in jedem Zeitalter für das Verhältniß der weltlichen Macht zu den Papstwahlen entscheidend sind, großentheils wörtlich angeführt worden, um das Material unmittelbar und mit Bequemlichkeit an die Hand zu geben, welches für die weitere Discussion zu verwerthen wäre. Wichtige Belege für diese Beziehungen der Papstwahl zum Kaiserthum wünschte ich nicht übersehen zu haben. Dagegen wurden die Verweisungen auf die neuere Litteratur nur auf das nothwendigste beschränkt und polemische Erörterungen gänzlich ausgeschlossen. Die zahlreichen kritischen Fragen, welche besonders über die älteren Partieen sich ergeben, sind mit erfreulicher Kürze behandelt und werden daher in manchen Kleinigkeiten Widerspruch finden, am meisten von solchen, welche mit dem Wesen der Sache übereinstimmen könnten.

Die politischen Consequenzen der historischen Untersuchung sind nicht gezogen worden. Das Buch wollte nicht etwa Rathschläge ertheilen, oder Wege und Stege für den Gang der Politik aufsuchen. Dazu bedarf es neben der historischen Kenntniß der Sache, um fruchtbar zu wirken, noch eines anderweitigen Einblickes und Ueberblickes, der dem Verfasser in jeder Weise gemangelt hätte.

Das was die Abhandlung leisten sollte, ist die klare Feststellung der rechtlichen Beziehungen des Staates zu der Papstwahl, wie dieselben in der Geschichte der Kirche selbst, und in den kirchenrechtlichen, sogut wie in den staatsrechtlichen Ueberzeugungen wurzeln. In dieser Richtung dürfen die Ergebnisse als überraschend ergiebig bezeichnet werden. Denn durch viele Beweise erscheint es nunmehr als gesichert, daß die Papstwahl keine rein kirchliche Angelegenheit sei und auch von keiner Seite jemals als solche betrachtet wurde; daß der Staat stets einen gewissen, wenn auch in den Formen sehr wechselnden Antheil an dem Pontifikatswechsel nahm; daß den staatlichen Gewalten unter allen Umständen ein auf einem freien Willensakt beruhendes Entschließungsrecht der Papstwahl gegenüber vorbehalten blieb; daß die dem Papste im Staate eingeräumten Rechte auf der Anerkennung des Pontifikatswechsels als solchem und der durch die Wahl erhobenen Person andererseits beruhten und daß endlich hierin bei allem Wechsel der Formen eine ununterbrochene Praxis seit Constantin dem Großen bis auf unsere Zeit im wesentlichen unverändert fortdauerte.

Diese Grundsätze der Papstwahl, und hierin liegt ein besonders eingreifendes Moment, ergeben sich aber nicht in einseitiger Weise blos aus dem Staatsrecht, oder aus dem Kirchenrecht, sie repräsentieren nicht die einseitige Anschauungsweise des einen Theils, sondern in der Papstwahl liegt wirklich derjenige Punkt, wo die Grenzlinien von Staats- und Kirchenrecht sich schneiden und zusammentreffen, wie sich schon aus den Quellen des Verhältnisses, einerseits den Canonen der Kirche, andererseits den Constitutionen und Privilegien der Kaiser und aus der bis auf unsere Tage beiderseits geübten Praxis unzweifelhaft ergibt.

Daß es nützlich und nothwendig und im Interesse des Friedens der Kirche selbst wäre, sich dieser Sachlage zu erinnern und die Grundsätze eines fast zweitausendjährigen Verhältnisses zu beherzigen, ist ebenso sicher, als der umgekehrte Fall wahrscheinlich, wornach die in immer tiefere Irrwege sich verlierende römische Curie die Zerstörung und Vernichtung des uralten Rechtsstandpunktes anstrebt.

An und für sich wäre nichts dagegen einzuwenden, wenn der Papst, das Beispiel seiner Vorfahren nachahmend, Aenderungen an den rein kirchlichen und internen Wahlmodalitäten, dem „Cäremoniale" zu machen beabsichtigte: die gesammte heutige Papstwahl beruht auf dem Dekretalenrechte, und es wäre nicht einzusehn, wie es dem Papste verwehrt sein sollte, neue Dekrete über diesen Gegenstand zu schaffen, welcher unausgesetzt im Wege des Dekrets geordnet worden ist. Hiemit stehen die neuen vaticanischen Glaubenssätze — und dies braucht wohl kaum bemerkt zu werden — ohnehin nicht in dem mindesten Zusammenhange. Was dagegen von jedem neuen Wahldekrete eines Papstes unzweifelhaft und mit entschiedenster Strenge gerade in unserer Zeit gefordert werden muß, ist die Aufrechthaltung und stricte Observanz der Formen, unter welchen einzig und allein eine Aenderung, oder neue Ordnung, Rechtswirksam werden kann. Im vollsten Gegensatz hiezu scheint die Thatsache festzustehen, daß ein Dekret über die Papstwahl verheimlicht wurde und noch verheimlicht wird. Während der Staat, nicht etwa bloß auf Grund seiner eigenen Lebensinteressen, sondern durch eine Reihe von Canonen und Papstdekreten aufgefordert ist, beim Pontifikatswechsel in mannigfaltiger Weise sich zu betheiligen, werden durch heimliche Verordnung, durch unbekannte Hände die alten Formen umgestoßen, welche der Welt bisher als Zeugnisse der Rechtmäßigkeit einer Papstwahl vorgestellt worden sind. In den folgenden Blättern wird sich zeigen, daß der Staat die internen Modalitäten der Papstwahlen nicht für unverrückbar ansah, und einer die Rechte des Staates fast ganz verschlingenden Maschinerie sehr wenig in den Weg legte, allein die geringfügigsten Wahlveränderungen von Seite der Päpste sind niemals auf anderm Wege als auf dem der offiziellen Mittheilung an alle Staats- und Kirchengewalten vor sich gegangen. Die meisten Constitutionen sind auf allgemeinen oder auf römischen Synoden publicirt worden. Das Dekret Julius II. über die Papstwahl ist eines der wenigen, welche nicht in Anwesenheit weltlicher Bevollmächtigter vor versammelten Kirchenvätern bekannt geworden ist. Aber ausdrücklich bezieht es sich auf die erforderliche zur Rechtsgiltigkeit nothwendige Kundmachung und entschuldigt die Unterlassung der „solennen Publikation.“[1])

[1]) Ut autem praesentis constitutionis, decreti, statuti, ordina-

In demselben Dekrete Julius II. werden die weltlichen Mächte aufgefordert, die kirchlichen Gesetze über Simonie zu handhaben, ja der Simonist verliert nach diesem Dekrete seine sämmtlichen Güter und Lehen an den Fiscus desjenigen weltlichen Herrn, in dessen Land sie liegen.[1]) Ob es unter diesen Umständen gestattet sein kann, Wahldekrete früherer Päpste einfach zu cassieren, dürfte eine nicht leichthin rechtlich zu entscheidende Frage sein. Und wenn man auf die Geschichte blickt, so dürfte im Falle von Wahlveränderungen das Recht der Einrede und des Bedenkens den weltlichen Mächten kaum bestritten werden können, falls ein Papst zur Aufstellung von neuen Ordnungen der Wahl des Nachfolgers schreiten sollte.

Jedenfalls dürfte in dem Wortlaut des angeblichen Dekretes, welches kürzlich in nichtamtlicher Form bekannt geworden ist, sich sehr viel Anlaß zum Einspruch von Seite der weltlichen Mächte Europas erheben. Denn auch der, welcher sich aus der Geschichte belehrt, daß die internen Gebräuche der Papstwahl, das Cäremoniale zunächst keineswegs für die Stellung des Pontifikats zu den Staatsgewalten eine allzu tiefe Bedeutung habe, wird doch nicht umhin können über die sehr radicalen Vorschläge, welche das Dekret ent-

tionis, ac inhibitionis nostrae huiusmodi tenor ad omnium notitiam deducatur — das wird also verlangt — volumus praesentes litteras nostras in valvis Basilicae Principis Apostolorum, nec non Cancellariae, ac acie campi florae affigi, nec aliam earundem litterarum publicationis solemnitatem requiri, aut expectari debere, sed huiusmodi affixionem pro solemni publicatione et perpetuo robore sufficere.

[1]) § Mediatores . . fisco secularis principis, in cuius territorio bona sita fuerint.

hält, zu erstaunen. Denn wenn es in der Urkunde beschönigend heißt, daß durch dieselbe das substantielle der Papstwahlgesetze nicht verändert werde, so dürfte kein Kenner der Sache dem beizupflichten im Stande sein. Insbesondere der Umstand, daß es in jedem Falle Sache der Cardinäle sei, die Einrichtungen der nächsten Papstwahlen zu bestimmen, falls der Papst nicht selbst vor seinem Tode Anordnung getroffen, setzt an die Stelle eines ein für allemal giltigen Wahlrechtes, die jedesmalige Opportunität und die Willkühr der Cardinäle. Dieselben erhalten überdies für die nächstbevorstehende Wahl schon jetzt die Erlaubniß über die nächst zu treffenden Einrichtungen zu sprechen und zu berathen und können in Bezug auf den Ort und die Zeit der Wahl Beschlüsse fassen, welche den älteren Wahlconstitutionen widersprechen.

Ohne auf die heutige Sachlage allzu tief eingehen zu wollen, mag es dennoch gestattet sein, einige Punkte diesen angeblichen oder beabsichtigten Neuerungen gegenüber hervorzuheben. Die jüngst veröffentlichte Constitution Pius IX. stellt es den Cardinälen frei, und sie sollen darüber Beschluß fassen, ob sie sich an die Conclaveordnung halten, oder dieselbe aufheben wollen. Merkwürdigerweise ist nun aber gerade dieser Vorgang und zwar ganz speziell in der Clementine, Ne Romani, als ein Mißbrauch bezeichnet; und so wenig man auch vom Standpunkte des Staatsrechts eine Einmischung in die internen Angelegenheiten der Papstwahlen befürworten möchte, so werden doch darüber alle Parteien klar sein, daß eine Wahl, bei welcher die Wähler zugleich als Gesetzgeber der Formen erscheinen, etwas sehr bedenkliches hätte.

Hiemit wird übrigens ein Zustand erneuert, der schon in der Wahlgeschichte einmal vorhanden war. Denn das Dekret Gregors X. wurde bald nach seinem Erscheinen von den während der Sedisvacanz mit den Geschäften betrauten Cardinälen mehrfach beseitigt, und eine Anzahl von Wahlen geschahen, ohne daß sich die Cardinäle der Clausur unterzogen hätten. Diese Abweichungen von dem Gesetze wurden durch das angebliche Verordnungsrecht der Cardinäle während der Sedisvacanz gerechtfertigt. Die Constitution Clemens V. (siehe S. 124) richtet sich unter anderm gegen dieses letztere Prinzip, und sie erklärt es als kirchliches Verbrechen, wenn die Cardinäle eigenmächtig darüber zu entscheiden wagen, ob sie sich an die Conclaveordnung Gregors X. halten mögen oder nicht. Consequenterweise mußte Pius IX., wollte er den alten Mißbrauch zum Gesetze erheben, die betreffenden Bestimmungen der Clementine Ne Romani aufheben und es geschieht dies in der jüngst veröffentlichten Urkunde wirklich; allein vergessen hat man hiebei, daß es nothwendig gewesen wäre, auch die Bulle Coelestins V. Quia futurorum vom Jahre 1294 ausdrücklich außer Kraft zu setzen. Denn in dieser päpstlichen Verfügung wird in noch viel bestimmterer Weise als in der Clementine, gerade jener Vorgang, den die neue Constitution zum Gesetz erheben will, verdammt, mit dem größern Bann und mit Rechtsungiltigkeit bedroht.

Bonifaz VIII. meinte Gregors X. Wahlconstitution, Ubi periculum, vor jedem künftigen Angriff am besten zu bewahren, indem er dieselbe dem sechsten Buche des Dekrets tit. VI. C. 3 einfügte. Man konnte wirklich glauben, daß schon dadurch jeder Radicalismus bei allenfalls nothwendigen Wahlreformen wenigstens vom kirchenrechtlichen Standpunkt unmöglich wäre. Staatsrechtlich betrachtet war zudem die Conclaveordnung nach allen Seiten mehr, als jedes andere Gesetz, mit Garantieen umgeben. Denn dieselbe war von Gregor X. auf dem Concile von Lyon eben jetzt vor 600 Jahren vor den Vertretern der gesammten Kirche und vor den Botschaftern aller weltlichen Mächte des Occidents und selbst des Orients feierlich publicirt und erfuhr von keiner Seite Widerspruch. Vielmehr war sehr bald und bis auf unsere Zeit die Wahrnehmung zu machen, daß die weltlichen Mächte auf die pünktliche Erfüllung der Conclavevorschrift ein sehr großes Gewicht zu legen pflegten.

Aus der Beseitigung der Gregorianischen Constitution erwächst aber noch eine weitere Schwierigkeit. Mit derselben steht und fällt eine ganze Reihe von Gebräuchen, ja das ganze Cäremoniale für die Zeit der Sedisvacanz, welches letztere durch zahlreiche päpstliche Dekrete besonders geordnet wurde. Folgerichtig mußte demnach mit der Conclaveordnung auch das Dekret Clemens XII. vom Jahre 1732, Apostolatus officium, aufgehoben werden. Nun leuchtet aber ein, daß auf diese Weise eine Lücke im Gesetz, eine Rechtsunsicherheit während der gesammten Sedisvacanz entsteht. Den Cardinälen wurden durch das jüngst an das Licht getretene Dekret gewaltige Vollmachten ertheilt, aber es mangelt, nachdem die alte Ordnung aufgehoben ist, durchaus an einer Instruction, von wem und in welcher Art die neue Maschine dirigirt werden soll. Es wird in dieser Beziehung genügen, eine Frage aufzuwerfen mit Rücksicht darauf, daß den Cardinälen frei stehen solle, den Ort und die Zeit der „Wahlcomitien“ nach eigenem Ermessen auszuschreiben. Aber welche unter ihnen werden hiezu berechtigt sein und welche nicht? — Oder werden alle zur Lösung der Vorfragen in einem Vorparlament zusammentreten? Die gewünschte Beschleunigung des Wahlgeschäftes dürfte schwerlich auf diesem Wege zu erwarten sein.

Wenn man es in dem jüngst veröffentlichten Actenstücke nicht etwa mit einer sehr geschickten Täuschung zu thun hat, so ist durch die geheimen Vorschriften des Papstes Pius IX. eine radicale Veränderung der innern Wahleinrichtungen geplant. Nun ist, wie schon bemerkt, das letztere Gebiet ein solches, welches dem Dekretalenrechte nicht entzogen werden kann. Gewiß sind keine Anhaltspunkte im Kirchen- oder Staatsrechte zu finden, daß die gegenwärtigen Wahlformen absolut unumstößlich seien. Man könnte ja manchen alten Canon nennen, dessen einfache Erneuerung sehr verdienstlich und vom Standpunkte des Staatsrechts nur wünschenswerth erschiene. Was aber unter allen Umständen bei allfälligen dekretalen Neuerungen der Papstwahlen auf das pünktlichste beachtet werden müßte, ist die ordnungsmäßige Vorbereitung, Mittheilung und Publication solcher Verfügungen und ohne Zweifel bliebe das Recht des Einspruchs den weltlichen Gewalten nach fünfzehnhundertjähriger Praxis unbenommen.

Im andern Falle tritt an jeden Staat, der sich nicht selbst aufgibt, die schwerwiegende Frage der Verweigerung der Anerkennung des Pontifikatswechsels und Wahlakts mit unausbleiblicher Nothwendigkeit heran.

Die folgende Abhandlung bietet nach dieser Seite vielleicht einiges schätzbare Material. Die Geschichte der Obedienzverweigerungen ist hier zwar nur mit Rücksicht auf das deutsche Reich, aber wenigstens in einem Zusammenhange vorgeführt, wie er sich nicht gerade ohne Mühe und gleichsam von selbst aus den Geschichtswerken ergibt. Es war auch in diesem Punkte nöthig, auf die Quellen zurückzugehn, um die alten Zeugen nach ihrem eigenen und wirklichen Sinne sprechen zu lassen. Indessen ist in dieser Partie deutscher Geschichte soviles treffliche gearbeitet worden, daß es schwer fällt, nicht alles anführen zu können, woraus man dankbar Belehrung schöpfte. Im ganzen und großen zeigt sich doch auch hier, daß die Hauptergebnisse der Wissenschaft nicht gar so ferne von einander liegen, als man manchmal glaubt.

Die genauere hier versuchte Feststellung von solchen Resultaten, über welche möglichst größte Uebereinstimmung schon besteht, dürfte vielleicht ein allgemeineres Interesse erregen und einiges zur richtigen Würdigung von Fragen beitragen, welche allerorten in gewaltige Gährung gerathen sind.

Inhaltsübersicht.

Einleitung 1—7.

Ueber das Verhältniß von Staatsrecht und Kirchenrecht, über die Bedeutung des römischen Pontifikats, seine Geschichte und Politik.

I. Capitel. Grundlagen und Bedingungen der Papstwahl 8—56.

Ueber die verschiedenen Seiten und Beziehungen einer Papstwahl S. 9. Ihre Betrachtung mehr nach den innern oder den äußern Verhältnissen 10—12. Eintritt der Kirche in die staatsrechtliche Stellung und das Verhalten der römischen Kaiser zu den Papstwahlen 12—17. Die germanischen Könige in Rom nehmen dieselben und noch strengere Rechte in Anspruch 17—21. Die oströmischen Kaiser üben ein unbedingtes Bestätigungsrecht über die römischen Papstwahlen 21—25 und übertragen unter Constantin Pogonatus dasselbe wegen Abkürzung des Geschäftsganges auf den Exarchen von Ravenna als Patrizius von Rom 26—31. Hierauf gehn die Rechte des Exarchen auf den fränkischen Patrizius über 31—38, und bei Begründung des fränkischen Kaiserthums werden durch mannigfaltige Verträge die Rechte über die Papstwahl beiderseitig geordnet 38—54, wobei sich ein öfterer Wechsel in den Modalitäten der Bestätigung und Genehmigung der Wahl durch den Kaiser nachweisen läßt 55, 56.

II. Capitel. Oberhoheit des Kaiserthums 57—82.

Otto I. wird Kaiser und es wird ihm geschworen, daß niemand ohne seine Genehmigung zum Papst geweiht werden dürfe 57—61. Nachdem er Leo VIII. eingesetzt, erhält er von diesem hierüber ein Privilegium, welches aber in unechter Form vorliegt 62—68. Unter Otto III wird das Verhältniß im Sinne einer der Wahl vorhergehenden Bezeichnung des Papstes durch den Kaiser verschoben 69, was nachher von Heinrich III. zu einer sehr ausgedehnten Initiative benutzt wird, welche wir als Denominationsrecht bezeichnen 70—74, worauf sich aber die kirchliche Reformpartei bemüht, die alte Ordnung der Akte und die Initiative des canonischen Wahlrechts wieder herzustellen 74—82.

Einleitung.

Wenn es eine Macht in Europa gibt, für deren politische Thätigkeit die eigene Geschichte maßgebend ist, so darf man dies von der römischen Curie behaupten. Auch ihre Gegner sind an eine Reihe historischer Betrachtungen gewiesen, wenn sie die Schritte des römischen Papstthums richtig beurtheilen oder bekämpfen wollen. Ueberall ruht die Stärke und Sicherheit der apostolischen Macht auf der festen Tradition und der verwickelten juristischen Basis ihrer Politik. Sie hat sich stets auf eine eigenartige, besondere Stellung gegenüber dem Staate berufen, und dabei den größten Einfluß auf den Staat geübt. Sie hat ein eigenthümliches in sich beruhendes Recht ausgebildet, und diesem dann wieder im Völker- und Staatsrecht Geltung verschafft. Und dabei ist es doch nie zu einer vollkommenen rechtlichen Auseinandersetzung mit dem Staate gekommen. Wer die Geschichte des Papstthums verfolgt und die große Elasticität seiner Doctrinen, die Unsicherheit der Quellen des Rechts und die Consequenz in der Durchführung gewonnener Sätze beachtet, dem erscheint es vielmehr, daß das Verhältniß von Staat und

Kirche wie mit Absicht eine offene Frage bleibt und daß es der Kampf selbst ist, der das Wesen der kirchenrechtlichen Anschauung von den Grenzen der beiden Gewalten bezeichnet.

Fast ohne Ausnahme ist jedes der Jahrhunderte von Streitigkeiten zwischen Staat und Kirche erfüllt und in den manigfaltigsten Formen tritt derselbe Gegensatz in steter Wiederholung auf, so daß man die gleiche Erscheinung, nur mit wechselnden Formen, vor sich zu haben meint. Obgleich die heutige Politik nicht mehr von Belehnung mit Ring und Stab handelt, so nennen unsere Lippen bei ähnlichem Anlaß doch gleichsam mechanisch Canossa und Heinrich IV. Das Wesen des Kampfes ist gleich geblieben, und für die Gleichartigkeit der Ansprüche, welche heute aus dem Recht der Kirche abgeleitet werden, ist bezeichnend, daß kein Staatsmann Behauptungen, die sich auf Decrete Gregor's VII. oder Innocenz III. berufen, zu erwägen und zu widerlegen sich für enthoben halten kann, während man den Ernst von Forderungen mit Recht bezweifelte, welche eine Macht auf Grund von Staats-Acten Karl's des Großen oder Ludwigs IX. erheben würde.

Staats-Recht und Kirchen-Recht stehen sich noch heute in derselben Weise gegenüber wie vor tausend Jahren, und eine glückliche Lösung dieser Beziehungen wird noch immer vergeblich gesucht. Es ist hier nicht der Ort, auf die Versuche einzugehen, welche vornehmlich das letzte Jahrhundert machte, um die schwierige Frage radikal zu lösen. Doch dürfen wir bemerken, daß sich der starre Absolutismus und die demokratisch-formale Lehre von der freien Kirche im freien Staate in den Resultaten ähnlich waren. Die Gesetzgebung, welche das canonische Recht einfach negirte, konnte doch nirgend verhindern, daß ein großer Theil desselben durch Seitenthüren eindrang, und in dem freien Staate ist das Staats-Recht dem der Kirche im offenen Kampfe erlegen.

Ebenso hat aber auch die Veränderung, welche der weltliche Besitz des Papstes erfahren, sogut wie gar keinen Einfluß auf das Verhältniß von Staat und Kirche geübt. Wenn man sich noch vor Kurzem der Täuschung hingab, daß das Zusammenbrechen der weltlichen Macht auch die Stärke und Sicherheit der absoluten Kirchenregierung, gegenüber Staaten und weltlichem Rechte, ermäßigen oder vernichten werde, so beweist der heute vorliegende Kampf, daß es sich um unveränderliche Punkte handle, welche die gleiche Schwärze zeigen, mag der oberste Priester seine Macht von einem kleinen oder kleinsten Territorium der Erde ausüben. Der Sitz der Krankheit, welche das moderne Staatsrecht mit den verschiedensten Methoden nicht zu heilen vermochte, scheint tiefer zu liegen, und ein Blick in den historischen Gang der römischen Weltmacht wird immer wieder seine Berechigungt haben.

Bezeichnend für die ungeschwächte Bedeutung des Pontificats ist der Umstand, daß fast alle Mächte Europa's an der bevorstehenden Papstwahl ein kaum geahntes Interesse nehmen. Was ist der Grund hievon? vermag der „Gefangene Italiens" das siegreiche Deutschland und das gedemüthigte Frankreich so gleichermaßen zu beunruhigen? — Von Jahrhundert zu Jahrhundert ist mit der steigenden Macht des römischen Oberpriesters Wunsch und Nothwendigkeit einer Einflußnahme auf seine Wahl von Seite der weltlichen Mächte gestiegen. Es ist nur eine natürliche Folge, wenn in dem Momente, wo dem Papste eine noch ausgedehntere Gewalt übertragen und die Summe der kirchenrechtlichen Prätentionen in der Unfehlbarkeit gezogen wurde, die Sorge der Staaten um ihre inneren Angelegenheiten einen strengeren Blick auf die vaticanischen Ereignisse fordert. Die Rechte der Kirchen und Bischöfe sind durch die kirchenrechtliche Zauberformel in immer ausgedehnterem Maße auf den päpstlichen Stuhl übergegangen. Jegliches selbstständige Leben katholischer Gemeinden ist bis auf die Knochen vom römischen Primate ausgesogen worden. Die eherne Consequenz des Kirchenrechts stellt den katholischen Menschen unter die unmittelbare Bevormundung der päpstlichen Macht. Mag man die gegenwärtig geltende Lehre und Definition vom Primat als eine Ausgeburt der Doctrin, oder als die Krönung des Gebäudes betrachten, gewiß ist nur, daß ein neuer Hebel an die inneren Angelegenheiten jedes einzelnen Staates, in welchem katholische Menschen leben, gesetzt worden ist. Der Papst mit seinen Satzungen hat sich über — wenn man will außer die gesammte Staatenwelt gestellt und erklärt, daß er auf seinem Boden nur Freiheit wolle. Aber die Wirklichkeit der Dinge lehrt, daß es der Staat nicht mit einer fremden Macht, sondern mit den eigenen inneren Angelegenheiten hier zu thun habe. Das Papstthum wird niemand für eine auswärtige Potenz betrachten, der sieht, wie der Papst überall thront und in jeder Dorfkirche sich geltend macht. Sollen nun die Staaten abwarten, bis der entfesselte Strom in's Haus eingedrungen ist, muß es nicht als das nützlichere erscheinen, hinauf zur Quelle zu gehen und die kleine Oeffnung zu verstopfen? Wie oft sind die deutschen Kaiser mit der guten Absicht, das letztere zu erreichen, über die Alpen gestiegen und haben die schlimme und der nationalen Entwicklung nur zu oft schädliche Heerfahrt nicht gescheut, um sich im Centrum der Welt solcher Menschen zu versichern, die nur sanftfließendes Wasser in die Länder herablassen sollten. Später zog und konnte man nicht mehr nach Rom ziehen, und die

Diplomatie mußte allein mit den Nymphen der heiligen Quelle ihr Glück versuchen, damit es der tückischen Gottheit nicht etwa gefalle, bald da bald dort die Länder zu überschwemmen. Sind die Staaten Europa's nicht heute noch genau in demselben Falle wie die alten Kaiser? Werden sie nicht genöthigt sein, dieselben Erwägungen zu machen, wenn der neue Papst gewählt wird, wie man sie schon am Hofe Karl's des Großen angestellt hat? Wer heute den unbotmäßigen, organisirten, an Mitteln reichen, gewaltigen Clerus in den verschiedensten Staaten Europa's, und besonders in Deutschland, zum Kampfe gerüstet sieht, dem kann es wohl nicht schwer sein zu begreifen, warum die alten Kaiser zuweilen nach Rom gingen, um dort lieber den Einen, als in Deutschland ein paar Dutzend Bischöfe, aus dem Sattel zu heben. Und wenn man heute in Deutschland durch einen glücklichen Griff in die Wahl des nächsten Papstes die Opposition im Lande zu brechen vermöchte, wer könnte es verantworten, an der Quelle müßig gewesen zu sein? — die großen politischen Gegensätze in der Welt bieten zu allen Zeiten Analogien, die man nicht wörtlich zu verstehen hat, die aber das Verständniß der Lage jedesmal erleichtern. Das moderne Kaiserthum ist kein römisches Kaiserthum. Italien so gut wie Deutschland haben eine mächtig verschiedene Grundlage ihrer staatlichen Existenz und ihrer welthistorischen Berechtigung erlangt, allein in ihrem Verhältniß zur Kirche ist Vieles gleich geblieben oder regt zur Vergleichung an.

Daß sich demnach in dem bestehenden Kampfe zwischen staatlicher und kirchlicher Gewalt die Aufmerksamkeit der praktischen Politik der Papstwahl zulenkt und daß man die Frage, ob und welche Lösung der Streit zwischen „kanonischem Recht und Staats-Recht" erfahren könne und werde, in Zusammenhang mit der Wahl des Papstes bringt, ist erklärlich und wohl begründet.

Allgemein betrachtet kommen bei dem Wechsel der Pontifikate sachliche und persönliche Fragen in Betracht, und zu allen Zeiten haben die Staatsmänner verschiedene Antworten darauf gegeben, ob sie diesen oder jenen im entscheidenden Augenblicke größeres Gewicht beizulegen hätten. Zu allen Zeiten betrachtete es die Diplomatie als einen Triumph, die Wahl eines persönlich befreundeten und wohlgeneigten Hauptes der katholischen Kirche bewirkt zu haben. In Wahrheit aber wird der Kenner der Papstgeschichte sehr geneigt sein, der Personenfrage bei der Papstwahl keine allzu große Bedeutung beizumessen. Nicht als ob die Geschichte zwischen den persönlichen Eigenschaften und Anschauungen der Päpste, zwischen ihren individuellen Charakterzügen, geringere Unterschiede erkennen ließe, als bei Königen und Fürsten der Fall ist. Wem treten nicht vielmehr bei der Erinnerung an diese reiche hochbewegte Papstgeschichte nur scharfgeschnittene, markirte Gestalten in voller Lebendigkeit vor das innere Auge? Persönlichkeiten von lasterhafter Größe in den Zeiten der Marozia oder der Renaissance, Herrschernaturen von imposanter Willensstärke im Ansturm gegen die alte deutsche Kaisermacht, staatskluge, schlaue Diplomaten der Reformations-Epoche, Organisationstalente und Meister der Verwaltung, Mönchsgestalten und Einsiedler, Gelehrte und Doctrinäre, Fanatiker des Glaubens neben heidnisch-gearteten Philosophen, schlichte einfache Männer mit einem Zuge der Ermattung und Märtyrer der Ueberzeugung, — alle nur immer möglichen Schattirungen des Charakters sind hier vertreten. Keine andere Regenten-Reihe hat eine gleiche Mannigfaltigkeit aufzuweisen. Und dennoch muß man von den 262 Papstregierungen sagen, daß sie in einer Richtung eine erstaunliche Verwandtschaft und Aehnlichkeit zeigen, und diese liegt in ihrem Verhältniß zu den weltlichen Mächten, zum Staate überhaupt. Mit wenigen Ausnahmen behandeln sie die großen Fragen von Staat und Kirche nach wesentlich gleichen Gesichtspunkten. In ihrem Verhalten gegen die Staatsgewalt mögen die einen gemäßigtere, die andern gewaltsamere Ansprüche erhoben haben, die Prinzipien ihrer Politik waren immer dieselben. Manche Zeiträume hindurch scheinen die höchsten Ideale päpstlicher Stellung fast aus der Welt der Thatsachen verschwunden, aber sie waren jederzeit vorhanden, um bei guter Gelegenheit in den Vordergrund der abendländischen Geschichte zu treten. In diesem Punkte lag eine unverwüstliche Stärke der Tradition, an deren Ausbildung und Verwirklichung die verschiedensten Persönlichkeiten mit gleichem Eifer arbeiteten. War es daher auch manchem Staatsmann gelungen, nach schwerem Ringen den Papst seines Herzens aus der Wahl hervorgehen zu sehen, dem Recht der Staaten gegenüber galt immer derselbe Codex römischer Macht und Auffassung. An der realen Durchführung des Ideals hatten verschiedene Zeiten den mannigfaltigsten Antheil, aber im Ganzen ist die Stetigkeit der Entwicklung nicht zu verkennen. Immer stärker und geschlossener erhebt sich der Geist der Kirche, immer mächtiger erbaut sich von Jahrhundert zu Jahrhundert die Schutzmauer, welche die Päpste ihr Recht nennen. Der einzelne Mensch tritt zurück, das Persönliche verschwindet hinter dem Papste, der immer der Papst bleibt.

Will man die Natur dieser durchgreifendsten politischen Tradition kennen lernen, so muß man sie in ihrer Entwickelung und in den verschiedenen Formen und Zeiten ihrer Erscheinung beobachten.

I. Capitel.

Grundlagen und Bedingungen der Papstwahl.

Wenn man die Vorgänge betrachtet, welche bei dem Wechsel der römischen Pontifikate während einer fast zweitausendjährigen Geschichte stattgefunden haben, so läßt sich der Blick nach sehr verschiedenen Seiten hin wenden. Schon an und für sich bilden die Gewohnheiten und Gebräuche der Wahlen ein reiches Feld historischer Betrachtung. Indem man die mit Gesetzeskraft ausgestatteten kanonischen Bestimmungen und Erklärungen über den wichtigen Gegenstand erörtert, vermag man gleichsam eine Norm aufzustellen, welche auch in künftigen Fällen für die Wahlhandlung maßgebend sein wird. Solche Untersuchungen werden Kennzeichen für die Ordnungsmäßigkeit des Hergangs der Wahlen entnehmen lassen, sie werden überhaupt alles das, was für den inneren kirchlichen Charakter des Pontifikats-Wechsels entscheidend sein mag, in Evidenz erhalten, sie werden vorzugsweise als kanonische, kirchenrechtliche gelten müssen.

Allein der gesammte kirchliche Akt, den man kurz mit dem Namen der Papstwahl bezeichnet, bietet der Betrachtung noch eine andere Seite dar, deren Erkenntniß und Würdigung ebenfalls einen sehr hohen Werth in Anspruch nimmt. Denn indem die Wahl des Papstes als sich vollziehende oder als vollzogene Thatsache eine ganze Reihe von weiteren Beziehungen und Verhältnissen wachruft, kommen auch noch andere Gesetze, Rechte, Bedürfnisse und Gewohnheiten der Völker und Staaten in Betracht. Die rein kirchenrechtlichen Untersuchungen werden daher, obwohl sie besonders in neuerer Zeit ebenfalls mehr auf allgemeine historische Grundlagen zurückgeführt worden sind, ihrer Natur nach die Fragen, welche sich aus Anlaß der Papstwahl erheben, nicht nach allen Seiten hin zur Lösung bringen können. Für den, welcher das Ereigniß einer Papstwahl der Gegenwart oder Vergangenheit in seiner Totalität studieren will, fängt eigentlich die Arbeit erst da an, wo sie der Canonist gemeiniglich abbricht. Beide Betrachtungsweisen aber ergänzen sich nothwendig und niemand könnte die eine oder andere völlig entbehren, oder die eine von der andern ganz absondern. Wohl aber läßt sich nicht läugnen, daß die Rücksicht auf jene innern kirchlichen Umstände, welche bei den Papstwahlen in Geltung kommen, in der heutigen Wissenschaft vorherrscht und schon häufig zu systematischen Darstellungen führte, während zusammenhängende Untersuchungen über die Papstwahlen nach ihren äußern Beziehungen und nach ihren rechtlichen Verhältnissen zu andern geschichtlichen Mächten fast gänzlich fehlen.[1])

---

[1]) Von der älteren Litteratur gilt dies nicht und es ist für den Unterschied des wissenschaftlichen Interesses, welches im vorigen Jahrhundert bestand, bezeichnend, daß genau dieselbe Frage, die ich hier zu behandeln vorhabe, ehedem häufig abgehandelt wurde, neuerer Zeit in monographischer Gestalt nicht. Otto, de iure imperatoris circa electionem pontificis Romani 1723, und noch besser Kemmerich, progr. de iure imperatoris circa constitutionem pontificis 1724 zeichnen sich bei höchst mangelhaftem historischen Inhalt durch den im vorigen Jahrhundert noch vorhandenen Reichsinstinkt und praktische Gesichtspunkte aus. Allgemeiner gehalten ist Burchard Maii, dissertatio de Romani pontificis electione.

Insbesondere ist die Stellung, welche das Kaiserthum den Papstwahlen gegenüber einnahm, vermöge der besondern Beziehungen der beiden höchsten Gewalten zu einander von eingreifender Wichtigkeit, ja wenn man von den Papstwahlen in historischem Sinne spricht, so wird sich in den meisten Fällen der Schlüssel des Verständnisses erst von dieser Seite her gewinnen lassen. Man darf ungescheut hinzufügen, daß auch der Nutzen, welchen die Politik aus der Geschichte in diesem Falle ziehen mag, vornehmlich in der richtigen Erkenntniß des Verhältnisses liegen wird, in welchen die beiden großen Potenzen bei dem Pontifikatswechsel zu einander standen. An diesem Punkte die Rechte des Einzelnen und die Gesetze des Ganzen klar darzulegen, darf man als eine Hauptforderung der Wissenschaft sogut, wie der Politik erachten. Von dieser Seite gesehn, bedürfen vielleicht auch die bisherigen Untersuchungen und Darstellungen des Gegenstandes am meisten und dringendsten einer Ergänzung. Denn die Fragen, welche sich auf die innere Einrichtung der Papstwahlen und diejenigen, welche sich mehr auf die mit dem Pontifikatswechsel verbundenen allgemeinrechtlichen Umstände

Mich. Ign. Schmidt, de fatis jur. imp. in den Acten der Mainzer Akad. 1777 sehr werthvoll, reicht bis Alexander III. Unbedeutender ist Geisau, historica narratio juris, quod Imperatores in approbandis pontificibus habuerunt, Wien 1782. Das praktische und viel benutzte Buch von Staudenmaier, Geschichte der Bischofswahlen, Tübingen 1830 widmet manches Capitel den Papstwahlen. In neuerer Zeit ist der Gegenstand in den allgemeinen Werken über das Verhältniß von Kaiserthum und Papstthum ebenso oft und gründlich, wie in den kirchengeschichtlichen und kirchenrechtlichen Darstellungen, insbesonders von Phillips und Hinschius behandelt worden. Es gilt gegenwärtig nur die Frage aus der historischen Fülle der Litteratur in ihrer monographischen Gestalt nach Art jener älteren Dissertationen herauszuheben und zu gestalten, was Angesichts der heutigen historischen Forschungen gewiß eine leichtere Aufgabe geworden ist.

beziehen, nehmen zwar mannigfaltigen Einfluß auf einander, decken sich aber weder in Bezug auf die Sache selbst, noch auf die Zeit ihres Ursprungs. Wer die Geschichte der Wahlen als solcher, ihre Organisation und Entwickelung studieren wollte, der würde kaum eines Bildes der ältesten Zustände der Kirche entbehren können, und so unsicher auf diesem Gebiete seine Quellen auch wären und so schwer es auch sein möchte eine sichere Vorstellung von den Wahlen der Bischöfe in den ältesten christlichen und apostolischen Zeiten zu gewinnen, so wenig dürfte doch der, welcher dieser Grundlage entbehrte, ein richtiges Verständniß für die späteren Veränderungen der Papstwahlen behaupten können. Wer dagegen sein Augenmerk auf die Stellung der weltlichen Mächte gegenüber dem kirchlichen Akte richtet, für den sind die Wahlverhältnisse, wie sie in den Zeiten der Gründung der Kirche bestanden ohne fruchtbare Ausbeute; erst mit dem Heraustreten der christlichen Gemeinde in die Sphäre der allgemeinen staatlichen Einrichtungen beginnt sich das in Betracht kommende Verhältniß zu bilden und nimmt dann mit jedem Jahrhunderte an Gewicht und Bedeutung zu.

Aus den Beziehungen zwischen dem Staate nnd der christlichen Kirche ergaben sich auch in Rücksicht auf die Bischofswahlen überhaupt und auf die des römischen Papstes insbesondere gewisse Gewohnheiten und Feststellungen, welche von Geschlecht zu Geschlecht, von Papstwahl zu Papstwahl die Ueberzeugung fortpflanzten, daß die weltliche Gewalt an dem wichtigen Akte der Kirche einen nothwendigen Antheil, oder wenigstens ein zur Mitwirkung aufforderndes Interesse besitze. Die Gesetzgebungen von Staat und Kirche griffen so sehr in einander, daß auch die Besetzung der kirchlichen Aemter zu einer Lebensfrage beider Theile werden mußte. Der Staat hatte der christlichen Kirche die umfassendsten Zugeständnisse gemacht, deren die heidnischen Culte immer mehr beraubt worden waren: die christliche Gemeinde erhielt das Recht des Erwerbes von Eigenthum, ihre Tempel wurden mit besondern Privilegien ausgestattet, die kirchlichen Vorschriften waren unter den Schutz der kaiserlichen Gewalt gestellt worden. Wird das römische Kaiserthum die Frage, welche Personen mit der Ausführung dieser ungeheuern Vorrechte betraut seien, nicht andererseits vor sein Forum gezogen haben? Man wird nicht behaupten wollen, daß in dem Wechselverkehr, welcher zwischen dem römischen Staate und der christlichen Kirche entstanden war, der erstere nur Pflichten, die letztere nur Rechte erlangt hätte. Auch die christlichen Kaiser fuhren fort den Titel der höchsten römischen Priesterwürde sich beizulegen. Von Constantin dem Großen wird berichtet, daß er in Betreff der den Bischöfen eingeräumten Gewalt einen sehr feinen Unterschied zu machen wußte zwischen dem Forum internum, welches er diesen und dem Forum externum, welches er nur seiner kaiserlichen Hoheit zuerkannt sehen wollte.

Wenn sich auch nicht die juristische Stellung des römischen Kaisers gegenüber den Bischofswahlen im einzelnen gleich von Anfang an in volle Klarheit setzen läßt, so beweist doch die Geschichte Constantins und seiner Nachfolger, daß die kaiserliche Gewalt sich bei diesen Anlässen sehr deutlich fühlbar machte. Die Natur der uns vorliegenden Berichte aus jener Zeit bringt es mit sich, daß wir in vollkommener Weise nur über jene Fälle unterrichtet sind, wo durch entstandene Streitigkeiten der Einfluß der Kaiser unmittelbar entscheidend wurde. Aber es ist daraus nicht etwa der Schluß zu ziehen, daß nicht jedesmal bei dem Pontifikatswechsel irgend ein Akt kaiserlicher

Genehmigung vollzogen worden sei. Das was sich regelmäßig und ohne Streit der Parteien im Geschäftsgange des Staates zutrug, wurde seiner Natur nach kaum besonders werth erachtet aufgezeichnet zu werden. Um so mehr ist man berechtigt aus den Mittheilungen und Acten über außerordentliche Vorkommnisse des Pontifikatswechsels einen Rückschluß auf die Rechte des Kaisers zu machen, welche in der Regel geübt wurden.

Die römische Kirche war während der Dauer des weströmischen Kaiserthums dreimal durch schismatische Wahlen in ihrem innersten Bestande bedroht. Wir sehen jedesmal die gewaltigsten Eingriffe der Imperatoren, jedesmal entscheidet das Machtwort derselben über den Besitz des apostolischen Stuhles. Daß zuweilen die kaiserlichen Entscheidungen einen dogmatischen Hintergrund hatten, ändert wenig an dem thatsächlichen und rechtlichen Vorgang, welcher die Wahl des Papstes doch immer unter die Controlle des Kaisers gestellt erscheinen läßt. Wenn Felix II. gegen Liberius erhoben wurde, weil Kaiser Constantius der arianischen Glaubensform anhing, so beweist dies doch sicher für die Stellung der weltlichen Macht der Papstwahl gegenüber nicht weniger, als wenn Kaiser Valentinian I. den römisch-rechtgläubigen Bischöfen den Vorzug gab. Bei der Doppelwahl Bonifacius I. und Eulalius fallen indessen alle aus dogmatischen Streitigkeiten entstandenen Motive hinweg, und das Verhalten des Kaisers Honorius bei diesem Schisma darf umsomehr als ein Maßstab für die zu Recht bestehenden Verhältnisse angesehen werden, als die aus Anlaß dieses Streites entstandenen Acten frühzeitig die Beachtung der Canonensammlungen gefunden haben.

Schon die Wahlhandlung selbst war nicht ganz unbeeinflußt von der weltlichen Gewalt. Allen Nachrichten zufolge hatte zwar nicht der Kaiser Honorius, aber sein Stadtpräfect Symmachus auf die Wahl des Archidiacon Eulalius in der lateranischen Kirche hingewirkt, während der Römer Bonifacius, wie wenigstens behauptet wurde, von einem weit größeren Theil des Volkes und Clerus in der Kirche des heil. Marcellus zum Papste ausgerufen wurde. Zunächst ertheilte der Kaiser dem Eulalius seine Bestätigung, aber die Unruhen in Rom und das Bittgesuch der Partei Bonifacius des I. bestimmten die Regierung zu einer vollständigen synodalen Revision des Processes, welche Honorius angeordnet hatte. Daß Eulalius fallen gelassen wurde, mochte die Synode von Spoleto vielleicht durch sorgfältigere Feststellung des jedem Theile anhängenden größeren oder kleineren Kreises von Wählern motivirt haben, die Entschließung des Kaisers war sicherlich wesentlich dadurch bestimmt, daß sich Eulalius dem angeordneten synodalen Verfahren, dem sich Bonifacius vollständig unterwarf, widersetzte.

Bonifacius hatte Boten an Honorius gesendet und dessen Anerkennung und Schutz angesprochen. Das in den Canonensammlungen aufbewahrte Schreiben scheint der Zeit nach der synodalen Entscheidung von Spoleto anzugehören.[1])

[1]) C. 1. D. 97. Ecclesiae meae. Darin heißt es: Angeretur pluribus Princeps Christianissime, mater ecclesia, nisi apud te suarum esset cura causarum, et nisi in oppressionibus idolorum, in haerelicorum correctionibus fide tua divino cultu pariter cum Imperio semper florente vicisset religio. In dem Rescripte des Kaisers Honorius C. 2. D. 97. ist die entscheidende Stelle folgendermaßen ausgedrückt: Et ideo revertentibus venerabilibus viris gaudium nostrum, sacrorum apicum attestatione signamus ac petimus, uti quotidianis orationibus apostolatus tuus studium ac votum suum circa salutem atque Imperium nostrum dignetur impendere. Hierauf folgt noch die Verordnung wegen der vorzunehmenden Neuwahlen im Falle eines Schisma, d. i. canon. Si duo 8. D. 79. Daß das Rescriptum eine unmittelbare

Daraus geht hervor, daß die von Honorius berufene Synode nur den Wahlact selbst zu prüfen hatte, die schließliche Entscheidung, die Bestätigung aber durchaus dem Kaiser vorbehalten blieb. Man trennte mithin in streng sachlicher Weise canonisches Wahlrecht und staatliche Anerkennung. Wie die früheren römischen Kaiser, so scheint auch Honorius in die eigentliche interne kirchliche Wahlangelegenheit sich nicht eingemischt zu haben. Indem er die Prüfung der rein kirchlichen Frage der Synode überließ, wurde der Pontifikatswechsel durch den staatlichen Akt der Bestätigung nur vollendet und abgeschlossen. Allerdings geht Bonifacius in seinem Schreiben um einen kleinen Schritt weiter, wenn er sagt, an dem Kaiser hienge die Sorge der Angelegenheiten der Kirche, allein unschwer wird man dies auf das nothwendige Schutzverhältniß deuten dürfen, ohne welches die Kirche nicht bestehen könnte. Auch in dem Rescripte des Kaisers an Bonifacius erscheint die Wahl als solche nicht weiter ein Gegenstand der Untersuchung. Honorius macht die Voraussetzung, daß die rechtmäßige Wahl auf Bonifaz gefallen wäre, was er hinzufügt, ist die Bestätigung und der Auftrag an den Papst das Wohl des Staates im Auge zu behalten und alle Parteiungen und Störungen des Friedens zu beseitigen.

Von demselben Geiste ist die Bestimmung getragen, welche

Antwort auf die epistola supplicationis sei, ist nicht zweifelhaft. Da nun in beiden Stücken der Streit der beiden Gegenpäpste als geschlichtet erscheint und das Rescript Bonifacius bereits im Besitze des Papstthums erscheinen läßt, (daher die Anrede „sancto et venerabili“, so ist zu schließen, daß die synodale Entscheidung schon erfolgt war Die Wahl war canonisch rectificirt, es stand daher nur die Bestätigung des Kaisers noch aus. Vgl. Jaffe Reg. a. a 419. April 10. Baronius No. 33 u. 34: Einzug des Bonifacius in Folge des Schreibens des Kaisers am 10. April, also nach der synodalen Entscheidung

der Kaiser hinzufügte, daß im Falle künftig entstehender Doppelwahlen keiner der Gewählten als Papst angesehen, sondern eine Neuwahl vorgenommen werden solle. Dieser Canon ist von der spätern Kirche verworfen worden, weil er von einem Laien herrührte, allein wenn man die Tendenz erfaßt, die sich in demselben ausspricht, so kann man nicht leicht eine zuverlässigere Grundlage für das Verhältniß finden, wie es in jenem Augenblicke in Betreff der Papstwahl thatsächlich zu Recht bestand. Der römische Staat wollte sich unter keiner Bedingung in die internen Fragen der Wahlvorgänge einmischen. So wenig mochte er über diesen Akt des Pontifikatswechsels entscheiden und Partei nehmen, daß er eine Neuwahl anordnete, wenn Zwiespalt entstanden war, allein der Gewählte erhielt doch vom Kaiser seine Gewalt und wurde daher von diesem in sein Amt eingesetzt, genehmigt oder bestätigt.

Faßt man das Resultat der Untersuchung über die Acten der Papstwahl Bonifacius I. zusammen, so zeigt sich eine vollkommene Uebereinstimmung mit dem, was auch sonst berichtet wird, daß die ältern römischen Kaiser die Wahlen der Päpste frei gegeben haben. Aber damit ist nicht gesagt, daß sie den Pontifikatswechsel überhaupt als einen Gegenstand betrachtet hätten, der ihrer Jurisdiction nicht unterstand. Sie mischten sich prinzipiell in die Wahlrechte von Volk und Clerus keineswegs ein. Ihr Recht begann in Wirksamkeit zu treten, sobald der Wahlact in vollendeter Gestalt vorlag. Denn dann war es die Pflicht des Neugewählten den Kaiser um die Bestätigung und um die Einsetzung in das Amt des obersten Priesters zu bitten.

Um zwei Pole drehte sich mithin der Pontifikatswechsel in Rom in seiner ältesten Gestalt: Freie Wahl, unbedingtes

Bestätigungsrecht. Wenn das bilaterale Verhältniß, das zwischen Staat und Kirche seit Constantin dem Großen angeknüpft wurde, sich auch auf die Frage des Pontifikatswechsels bezog, so ist es richtig, daß die Wahl des Papstes dem kirchlichen Gemeinwesen, dem unter seinem Clerus versammelten Volke frei gegeben war, allein nur die Meinung müßte zurückgewiesen werden, daß jemals irgend ein Gewählter im alten Rom sein Amt auszuüben vermocht hätte, wenn es ihm nicht vom Kaiser aufgetragen worden wäre. Die Bestätigung in der unbedingten Form, wie sie Honorius in seinem Rescript ausspricht, und wie sie der gewählte Papst in seiner Supplik ansucht, läßt uns einen so klaren Blick in die älteste Gestalt des Pontifikatswechsels thun, daß sich hieraus nun leicht die weiteren Entwickelungen des bilateralen Verhältnisses ergeben werden, welches, da es einmal unter Constantin dem Großen angeknüpft war, bei allen Schwankungen der äußern Formen in seinem Wesen, wie sich zeigen wird, niemals wieder aufgehoben werden konnte.

Bei dem Verfalle der weströmischen Kaisergewalt erlangten die germanischen Machthaber in Rom genau die Stellung, welche nach dem alten römischen Staatsbegriff dem Imperator gegenüber der Kirche zukam, ja sie erweiterten und dehnten dieselbe in erheblicher Weise aus. Odovaker übte sein Herrscherrecht bei der Papstwahl des Jahres 483, indem er durch Basilius den Präfekten von Rom die Wahl Felix des III. veranlaßte oder gebot. Indem man jedoch durch diesen Eingriff einen starken Schritt über das Bestätigungsrecht hinaus unternahm, welches die römischen Imperatoren übten, suchte man auch für die Zukunft der weltlichen Macht einen festeren Boden zu gewinnen. Man stellte den Grundsatz gesetzlich fest, daß nicht ohne des Königs Theilnahme die Papstwahl vollzogen werden sollte.[1]) Dagegen erhob sich zwar die römische Synode des Jahres 502, doch muß man genau im Auge behalten, welches der Standpunkt war, den man kirchlicherseits bei der Ablehnung der Verfügung des Söldnerkönigs festhielt. Das Gesetz von 483 berief sich auf eine Aufforderung, welche Papst Simplicius noch vor seinem Tode an den Präfecten richtete, die Papstwahl gesetzlich zu überwachen; dieser verstand darunter die unmittelbare Betheiligung an der Wahlhandlung selbst, die Synode von 502 dagegen beschränkte das staatliche Recht auf die Aufsicht und nahm die Freiheit der Wahl als solcher in Anspruch. Die Frage der Bestätigung des Gewählten durch die weltliche das Kaiserthum in Rom vertretende Macht blieb bei der gesammten Verhandlung des Gegenstandes unberührt und es wurde, wie sich sogleich ergeben dürfte, an diesem den Staat betreffenden Verhältniß auch in keiner Weise gerüttelt. Vielmehr tritt schon bei diesem die Grenzen zwischen Staat und Kirche berührenden Streite ein Amt hervor, welches für die weitere Geschichte der Papstwahlen wichtig wurde. Es ist der Patriziat, dem von allen Theilen eine gewisse Bedeutung für die Wahlhandlung beigelegt wurde. Mag Papst Simpli-

---

[1]) Sublimis et eminentissimus vir Praefectus Praetorio atque Patricius agens etiam in vices praecellentissimi regis Odoacris, Basilius dixit: . . . admonitione beatissimi viri Papae nostri Simplicii, quam ante oculos semper habere debemus, hoc vobis meministis sub obtestatione fuisse mandatum, ut propter illum strepitum et venerabilis ecclesiae detrimentum, cum de hac lege transire contigerit, non sine nostra consultatione cujuslibet celebraretur electio. Baronius a. a. 483 10 ff.

cius nur die Herstellung der Ordnung durch den römischen Präfecten und Patricius gewünscht haben, oder dachte er an eine sachlich eingehende Prüfung der Wahl, jedenfalls zeigt sich hier ein frühes Beispiel für die später oftmals erhärtete Behauptung, daß der Kaiser als Patrizius von Rom unter allen weltlichen Mächten die wichtigste Stellung bei den Papstwahlen einnehme. Man darf hiebei absehen davon, daß Odovakers Stellvertreter Basilius auch sonst sehr eingreifende Verfügungen über Rom's kirchliche Verhältnisse traf; seine Amtsgewalt gegenüber dem ganzen Akte des Pontifikatswechsels wurde von keiner Seite bestritten. Denn eine Opposition zeigt sich in der römischen Geistlichkeit durchaus nur gegen die Form, in welcher im Jahre 483 die Wahlhandlung als solche beeinflußt wurde. Daß man aber entfernt nicht dachte mit dem Beschlusse der Synode von 502 den gesammten Pontifikatswechsel über jegliche staatliche Autorität hinweg zu heben, zeigt sich in der Geschichte der folgenden Zeit.

Zwar dürfte die Regierung Theodorichs des Großen von manchen Kirchenrechtslehrern vielleicht nicht gerne als Norm für den rechtlichen Brauch beim Pontifikatswechsel angesehen werden, doch sollen die Thatsachen, die als solche ja nicht geläugnet werden können, der Vollständigkeit wegen angeführt sein. In dem schismatischen Streit zwischen Symmachus und Laurentius wurde die Entscheidung zu Gunsten des erstern von König Theodorich getroffen. Er motivirte dieselbe, indem er den Wahlvorgang prüfte und indem er dem Prinzip der Majorität Anerkennung gewährte. Diese Bestätigung des weltlichen Machthabers wurde von der Kirche aller Jahrhunderte als entscheidend für die Rechtmäßigkeit des Papstthums des Symmachus betrachtet, obwol der gothische König Arianer war und daher lediglich als Vertreter des weltlichen Rechtes, lediglich als Herrscher im Staate und sicherlich nicht als schiedsrichterliche Person von der römischen Kirche aufgerufen sein konnte, den Streit zu schlichten.

Später griff Theodorich der Große gewaltsamer und unmittelbarer in die kirchlichen Dinge ein und die Wahl des Papstes Felix IV. wurde von ihm den gehorchenden Römern befohlen.[1]) Man braucht sich nicht der Wahrheit zu verschließen, daß in diesem letzteren Vorgange eine Unregelmäßigkeit lag, welche vielleicht noch stärker als jene durch die Synode von 502 bekämpfte Maßregel Odovakers war, dagegen aber dürfte man sich nicht auf die Wahldekrete des Papstes Symmachus berufen, um das Eingreifen Theodorichs als uncanonisch zu bezeichnen, denn dessen Verordnungen über die Papstwahl betreffen die inneren Fragen des Wahlsystems, enthalten die erste schüchterne Erklärung, daß in jedem Falle eingetretener Doppelwahl die Majorität als entscheidend zu betrachten wäre, aber sie berühren

[1]) Die bekannten Thatsachen bei Gregorovius Gesch Roms I. 315 mit Berufung auf Var. lib. VIII. 15 oportebat enim arbitrio boni principis obediri, qui quamvis in aliena religione talem visus est pontificem delegisse. Auch macht Gregorovius ebd. auf Var. lib. IX. 15 und die daselbst erwähnte Taxe der Wahl aufmerksam, welche der Papst wie alle Bischöfe zu zahlen hatte. Wenn dagegen Gregorovius über das Ereigniß selbst noch die Bemerkung hinzufügt: „Dieser Act königlicher Macht, welchen das Buch der Päpste mit tiefem Stillschweigen übergeht, war von den wichtigsten Folgen, denn seither bestanden Theodorichs Nachfolger auf dem Recht der königlichen Bestätigung jedes neuen Papstes und dasselbe Recht ging nach dem Erlöschen der gothischen Herrschaft auf die griechischen Kaiser über" — so wird dem nicht vollständig beizustimmen sein. Bestätigung der Wahl war das historisch normale aus der weströmischen Zeit überkommene und in Ostrom immer aufrechterhaltene Prinzip, das „pontificem delegisse" blieb auch in der Zukunft eine Abweichung der Form, welche freilich Analogien in dem Verfahren Odovakers und in späterer Zeit des Kaisers Heinrich III. darbietet.

das bilaterale Verhältniß, in welchem die weltliche Macht zur Papstwahl steht, überhaupt gar nicht und entscheiden nichts für oder gegen die Rechte der weltlichen Macht beim Wechsel des Pontifikats.[1])

In der Zeit nach Theodorichs Tod nahmen die Wahlen mehr und mehr den Charakter politischer Ereignisse an. Die Eingriffe der gothischen Machthaber wurden gewaltsamer, die Wahlhandlungen selbst geriethen unter den unmittelbaren Einfluß derselben. Das Beispiel, welches Theodorich der Große mit der Erhebung Felix IV. gegeben, wurde von Theodat nachgeahmt. Auch gesetzliche Anordnungen über Vorgänge bei den Wahlhandlungen selbst lagen im Wirkungskreise des Staates. Die Fernhaltung von Simonie wird durch Verordnung des Königs geboten.[2]) Es ist kein Zweifel, daß von Freiheit der Wahl in dieser Epoche nicht gesprochen werden kann. Man war über das alte Staatsrecht der Bestätigung der Wahlen wesentlich hinausgegangen. Es darf daher nicht überraschen, daß der römischen Kirche die Widerherstellung eines staatsrechtlich gesicherten Verhältnisses zu dem byzantinischen Kaiserthum im hohen Grade erwünscht sein mußte.

Justinian berührte in der pragmatischen Sanction auch die Verhältnisse der römischen Kirche, und er begünstigte dieselbe in auffallender Weise. Der römische Bischof gewann

---

[1]) Es handelte sich auf der Synode von 499 um ganz andere Differenzen. Was die Majoritäts-Wahl selbst betrifft, so ist sie doch nur sehr bedingt zugelassen. 10 D. 79. Sehr bezeichnend scheint zu sein, daß eigentlich überhaupt noch nicht von Zählung der Stimmen, auch nicht von der einfachen oder absoluten Mehrheit, sondern von der relativen Majorität die Rede, — die meisten Stimmen schlechtweg entscheiden, wer den größten Anhang findet wird Papst.

[2]) Var lib. VIII. 15.

durch die Wiedervereinigung Italiens mit dem römischen Kaiserthum nicht nur Schutz, sondern sogar einen gewissen Einfluß auf die Regierung selbst, auf die Beamten des Kaisers, auf die Gesetzgebung. Aber je größer die Macht war, welche Kaiser Justinian dem römischen Pontifikat einräumte, desto sicherer mußte er seine Obergewalt wahren, wenn es sich um den Wechsel der Personen auf dem päpstlichen Stuhle handelte. Im Jahre 554 ertheilte er die pragmatische Sanction, im folgenden bestimmte er Pelagius I. zum Bischof von Rom. Wieder war es der Patrizius, der einen besondern Antheil an dem Ereignisse nahm und die Anerkennung des vom Kaiser denominirten Papstes bei Clerus und Volk durchsetzte. Die Wahlgeschichte desselben beweist aber, daß zunächst eine viel größere Klarheit, als sie zu Zeiten Odovakers oder Theoderichs bestand, durch den oströmischen Einfluß nicht hervorgebracht wurde. Wie sich in dem bilateralen Verhältniß eine klar formulirte Gewohnheit in der Form des Antheils des Staates am Pontifikatswechsel bisher nicht hatte gewinnen lassen, so bestand auch unter der Herrschaft des byzantinischen Kaiserthums eine solche mit nichten. Wenn man die Stellung des Kaiserthums zur Papstwahl zuweilen dahin definirt, es hätten die Römer die Wahl und der Kaiser die Bestätigung des Gewählten geübt, so befindet man sich auch in dieser Epoche nicht einem bestimmten Gesetz noch weniger einem Vertrag gegenüber. In den Thatsachen aber bemerkt man ein fortwährendes Schwanken zwischen Denomination und Bestätigungsrecht auf Seite des Staats, zwischen Wahlrecht und Zustimmungsrecht auf Seite der Römer. Als prinzipiell und unzweifelhaft in allen Fällen kann man, wie es scheint, nur bezeichnen, daß eine Wahl ohne des Kaisers Genehmigung und eine Denomination ohne die Wahl des Clerus und Volkes nicht für perfekt betrachtet wurde. Anerkannt und durch den Gebrauch der Jahrhunderte gesichert war die Betheiligung des Staates am Pontifikatswechsel; zweifelhaft und wandelbar blieb die Form, unter welcher sich dieselbe geltend machte.

Für die letztere Frage waren nicht selten bloß zufällige historische Umstände und die jeweiligen Machtverhältnisse entscheidend. So wurde Pelagius II. mitten in schwerer Belagerung Roms erwählt, wo von einer Bestätigung des Kaisers nicht die Rede sein konnte, aber um so mehr dürfte Gregor des Großen Wahl als Muster betrachtet werden, nach welchem die zum Pontifikatswechsel erforderlichen Faktoren ihr Mitwirkungsrecht übten. Die Akten des letztern Ereignisses liegen auch uns verhältnißmäßig vollständiger vor, als in anderen Fällen, und doppelt wichtig ist es daher die Form festzustellen, unter welcher einer der größten Päpste den Stuhl Petri bestieg.

Gleich nach dem Tode Pelagius II. (6. Febr. 590) wurde der Diaconus Gregor von „Clerus, Senat und Volk" der Römer zum Papste auserſehen. Daß der Antheil des Clerus an der Wahl kein hervorragender war, wird durch mehrere Umstände bewiesen und einer der bedeutendsten Schriftsteller der Zeit legt alles Gewicht gerade bei der Erhebung Gregors des Großen auf die Volkswahl.[1]) Es ist aber nicht die Auf-

[1]) Gewiß ist hier auf Gregor von Tours das größte Gewicht zu legen, welcher den Ausdruck braucht plebs omnis elegit (Gregor X. 1), während die Formel clerus, senatus populusque Romanus, welche Joh. Diac. in vita Greg. I. 39 gebraucht, kaum als die offizielle Wahlformel gelten könnte, weil der Senat nicht mehr die Bedeutung einer besonders wählenden Körperschaft hatte, vgl. Gregorovius I. 465, II. 32 N. und weil im Liber diurnus kein einzigesmal diese Formel vorkommt, wo von vollzogener Wahl die Rede ist. Die späteren Wahlformen der Vorberathung der eigentlichen Erwählung und der Zustimmung, oder wie ein Neuerer es nennt, der Tractatio und Laudatio wird man schwerlich für die Wahl Gregors des Großen quellenmäßig beweisen können.

gabe dieser Abhandlung die Wahlgeschichte in dieser Richtung weiter zu verfolgen. Was für das Verhältniß der Papstwahl zum Kaiserthum festgehalten sein will, ist der Umstand, daß jener Akt, den man schlechtweg die Wahl zu nennen pflegt, sich thatsächlich ohne irgend einen Einfluß von Seite des byzantinischen Reichs und Kaisers vollzog. Allein eine Anzahl von Briefen, von niemand geringerem als Gregor dem Großen selbst, belehrt über die Tragweite und Bedeutung der Wahl und zeigt, daß mit dieser der Pontifikatswechsel selbst noch keineswegs als perfekt anzusehen war, und daß man in dem oströmischen Kaiser einen Faktor der Wahl im weiteren Sinne beachtete, dessen Einverständniß als unerläßlich galt. Denn Gregor, der sich gegen die Annahme der Wahl sträubte, schrieb an den Kaiser Mauricius, er möge seine Wahl ablehnen.[1]) Ein solcher Brief läßt keinen Zweifel darüber aufkommen, daß die Verweigerung der Bestätigung von Seite der weltlichen Gewalt den Antritt des Pontifikats verhindern konnte, und daß die Ordination des Papstes erst erfolgen durfte, wenn die Bestätigung eingetroffen war. Es ist an diesem Orte überflüssig für den Fall Gregors des Großen zu untersuchen, ob die Bittschrift des Gewählten um Nichtbestätigung unterschlagen worden sei, oder ob der byzantinische Hof an der Wahl ein so großes Wohlgefallen fand, daß er Gregor zur Annahme der Pontifikats-

---

[1]) Die bestimmte Mittheilung Gregors von Tours wird durch den Brief Gregors an Johann von Constantinopel bestens bestätigt: Gregor v. Tours X. 1. Hunc apicem adtentius fugere tentans . . . factum est ut epistolam ad imperatorem Mauricium dirigeret, conjurans et multa prece poscens, ne unquam consensum praeberet populo, ut hunc hujus honoris gloria sublimaret. Vgl. S. Gregorii Opp. tom. II. Ep. l. I., 4. Si caritatis . . . . Quo enim ardore, quo studio episcopatus pondera fugere voluerit scio . . .

würde nöthigte. Auf alle Fälle ist sicher, daß die Bestallung von Seite des Kaisers den Ausschlag in der Sache gab und daß die Ordination erst am 3. September geschah, nachdem die Genehmigung der Wahl durch Kaiser Mauricius vollzogen worden war. Man erfährt auch von einer Taxe, welche die Kirche von Rom dem byzantinischen Kaiser bei dem Pontifikatswechsel zu bezahlen hatte.

In dieser Form des strenggeübten Bestätigungsrechtes der römischen Papstwahlen sah das Kaiserthum den ihm nothwendigen Einfluß hinreichend gewahrt. Und wie sehr dies auch wirklich der Fall war, ersieht man aus den oft längeren Sedisvacanzen, welche bei der Erhebung Bonifaz III. und im Laufe des siebenten Jahrhunderts ziemlich häufig eintraten, da die Bestätigungen von Constantinopel nicht allsobald eintrafen. Die Erledigung des apostolischen Stuhles verzeichnet das Papstbuch in solchen Fällen in derselben Weise, wie wenn eine Wahl gar nicht stattgefunden hätte, ein Beweis, daß der Besitz des päpstlichen Amtes von jener Bestätigung abhing, wie denn auch darauf gehalten wurde, daß Ordination und Consecration nicht vor derselben vorgenommen wurde. Als im Jahre 649 Martin I. ohne Genehmigung des Kaisers die Consecration erhielt, schritt der Exarch von Ravenna gegen denselben wie gegen einen Empörer ein. Wenn man nach seiner Gefangennahme dem Papste in Constantinopel die Zeichen seiner Würde herabriß, so wird man hierin, ganz abgesehen von dessen sonstiger politischer und dogmatischer Stellung, den Beweis finden dürfen, daß seine Erhebung als illegitim galt. Je strenger nun aber das Recht des Kaisers gehandhabt wurde, desto drückender für den römischen Stuhl mußten die so entstandenen Sedisvacanzen werden, und vielleicht hängt es mit dem Bestreben die damit verbundenen Uebel zu ermäßigen, zusammen, wenn Verfügungen der Päpste vor der Consecration zu erscheinen begannen. Doch gebrauchte der Papst den ungefährlichen Titel eines „Erwählten", so lange ihm die Bestätigung des Kaisers fehlte. Benedikt II. soll aber von Constantin Pogonatus ein Privilegium erhalten haben, wonach die Ordination unmittelbar nach der Wahl hätte stattfinden dürfen.[1])

Die außerordentliche Verfügung des Kaisers Constantin scheint auf den ersten Blick so sehr mit den Anstrengungen eines Jahrhunderts, das kaiserliche Recht bei dem Pontifikatswechsel zu wahren, im Widerspruche zu stehen, daß spätere kirchliche Schriftsteller zuweilen darin einen Akt der Einführung, oder wie sie sagen der Wiederherstellung einer absoluten kirchlichen Wahlfreiheit erblickten, allein in diesem Sinne dürfte die kurze und ungenügende Mittheilung des Buches der Päpste nicht verstanden werden. Sowohl die Thatsachen der nachfolgenden Papstwahlen wie auch die aus der päpstlichen Kanzlei uns erhaltenen Urkundenformulare der nächsten Jahrzehnte beweisen, daß eine wesentliche Veränderung in dem bilateralen Verhältniß zwischen Staat und Kirche in Betreff des Pontifikatswechsels nicht stattgefunden hatte. Es wird sich sogleich zeigen, daß das Genehmigungsrecht der weltlichen Macht unbeschränkt fortdauerte und daß die päpstlichen Kanzleiformulare, die uns erhalten sind, unzweideutiges Zeugniß für den Vorgang in althergebrachter Weise gerade bei der Papstwahl Gregors II. im Jahre 715 ablegen.

---

[1]) Lib. pont. I. 293. Hic suscepit divalem jussionem clementissimi principis Constantini ad venerabilem clerum et populum atque felicissimum exercitum Romanae civitatis, per quam concessit, ut qui electus fuerit in sede Apostolica e vestigio absque tarditate Pontifex ordinaretur.

Dennoch aber wird man nicht behaupten wollen, daß die Nachricht von einer Erleichterung der Einrichtungen des Pontifikatswechsels durch Constantin Pogonatus völlig aus der Luft gegriffen wäre. Sieht man genauer zu, so ist in dem angeblichen Privilegium des Kaisers nur das Versprechen enthalten, daß die bisherige Trägheit des Geschäftsganges verschwinden sollte. Hoffte man vielleicht dieses Ziel dadurch zu erreichen, daß dem Exarchen von Ravenna dem Beamten des Kaisers jener große und allein maßgebende Einfluß auf die Papstwahl eingeräumt wurde, welchen die gleich nachher zu besprechenden Quellen wirklich erkennen lassen, und durch welchen allerdings die Entscheidung des byzantinischen Kaisers vorweg genommen wurde? Man erinnere sich, daß auch in früheren Fällen dem Patrizius von Rom durch ältere Herrscher des Landes besondere Vorrechte bei der Papstwahl zugestanden wurden; und so dürfte das Privilegium Constantins vielmehr den Sinn gehabt haben, daß der Exarch von Ravenna und Patrizius von Rom, dessen Macht in jener Zeit ohnehin im Wachsen begriffen war, besondere Vollmachten erhielt, welche die Consecration in rascherer Folge an die Wahl anzuschließen gestatteten. Wenn die so oft durch die Einholung der Genehmigung von Constantinopel entstandenen Sedisvacanzen[1]) schließen lassen, daß der Exarch in früherer Zeit die Vollmachten nicht besaß, die ihm später im kurzen Geschäftsweg die Bestätigung der Wahlen zu ertheilen erlaubten, so muß wohl in irgend einem Zeitpunkte eine Wendung eingetreten sein, welche den Intervall zwischen Wahl und Consecration des Papstes zu verkürzen geeignet war. Dies aber konnte der Fall sein, wenn der Exarch im laufenden

---

[1]) Quia de Constantinopoli legatio expectabatur. Herim. Aug. Pertz SS. V. 91.

Geschäftsgang als Beamter des Kaisers die Gewalt erhielt, die geschehene Wahl sofort zu bestätigen.

Eben in dieser Form erscheint uns nun der ganze Hergang wirklich nach jenem merkwürdigen Kanzleibuche, welches die rechtlichen Verhältnisse des Pontifikatswechsels in seinen Beziehungen zum Staate in voller Klarheit erkennen läßt.

Nach geschehener Wahl wurde von den während der Sedisvacanz die Geschäfte führenden Würdenträgern der römischen Kirche die Bestätigung des ganzen Aktes von dem Exarchen in einer Form verlangt, aus welcher hervorgeht, daß ihm wenigstens zu der Zeit, als das Formular in sicherem Gebrauch war — mithin zur Zeit der Wahl Gregors II. — alle Gewalt über die Papstwahl zustand. Auch im übrigen zeigt das Kanzleibuch, daß der ordentliche Geschäftsgang nach Ravenna und nicht mehr nach Konstantinopel geht: die Papstwahl wird wohl durch Gesandtschaft dem Kaiser angezeigt, aber die Genehmigung erwartet man ausschließlich von Ravenna, wie die Schreiben an den Erzbischof, an den Rath und an den Apocrisiar von Ravenna beweisen, welche neben dem Bittgesuch um Bestätigung der Wahl an den Exarchen vorhanden sind. Sieht man nun von allen in dem letztern Aktenstücke enthaltenen Mittheilungen über jene Punkte ab, welche die interne Geschichte der Papstwahl angehen, so ist die Frage, ob die Ordination des Gewählten auch ohne Zustimmung der weltlichen Gewalt geschehen durfte, zunächst zu beantworten. Dabei kommt es uns weniger auf eine Entscheidung über die Reihenfolge der Gebräuche und Ceremonien an, als vielmehr auf die sachliche Feststellung jener kirchlichen Funktionen, welche der Papst erst in Folge der vom Exarchen erlangten Bestätigung ausübt. Glücklicherweise sind wir hierüber durch das Briefformular des päpstlichen Kanzleibuches vollkommen unterrichtet. In diesem werden die dringendsten Bitten an den Exarchen gerichtet, die Bestätigung der Wahl so rasch als möglich vollziehen zu wollen, und es fehlt nicht an den Gründen, welche mit Rücksicht auf die kirchliche Ordnung für diese Eile sprächen. Eine Reihe von Angelegenheiten, heißt es, harrten der Erledigung durch die päpstliche Gewalt. Es wird die Nothwendigkeit betont, daß die päpstliche Autorität perfect sein müsse, um für die Provinzen Sorge tragen zu können. Wenn an die erfolgte Consecration des Papstes sodann die Hoffnung geknüpft wird, daß er geeigneter und mächtiger sein werde durch sein Wort und seine Mahnung den Feinden der Kirche entgegenzutreten, so liegt zugleich darin der Beweis, daß die Bestätigung durch den Exarchen nicht bloß die rechtliche Stellung, sondern auch die moralische Autorität des Papstes wesentlich berührte.[1]) Wenn demnach nicht bloß die

[1]) So lehrreich das Briefformular auch für die inneren Wahlangelegenheiten erscheint, so heben wir hier aus demselben nur die Stellen aus, welche das bilaterale Verhältniß der kirchlichen und weltlichen Macht kennzeichnen und lenken die Aufmerksamkeit auf die Stellen; welche die Sistierung der Pontifikatsgeschäfte vor erlangter Bestätigung des Gewählten beweisen: Liber diurnus ed Rozière p. 114: Et ideo supplicantes quaesumus ut, inspirante Deo celsae eius dominationi, nos famulos voti compotes celeriter fieri praecipiat; praesertim cum plura sint capitula et alia ex aliis quotidie procreentur, quae curae sollicitudinem et pontificalis favoris expectant remedium Provinciales vero curae vel quaeque sunt subinde causarum utilitates perfectae auctoritatis censuram expetunt et expectant. Propinquantium quoque inimicorum, ferocitatem, quam nisi sola virtus atque apostolorum principis per suum vicarium hoc est ac Romanae urbis pontificem, ut omnibus notum est, aliquando monitis comprimit, aliquando vero et flectit ac modigerat hortatus, singularem interventum indigeat, cuius solius pontificalibus monitis ob reverentiam apostolorum principis parientiam offerant voluntariam et quos non virtus armorum humiliat, pontificalis increpatio cum obsecratione inclinat — Also auch die pontificalis increpatio cum obsecratione ist vor der weltlichen Bestätigung nicht möglich Was die Titulatur betrifft, so scheint aus der Formel

Amtsführung, sondern auch die Consecration und die mit der letztern als verbunden betrachtete höhere Autorität des Papstthums in dem amtlichen Schreiben an den Exarchen erst als eine Consequenz der zu erwartenden Bestätigung bezeichnet ist, so bedarf es keines weiteren Commentars über das Verhältniß zwischen weltlicher und geistlicher Gewalt, wie es im achten Jahrhundert bestand. Als bezeichnend darf man die Formel noch hervorheben, unter welcher vom Exarchen die Bestätigung erwartet wird, wenn es heißt supplicamus, ut celerius, Deo cooperante vestrisque praecordiis inspirante apostolicam sedem de perfecta eiusdem nostri patris ordinatione adornare praecipiatis.

Die Bestimmtheit, mit welcher die Bestätigung des Papstes von dem Exarchen erbeten wird, sticht erheblich von der mehr erzählenden Form ab, in welcher sich das Briefformular an den Kaiser von Constantinopel hält. Daß der letztere eine besondere Genehmigung der zwischen dem Papst und dem Exarchen getroffenen Vereinbarungen seinerseits ertheilte, ist möglich,[1] war aber fortan um so weniger von entscheidender Bedeutung, je selbstständiger und gewaltsamer die Exarchen aufzutreten begannen. Wenn wenige Jahrzehnte nachher die Anlehnung des päpstlichen Stuhls an die Franken ihren Anfang nahm, so konnte das Verhältniß um so leichter Wurzel fassen, als es anfänglich eben nur seine Spitze gegen den Patriciat des Exarchen von Ravenna kehrte und erst am Ende des Jahrhunderts zur Gründung des römischen Kaiser-

83 hervorzugeben, daß der gewählte aber nicht bestätigte Papst electus futurusque per Dei gratiam huius apostolicae sedis antistes genannt zu werden pflegte.

[1]) Vgl. Gfrörer, Gregor VII. Bd V. 29.

thums Karls des Großen führte. Die Schwierigkeit, welche sich bei der Betrachtung dieser Uebertragung des Patriziats und Kaiserthums erhebt, ist nur die, daß der Umfang der Rechte, welche die neuen Herrscher der Franken erlangten, vielfach verdunkelt wurde, und daß das Kirchenrecht eben die Uebertragung der oströmischen Würden und besonders die translatio imperii zu einem wesentlichen Capitel kirchlicher Rechtsansprüche umzugestalten wußte.

Indessen läßt sich der Uebergang der rechtlichen Verhältnisse von dem Osten auf den Westen selbst aus den spärlichen Resten der Aktenstücke vollkommen bezeichnen. Sachlich fand bei dem Pontifikatswechsel im achten Jahrhundert keine Veränderung statt, nur die betheiligten Mächte hatten gewechselt. An dem Verhältniß, welches zwischen Staat und Kirche sich einmal gebildet hatte, wagten die kühnsten Männer bis dahin nicht zu rütteln. Das Große, was sie erreicht zu haben hofften, lag in der politischen Wendung, welche sie dem Schiffe der Kirche gaben, indem sie dasselbe ausschließlich dem Strom der westlichen Völkergeschichte vertrauten. Und diese Veränderung der persönlichen Träger des Rechts bei strictester Erhaltung der Form des bilateralen Verhältnisses zwischen der weltlichen und kirchlichen Gewalt spricht sich nicht nur in der Sache, sondern selbst in dem Wortlaute der Urkunden aus, welche über die folgenden Pontifikatswechsel Nachricht geben. In den Abmachungen zwischen König Pippin und Papst Stephan III. wurde die Frage über die Papstwahlen zwar zunächst nicht besonders in Erörterung gezogen, doch möchte man geneigt sein, dies für einen glücklichen Umstand zu halten, welcher einer vorurtheilslosen Untersuchung des Gegenstandes nur zu Gute kommen kann. Denn daraus ergibt sich, daß eine wesentliche Differenz der Anschauungen in dieser Beziehung überhaupt nicht bestand. Man durfte schon auf Grund des neuen Titels des Königs als Patrizius von Rom annehmen, daß die Repräsentation der Staatsgewalt, wie sie sich aus dem römischen Begriff ergab, und wie sie zuletzt dem Exarchen von Ravenna oblag, bei der Papstwahl nunmehr auf den fränkischen Machthaber übergegangen war.

Stephan III. starb schon im dritten Jahre, nachdem er den König Pippin gesalbt hatte. Paul I. wurde zum Papst gewählt, oder wenn man lieber will, ausgerufen. Sofort gieng ein Schreiben an den König der Franken und Patrizius der Römer, welches aus dem alten Kanzleibuche entnommen wurde, und dessen Inhalt uns etwas eingehender beschäftigen muß. Es ist dasselbe Formular, welches sonst dazu diente, den Exarchen von Ravenna um die Bestätigung des Gewählten zu bitten.[1]) Der Ton ist aber vertraulicher,

---

[1]) Codex Carolinus ed Jaffe Bibl. IV. 67. Domino excellentissimo filio Pippino regi Francorum et patritio Romanorum Paulus diaconus et in Dei nomine electus sanctae sedis apostolicae. (Vgl. den Titel im Liber diurnus vor der Consekration ed. Roziére S. 175, vgl. oben S. 29 u 30.)

Cum gravi gemitu et inmenso merore cordis innotescimus a deo protecte excellentiae tuae potentissime victor rex, Dei vocatione de hac luce ad aeternam requiem esse subtractum sanctae recordationis domnum et germanum meum Stephanum papam; in cuius etiam transitu et ipsi lapides si dici potest nobis conflentes lacrimaverunt. In cuius apostolatus ordinem a cuncta populorum caterva mea infelicitas electa est. Die Uebereinstimmung mit Liber diurnus an den Exarchen bemerkt schon Jaffe; sie liegt in folgenden Worten des Nuntiums de transitu: Quamvis non sine gravi gemitu et vere flebili voce a deo servatae etc. ab hac luce fuisse subtractum etc.

die kalte Unterwürfigkeit, welche sich in dem uns schon bekannten Schreiben aus dem Liber diurnus zeigt, macht im Verlaufe des Briefes an den neuen Patrizius einer mehr ideellen Auffassung des staatlich-kirchlichen Verhältnisses Platz. Es ist nicht ausdrücklich in dem Schreiben ausgesprochen, daß die Römer mit der Weihe des Papstes zu warten beabsichtigten, bis die Bestätigung erfolgt wäre, auch ist die Formel, durch welche, wie wir sahen, die Genehmigung des Exarchen erbeten wurde, in dem Briefe an Pippin verändert, allein von der Ordination ist doch erst als von etwas erwartetem die Rede und die Anerkennung der staatlichen Gewalt liegt in dem ausgesprochenen Wunsche, daß der in Rom weilende fränkische Gesandte der Consecration des Papstes beiwohnen möchte. Im Ganzen wird man sich nicht verhehlen können, daß die Aenderungen an dem Formular ebensowenig zufällig sind, wie die Uebereinstimmung desselben mit den an den Exarchen ehmals gesendeten Schreiben. Obwohl Paul I. die Bestätigung des Königs unter allen Umständen voraussetzen durfte, so enthielt doch sein Brief formell und sachlich weniger große Zugeständnisse an den neuen Patrizius, als an den alten Exarchen.

---

dicendum est, etiam lapides ipsi flevimus exitum. Das dem König und Patrizius gegebene Versprechen lautet nun aber ziemlich allgemein: Quoniam nos pro certo agnoscas, excellentissime et a deo protecte noster post deum auxiliator et defensor rex: quod, firmi et robusti usque ad animam et sanguinis nostri effusionem in ea fide et dilectione et caritatis concordia atque pacis foedera, quae praelatus beatissimae memoriae dominus et germanus meus sanctissimus pontifex vobiscum confirmavit, permanentes, et cum nostro populo permanebimus usque in finem, Unde et indesinenter, extensis palmis ad caelum . . exoramus clementiam, ut semper tuum auxilium et firmissima protectio extendatur super nos.

Die Ueberschwänglichkeit der Liebe und Freundschaft, welche das Schreiben athmet, dürfte doch nicht als ein genügender Ersatz betrachtet worden sein, wenn die Consecration des Papstes faktisch vor dem Einlangen der formellen Bestätigung erfolgt sein sollte.[1])

Gewisse Bestrebungen, den Papstwahlen in ihrer Beziehung zu den weltlichen Mächten einen unabhängigeren Charakter zu gewinnen, treten wirklich von dem Momente hervor, wo die römische Politik die Bundesgenossenschaft der Franken zu suchen begann. Sei es, daß man in Rom voraussetzte, am fränkischen Hofe werde man nicht so genau über die alten Gebräuche unterrichtet sein, oder durfte man erwarten, daß die Macht der fränkischen Könige nicht ausreichend wäre, um ein den oströmischen Rechten vollständig nachgebildetes System zu verfolgen, gewiß ist, daß in die gewaltsamen Wahlstreitigkeiten nach dem Tode Pauls I. von Seite Pippins keinerlei Eingriff unternommen wurde und daß bei Stephans IV. Erhebung die Consecration fast unmittelbar auf die Wahl folgte, ohne daß auch nur eine Ahnung davon zu bestehen schien, der neue Patrizius könnte Rechte in Anspruch nehmen, gleich dem alten. Aber umgekehrt ist auch eben so wenig ein Versuch zu verzeichnen, die alten Beziehungen zwischen der kirchlichen und weltlichen Macht auf irgend eine neue Grundlage zu stellen. Sorgfältig hütete sich

---

[1]) Die chronologischen Daten schließen die Möglichkeit der geschehenen Ordination nach wirklich erfolgter Bestätigung nicht aus. Die Wahl Pauls war um den 20. April bereits so gut wie geschehen — jedenfalls vor dem 26. erfolgt. Die Weihe geschah 29 Mai. Es ergeben sich also mindestens 14 Tage für die Reise des Boten zu Pippin Wollte man das Schreiben engherzig interpretieren, so dürfte man sagen, die Absicht bestand jedenfalls die Bestätigungsbotschaft abzuwarten, da man sonst nicht hätte um Anweisung bitten können, daß der Gesandte des Königs der Ceremonie beiwohne.

Rom über das Verhältniß der beiden Gewalten in Betreff des Pontifikatswechsels eine bestimmte Erklärung zu geben, oder gar einen Pakt zu schließen oder anzuerkennen. Gelegenheit dazu hätte sich geboten bei der lateranischen Synode von 769, ein Jahr nach dem Tode Pippins des Kleinen. Die Synode beschäftigte sich unter anderm mit der Papstwahl und traf einige Vorkehrungen gegen die tumultuarischen Scenen, die sich so oft bei diesen Gelegenheiten zutrugen. Allein das fragliche Verhältniß zu dem neuen fränkischen Könige kam gar nicht zur Sprache, obwohl, vielleicht weil Bischöfe des fränkischen Reiches gegenwärtig waren. Die Bestimmungen der lateranischen Synode betreffen die rein internen Angelegenheiten des Wahlsystems und sind unter dem Titel einer Definition des aktiven und passiven Wahlrechts in die Canonensammlungen aufgenommen worden,[1]) allein das bilaterale Verhältniß, welches zwischen dem Kaiserthum und der Kirche sich entwickelt hatte und jetzt im Begriffe war auf das fränkische Reich überzugehn, blieb unberührt.

Als Stephan IV. starb, wurde die neue Wahl in der That rascher vollzogen als je und der epochemachende Pontifikat Hadrians I. nahm seinen Anfang. Die Bestätigung Karls des Großen war nicht abgewartet worden, fast unmittelbar folgte die Consecration. Bei der Verworrenheit der italienischen Zustände war im Jahre 772 dem päpstlichen Stuhle möglich sich über alle weltlichen Schranken hinauszusetzen und späteren Jahrhunderten ein im Sinne der päpstlichen Macht großes Beispiel zu geben. Der Moment, wo man hätte erwarten dürfen, daß die tief einschneidende Frage der Rechte des Patrizius werde gelöst werden, war im Jahre 774, als Karl der Große

[1]) C. 3, 4, 5. D. 79.

zum Osterfeste in Rom erschien, allein so gern man zugestehen wird, daß die mancherlei Verträge, die zwischen Papst und Kaiser damals geschlossen wurden, mit großem Scharfsinn von den Gelehrten aller Jahrhunderte, besonders eifrig aber unserer Zeit gedeutet worden sind, so befindet man sich doch gerade hier in einem undurchdringlichen Sumpf, da sich alle Parteien und alle Rechtsdoctrinen zu allen Zeiten immer auf das Verhältniß zwischen Staat und Kirche berufen haben, wie es durch Karl den Großen gegründet worden sei und wie es als das normale gelten sollte. Allein die wunderbarsten Combinationen und Erfindungen, schon nach ein oder zwei Jahrhunderten begonnen, haben bewirkt, daß der „echte Ring“ überhaupt wahrscheinlich verloren gieng.[1]) „So schrieb um die Mitte des 10. Jahrhunderts ein Buch „von der Kaisergewalt in Rom“, daß laut Vertrags stets ein fränkischer Bevollmächtigter bei der Papstwahl habe anwesend sein sollen. So weiß das angeblich von Leo VIII. für Otto den Großen im Jahre 963 ausgestellte Privilegium, so wissen Landulf von Mailand und noch ausführlicher eine Einschaltung in die Chronik Sigberts vom Gemblours von einer Synode, die der Papst im Jahre 774 mit 153 Bischöfen nach völliger Niederwerfung der Longobarden in Gegenwart Karls zu Rom gehalten habe, um ihm Recht und Macht zur Wahl des Papstes und Besetzung des apostolischen Stuhles, dazu auch die Würde des Patriziats einzuräumen; Anathema solle sein, wer ihm das Recht der Investitur für

---

[1]) C. 22. D 63. Angeführte Worte von Baxmann, Die Politik der Päpste. I. 278., zu den hier angeführten Quellen gehört aber auch noch eine Notiz Gregorovius III. S. 255 aus Cod vat 1984 fol. 191. Adrianus papa tradidit Karolo augusto omnem suum jus et potestatem eligendi pontificem et ordinandi apostolicam sedem

Erzbisthümer und Bisthümer in den verschiedenen Provinzen streitig mache."

Aber alle diese Behauptungen über die Stellung Karls des Großen zur Papstwahl, wie zu den Bischofswahlen überhaupt, sind unbegründet und so wenig glaubwürdig, wie die entgegengesetzten, daß der Begründer des modernen Staatswesens einer vollkommenen Unabhängigkeit der Papstwahl zugethan gewesen wäre. In Wahrheit ist man über die Stellung Karls des Großen zur Kirche trotz alles Scharfsinns unklar geblieben und schließlich hängt es immer davon ab, wie man sich denkt, daß ein Gewalthaber wie Karl die alterthümlichen Begriffe seiner neuen Titel aufgefaßt haben wird. Beziehungen zur Papstwahl erwarb er ohne Zweifel schon durch den Titel Patrizius der Römer, der ihm wie seinem Vater beigelegt worden war und noch mehr durch den des Imperiums.[1] Allein auch der Papstwahl Leos III. folgte dessen Consecration fast unmittelbar und wenn Karl dessen Wahl bestätigte, so hatte die römische Kirche doch thatsächlich das Verhältniß herabgedrückt, indem der Antheil der weltlichen Gewalt nicht wie zur Zeit des Römerthums an erster, sondern erst an zweiter Stelle ins Gewicht fiel. Die Form, in welcher Karl als Patrizius der Römer die Papstwahl bestätigte, hatte sich bedeutend verändert, während er als Kaiser nie in die Lage kam, über eine neue Papstwahl zu sprechen. Es wäre unter diesen Umständen müssig, die Frage aufzuwerfen, wie der erste fränkische Kaiser sein rechtliches Verhältniß zur Thronbesteigung der Päpste aufgefaßt hätte. Die meisten Menschen werden sich eine Ueberzeugung gebildet haben, was Karl der Große gethan haben

---

[1]) Die Führung des Titels patricius Romanorum verzeichnet Stumpf I. 83.

würde, und manche seiner Nachfolger mögen in dem festen Glauben an seinen Geist gehandelt haben. Thatsache aber ist, daß das Verhältniß zwischen Staat und Kirche durch die Uebertragung des Kaiserthums eine Jahrhunderte bestimmende Richtung erhielt, aber in einer ganzen Reihe der wesentlichsten Punkte sehr erhebliche Lücken aufzuweisen hatte und eben nur in den allgemeinsten Umrissen feststand. Die Beziehungen zwischen Staat und Kirche erkennt man auf jedem Schritt und Tritt, sie sind auch in Betreff der Papstwahl überall vorhanden und anerkannt, aber sie gleichen einem unbeschriebenen Blatte Papier.

Um so wichtiger ist es daher für die Zeit der Gründung des abendländischen Kaiserthums auch die dürftigsten Andeutungen sorgfältig zu benutzen, um das bilaterale Verhältniß bei der Papstwahl festzustellen. Man betrachte zu diesem Zwecke das Schreiben Karls des Großen an Leo III. nach dessen Wahl.[1]) Aus demselben ergibt sich, daß der neugewählte Papst

---

[1]) Sickel, Acta. K. 147. Aus welchem Grunde aber K. 146 vorangeht, und warum nicht vielmehr K. 147 als die Antwort auf die im Januar erfolgte Wahlanzeige anzusehen wäre, ist mir unerklärlich, vgl. ebd. S. 276. Der Brief ist das einzige Aktenstück, aus welchem die Stellung Karls zur Papstwahl zu entnehmen ist, weshalb es in den Hauptpunkten hier beigefügt wird. Jaffe Cod. Car. S. 354. Titel: K. g. d. rex F. e. L. ac patritius Romanorum Leoni papae.

Perlectis excellentiae vestrae litteris et audita decretali cartula, valde ut fateor gavisi sumus seu in electionis unanimitate seu in humilitatis vestrae obedientia et in promissionis ad nos fidelitate (vgl. oben das Schreiben Pauls S. 32 u. 33) etc.

Unde et vestrae sanctitati, quasi vicario laetitiae munere, per eiusdem dei et domini nostri Jesu Christi misericordiam, qui sanctae suae ecclesiae in vestrae beatitudinis exaltatione consuluit, nostram omniumque fidelium nostrorum demandamus prosperitatem; nec non et pacificam in dei voluntate totius regni nostri innotescimus unanimitatem, ut aeque in nostrae devotionis salute gaudeatis sicut et nos in vestrae sanctitatis laetemur successibus.

dem Könige der Franken Treue geloben mußte. Ferner fordert der König, daß der Papst alle Rechte des Patriziats in Rom sorgfältig wahrnehme und erhalte. Andererseits verspricht Karl der Große dem Papste Schutz und Schirm, und zwar versteht er das nicht bloß in dem Sinne der weltlichen Macht, sondern auch der geistlichen Mission des Papstes. Der König erklärt ausdrücklich, daß er die Kirche in seinem Reiche ebenso wie außerhalb desselben befördern wolle.

So wenig bestimmt hiemit der Kreis der gegenseitigen Rechte und Pflichten begrenzt ist, so kann man doch nicht verkennen, daß bei dem Pontifikatswechsel das neue Verhältniß zwischen dem römischen Papstthum und dem fränkischen Könige einen Ausdruck anstrebte, welcher sich der Form eines Vertrages näherte, der aber zugleicher Zeit dafür Bürgschaft gab, daß Rechte und Pflichten auf Gegenseitigkeit beruhten und daß der Pontifikatswechsel einer gewissen Bestätigung oder Genehmigung

---

Ueber das Patriziat und die mit der Kirche geschlossenen Verträge: ex conlatione mutua conferatis, quicquid ad exaltationem sanctae dei ecclesiae vel ad stabilitatem honoris vestri vel patritiatus nostri firmitatem necessarium intelligeretis.

Sicut enim cum beatissimo patre praedecessore vestro sanctae compaternitatis pactum inii sic cum beatitudine vestra eiusdem fidei et caritatis inviolabile foedus statuere desidero; quatenus apostolicae sanctitatis vestrae divina gratia advocata precibus, me ubique apostolica benedictio consequatur, et sanctissima Romanae ecclesiae sedes Deo donante nostra semper devotione defendatur. Nostrum est: secundum auxilium divinae pietatis sanctam ubique Christi ecclesiam ab incursu paganorum et ab infidelium devastatione armis defendere foris, et intus catholicae fidei agnitione munire. Vestrum est, sanctissime pater: elevatis ad Deum cum Moyse manibus nostram adiuvare militiam; quatenus, vobis intercedentibus Deo ductore et datore populus christianus super inimicos sui sancti nominis ubique semper habet victoriam, et nomen domini nostri Jesu Christi toto clarificetur in orbe.

des fränkischen Königs bedurfte. Der Anerkennung des Papstes von Seite des Königs entspricht das Treueversprechen von Seite des Gewählten. Die gegenseitigen Erklärungen, wie sie in den Akten Karls des Großen sich darstellen, lassen sich demnach unter zwei Begriffe bringen: Fidelität und Obedienz. Mag immerhin die kirchliche Selbstständigkeit gegenüber den alten strammeren Beziehungen zum oströmischen Reiche einen Fortschritt zu verzeichnen gehabt haben, die Obedienz des Königs gegenüber der Kirche gründete sich doch nur auf die rückhaltlose Erklärung der Fidelität des Papstes gegenüber der weltlichen Gewalt.

Nach Leos III. Tode war zum erstenmale ein römischer Kaiser der Franken in die Lage gekommen, seine mächtige Stimme bei der Wahl des Papstes zu erheben. Allein dieser Kaiser war Ludwig der Fromme, dessen stürmische Regierung schwerlich geeignet war, eine der schwierigsten Fragen des Staatsrechts auf eine gesicherte Grundlage zu stellen. Gleichwohl werden zwei der wichtigsten Canonen über das Verhältniß des Kaiserthums zur Papstwahl eben in die Zeit Ludwigs des Frommen gesetzt und wir dürfen uns einer Erörterung derselben nicht entziehen, wenn auch alle bisherigen Anstrengungen die Widersprüche zu beseitigen, die zwischen denselben zu bestehen scheinen, fast fruchtlos geblieben sind.

Stephan V. erklärte, daß die Ordination des Papstes nur in Gegenwart der kaiserlichen Gesandten stattfinden sollte.[1])

---

[1]) Den Canon Stephans V. bringt bereits die Pannormie und darnach erst Gratian. 28 D. 63.

Was man dagegen einwendete, ist vorzugsweise der Umstand, daß die Wahlvorgänge bei den nächsten Päpsten nicht mit dieser Anordnung stimmen. Man dachte daher daran den Canon einem andern als Stephan V. etwa Stephan VII. zuzuweisen, oder man erklärte ihn ganz als gefälscht. Wenn aber ein großer Kenner der Papstgeschichte einmal bemerkt, daß man sich das Verhältniß zwischen den beiden höchsten Gewalten überhaupt vielfach zu sehr gespannt vorstelle, und daß es im achten Jahrhundert vielmehr ein versöhnliches und entgegenkommendes war, so darf man ohne weiteres unter diesem Gesichtspunkte das fragliche Dekret Stephans behandeln. Allerdings ist Stephan V. ordinirt worden, ohne daß eine Genehmigung des Kaisers dazu vorliegen konnte. Auch sein Nachfolger Paschal scheint so wenig, wie Leo III. und Hadrian I. zu Karls des Großen Zeit, mit der Ordination gezaudert zu haben. Seit mehr als einem halben Jahrhundert war der Gebrauch, wie er sich aus dem Liber diurnus feststellen ließ (s. S. 28 ff.), abhanden gekommen. Den Uebelständen der langen oft peinlichen Verzögerungen der päpstlichen Consecration hatte Konstantin, wie wir gesehen haben, dadurch abgeholfen, daß er dem Exarchen und Patrizius Rechte ertheilte, die früher der Kaiser selbst übte; nun aber war der Patriziat auf die Könige der Franken übergegangen; sollten sich vermöge der Entfernung derselben die alten Uebel erneuern? In der That, es wird sich — vorausgesetzt, daß das sachliche Einverständniß zwischen Staat und Kirche im Großen bestand — für beide Theile als wünschenswerth erwiesen haben, Formen zu finden, welche den Uebergang des Pontifikats erleichterten. Daß man am Hofe Ludwigs des Frommen die rasch vollzogene Ordination Stephans V. und Paschals I. übel gedeutet haben sollte, ist nach den Vorkommnissen unter Karl dem Großen eine höchst zweifelhafte Combination.[1]) Dagegen ist die Anwesenheit kaiserlicher Gesandtschaften in Rom seit dem Jahre 800 etwas so wenig seltenes, daß man nicht einmal zuverlässig behaupten könnte, das Dekret Stephans V. sei bei der Wahl Paschals etwa nicht pünktlich befolgt worden. Denn betrachtet man die vielbestrittene Verordnung genauer, so wird man kaum sagen können, daß etwas wesentlich neues geschaffen, oder etwas bestehendes seiner Grundlage nach verändert worden wäre. Das Dekret bezweckt gar nicht eine Erschwerung des Pontifikatswechsels, es alterirt auch nicht die Wahleinrichtungen als solche, es verlangt im Grunde nur den kaiserlichen Schutz bei der Ceremonie der Ordination, weil die Kirche selbst durch Unordnung und Auflauf der Parteien gefährdet erschien.[2]) Wenn wir uns

[1]) Die betreffenden Schreiben sind verloren und da die Stellen Einhardi annal. a. a. 816 und 817 und Vita Ludov. cap. 27 sehr unbestimmt lauten, so läßt man die ganze Frage am besten bei Seite. Irgend eine Unregelmäßigkeit muß aber in der That bei Paschals Wahl vorgekommen sein, doch ist es verwegen aus dem Wortlaut der Annales, welchen die Vita theilt, die Art der Unregelmäßigkeit genau erschließen zu wollen und dann noch weitere Schlüsse zu häufen. Allein als ein Beweis, wie bestimmt die Vorstellung war, daß es bei der Papstwahl auf das bilaterale Verhältniß zwischen der Kirche und dem Staat ankäme, und daß ohne Anerkennung des Kaisers keiner Papst sein konnte, — dafür ist die Stelle sehr bezeichnend. Schulausgabe S. 71. Cui Paschalis successor electus, post completam solemniter ordinationem suam et munera et excusatoriam imperatori misit epistolam, in qua sibi non solum nolenti sed etiam plurimum renitenti pontificatus honorem velut i n p a c t u m adseverat. Missa tamen alia legatione, pactum quod cum praecessoribus suis factum erat etiam secum fieri et firmari rogavit. Die Sache bleibt dunkel, doch liegt die Anerkennung des Pactums durch den Papst vor. Man durfte also pontificatus honorem nicht velut inpactum sich zuschreiben.

[2]) C. 28. D. 63. Quia sancta Romana ecclesia, cui auctore Deo praesidemus a pluribus patitur violentias, Pontifice obeunte, quae ob hoc inferuntur quia absque Imperiali notitia Pontificis fit electio

vorstellen, daß die Missi des Kaisers, deren Anwesenheit in Rom doch wohl nicht als das ungewöhnliche anzusehen ist, angewiesen waren, der Ordination sofort beizuwohnen, so geschah im Grunde nichts anderes, als was bis auf die neuesten Zeiten üblich geblieben ist: die Anwesenheit der kaiserlichen Gesandten bei der Ceremonie der Consecration. Das Wesen des Verhältnisses war durch die Formfrage der Consecration, wie sich schon unter Karl dem Großen gezeigt, nicht betroffen. Daß in dem Dekrete mit großer Achtung vom Kaiserthum die Rede ist, kann wohl nicht gegen die Echtheit desselben sechzehn Jahre, nachdem die Kirche zu seiner Gründung geholfen, sprechen.

Viel schwieriger als das Dekret Stephans V. stellt sich die Untersuchung über einen andern Canon dar, der unter den Worten Ego Ludovicus bekannt ist.[1]) Die Zugeständnisse,

et consecratio, nec canonico ritu et consuetudine ab Imperatore directi intersunt nuntii, qui scandala fieri vetent: volumus ut cum instituendus est Pontifex, convenientibus episcopis, et universo clero, eligatur praesente senatu et populo, qui ordinandus est et sic ab omnibus electus, praesentibus legatis imperialibus consecretur, nullusque sine periculo sui juramenta vel promissiones aliquas nova adinventione audeat extorquere, nisi quae antiqua exigit consuetudo ne vel ecclesia scandalizetur, et imperialis honorificentia minuatur. Man beachte, daß es sich nur um die Anwesenheit der kaiserlichen Gesandten bei der Consecration handelt, was nach den Eingangsworten vielleicht auffallend sein könnte. Aber für die Echtheit des Dekrets spricht es neben anderm, daß die Intervention des Gesandten bei der Wahl deutlich abgelehnt ist.

[1]) Die vielbesprochene Urkunde verzeichnet Sickel unter Acta deperdita S. 380 ff. In das Dekret Pars I. 30. D. 63 ist nur der Theil übergegangen, welcher sich auf die Wahl bezieht: Quando divina vocatione hujus sacratissimae sedis Pontifex de hoc mundo migraverit nullus ex regno nostro aut Francus aut Longobardus, aut de qualibet gente homo sub nostra potestate constitutus, licentiam habeat contra Romanos aut publice aut privatim veniendi aut electionem faciendi, nullusque in civitatibus aut in territoriis ad ecclesiae beati

welche **Ludwig der Fromme** insbesondere durch die Schenkung von Sizilien, Sardinien und Corsika dem Papste Paschal gemacht haben soll, sind so unglaubwürdig, daß dadurch der ganze Inhalt der großen Urkunde und folglich auch der aus derselben entnommene Canon verdächtig geworden ist. Allein daß sich in dem uns überlieferten Privilegium Ludwigs echte Bestandtheile erhalten haben, wird besonders dadurch wahrscheinlich, daß die Ansprüche, welche später auf Tuscien und Spoleto von dem römischen Stuhle erhoben wurden, nicht nur nicht berücksichtigt erscheinen, sondern vielmehr durch das Privileg ausgeschlossen sind. Wir bemerken dies, um zu zeigen, daß der Inhalt des Privilegs mit Erfolg nicht in seiner Totalität, sondern nur in seinen einzelnen Bestandtheilen besprochen werden kann. Lösen wir demnach die Stelle über den Pontifi-

---

Petri Apostoli potestatem pertinentibus, aliquod malum propter hoc facere praesumat, sed liceat Romanis cum omni veneratione et sine qualibet perturbatione honorificam sub pontifici exhibere sepulturam; et eum quem divina inspiratione et beati Petri intercessione omnes Romani uno consilio atque concordia sine qualibet promissione ad pontificatus ordinem elegerint sine aliqua ambiguitate vel contradictione more canonico consecrare et dum consecratus fuerit, legati ad nos vel ad nostros successores reges Francorum dirigantur, qui inter nos et illum amicitiam et charitatem ac pacem socient. Die in der Urkunde vorkommenden Besitzesschenkungen haben hauptsächlich den Anlaß gegeben, dieselbe überhaupt als unecht anzugreifen. Das Ergebniß der neuesten Forschungen über die Urkunde, wornach wir es mit einer vielfach interpolirten aber im Wesen echten Urkunde zu thun haben, scheint auch uns nach allen Seiten gerechtfertigt. Es wird also hauptsächlich nur auf die im Decrete excerpierte Stelle ankommen. Daß die Mittheilung der ganzen Urkunde schon von Deusdedit 1057 sichergestellt wäre, möchte man übrigens bezweifeln können, es ist wohl wahrscheinlich genug, daß Deusdedit nur die echten Bestandtheile, also auch die obige Stelle kannte. Wären zur Zeit Gregors VII. die Interpolationen gemacht, so wären dieselben sicher nicht dem Besitz von Tuscien und Spoleto abträglich gewesen.

katswechsel von dem übrigen Inhalt des Privilegiums ab, wie es auch in der Canonensammlung der Fall ist, so dürfte vor allem eine richtige Interpretation des kaiserlichen Zugeständnisses nöthig sein. Einige Irrung ist in die Untersuchungen dadurch gekommen, daß man unter ziemlich allgemeinen Schlagworten den Gegenstand bezeichnete. Nicht die Freigebung der Wahl ist der Kern des Privilegs sondern die Regelung des Verhältnisses der kaiserlichen Gesandten zur Wahl und Consecration des Papstes. Die Wahlfreiheit war überhaupt kein Gegenstand des Streites.[1]) Ebensowenig ist in dem Canon eine eingehende Festsetzung über die Art und Weise gemacht, in welcher das durch den neu gewählten Papst jedenfalls abzuschließende Vertragsverhältniß mit dem Kaiser zu Stande kommen soll. Es ist nur erfordert, daß der Papst Gesandte schicke, damit alles in Liebe und Freundschaft verhandelt werden könne. Das ganze Verhältniß des Kaisers zur Papstwahl wurde auf den Weg des Vertrages hingeleitet. Den Beamten des Kaisers wird allerdings jedes Recht der Intervention, sei es bei der Wahl oder Ordination, entzogen. Daß aber der Kaiser, wenn er selbst in Rom anwesend wäre, nicht zu tieferem Eingriff in die verschiedenen Akte des Pontifikatswechsels berechtigt wäre, wird nicht einmals als ausgeschlossen zu betrachten sein.

Sind nun, wenn man auf diese Weise den Inhalt des frag-

---

[1]) Man liest in manchen Büchern, Kaiser Ludwig habe die Bestätigung der Wahl aufgegeben, oder habe die „volle Wahlfreiheit“ eingeführt. Diese Mißverständnisse erklären sich dadurch, daß man sich gewöhnlich nicht concret genug vorstellt, daß der Pontifikatswechsel aus vielen Akten bestand, und daß Aenderungen an einzelnen Szenen noch nicht das ganze Stück aufheben

lichen Privilegs nur richtig faßt, die Rechte des Kaiserthums wirklich preisgegeben worden? Ist nicht das bilaterale Verhältniß durch den von dem Kaiser geforderten und von dem Papste abzuschließenden Vertrag hinreichend sicher gestellt? Auf diese Weise gelangt man vielmehr zu dem Resultate, daß man es mit einer in der Natur der Sache gelegenen echten Bestimmung Ludwigs zu thun habe, welche nur deshalb bezweifelt werden konnte, weil man durch nichtssagende Schlagworte, wie Wahlfreiheit, getäuscht, den concreten und rein technischen Inhalt des Zugeständnisses stark verkannte.

Man vergegenwärtige sich die Vorgänge beim Pontifikatswechsel nach der Vorschrift Ludwigs: Die Wahl findet durch Clerus und Volk statt, auch die Consecration darf von den kaiserlichen Gesandten nicht verhindert werden. Aber sofort muß die Curie ihre Boten an den kaiserlichen Hof senden, um auf Grund eines in Liebe und Freundschaft zu schließenden Vertrages die Anerkennung oder Bestätigung des Pontifikatswechsels zu erlangen. Vergleicht man diesen Gang der Dinge mit den unter Karl dem Großen beobachteten Ereignissen, so findet sich die vollkommenste Uebereinstimmung. Durch das Zugeständniß Stephans V. war aber hierin eine Unterbrechung erfolgt. Denn darnach war den kaiserlichen Botschaftern bei dem zweiten Akte, der Ordination, ein Einfluß zugesichert, welcher im Falle der Verweigerung der Anerkennung durch den königlichen Boten gefährlich werden konnte, indem die Rechtmäßigkeit der Ordination von der Anwesenheit desselben ausdrücklich abhängig erklärt worden war. In dem Privilegium Ludwigs des Frommen hat man es mit einer einfachen Restitution zu thun. Man kehrte zu dem Gebrauche der Papstwahlen unter Karl dem Großen zurück, man verzichtete auf das, was Stephan V. darüber hinaus gewährt hatte. Vielleicht erklärt sich auf solche Weise auch die dunkle Stelle der Annalen, nach welchen Paschal wegen der Vorgänge bei seiner Wahl sich entschuldigt habe und wornach ein neues Uebereinkommen zwischen Papst und Kaiser geschlossen worden sei. Die beiden Aktenstücke aber, welche die Canonensammlungen aufbewahrt haben, widersprechen sich solchergestalt nicht nur nicht, sondern sie ergänzen und erklären einander.

Immerhin aber blieb das Zugeständniß Ludwigs des Frommen ein großes, wenn es auch nur den Beamten des Kaisers in Italien und nicht dem Kaiser als solchem die Hände band. Denn es setzte einen Grad von Einheit der Interessen zwischen Kirche und Staat voraus, welcher zwar im achten und Anfang des neunten Jahrhunderts in der Idee bestanden haben mag, aber nur zu bald sich als eine Täuschung erwies, die eine feste Ordnung der Dinge lediglich verhinderte. Der Kirche und den Römern war selbstverständlich der Einfluß und die Macht der Beamten des Kaisers unerträglich erschienen. Es ist eine der so oft sich wiederholenden Erscheinungen, daß man sich loyal gegenüber dem Haupte demüthigte, um desto stärker gegen die Organe auftreten zu können. Ludwig der Fromme schädigte die kaiserliche Macht in ihren Beamten und bei den geringsten Zerwürfnissen, wie sie unter Paschals Pontifikat nicht zu vermeiden waren, traten die lähmenden Folgen des Privilegiums vom Jahre 817 hervor.

Lothar I. und Ludwig II. hatten eine mehr realistische Vorstellung von den Mitteln, welche nöthig sind um eine Macht zu behaupten, sei dieselbe weltlicher oder geistlicher Natur. In den Streitfragen, die sich in den nächsten Jahren der karolingischen Herrschaft in Rom ergaben, vermischte sich vielfach die

Stellung des Kaisers als Oberhaupt der Stadt mit den Ansprüchen, welche sich auf das rein kirchliche Verhältniß zur Papstwahl bezogen. Die Wahl nach Paschals Tode war zwiespältig, thätigeres Eingreifen der kaiserlichen Macht schien unvermeidlich. Der Standpunkt des Wohlwollens reichte nicht aus, wo sich der Kaiser mit einem von zwei streitenden Theilen zu vertragen hatte. Hier mußte es üble Folgen haben, wenn die kaiserlichen Beamten, ja im gewissen Sinne selbst die kaiserliche Partei durch Ludwigs Privileg genöthigt war, die Hände in den Schooß zu legen, während vielleicht die feindliche Richtung ihren erwählten Papst zu inthronisieren und zu ordinieren einen gewaltigen Vorsprung gewann. Als solcher Streit im Jahre 824 entstand, war Lothar I. in der Nähe. Der Vertrag, den er mit Eugen I. schloß, war ein Versuch, die kaiserliche Herrschaft in Rom nach allen Seiten zu bestimmen und zu sichern und die weltlichen und kirchlichen Verhältnisse verfassungsmäßig zu ordnen. Die sogenannte römische Constitution faßte auch den Fall des Pontifikatswechsels ins Auge — und sie war im Stande abermals eine neue Form für den Vorgang und die Reihenfolge der Akte der Wahl und Erhebung des Papstes aufzustellen. Die Beeinflussung der Wahl durch Beamte und die Assistenz derselben bei dem rein geistlichen Akte der Consecration waren durch die vorangegangenen Verträge ausgeschlossen. Die römische Constitution von 824 hebt nun keineswegs die frühern Bestimmungen in dieser Beziehung auf. Man hat vielleicht auch hier zu voreilig einen Widerspruch erblicken wollen, der nicht besteht. Wahl und Consecration sollten auch nach der constitutio romana als rein kirchliche innere Angelegenheiten betrachtet bleiben. Sie gestattet keine Einmengung der weltlichen Macht in diese internen Fragen, aber sie schiebt zwischen die Wahl und Consecration einen Akt, der nun — und insofern ist das Privileg Ludwigs mehr seinem Geiste als seiner Form nach verletzt — doch nur von den kaiserlichen Beamten vorgenommen werden konnte, da der Kaiser nicht immer persönlich in Rom anwesend war. „Bevor die Consecration stattfindet, soll der Papst und sollen die Römer dem Kaiser schwören." Sie schwören den Eid der Treue in die Hände des Botschafters.[1]) Es ist mehr als wahrscheinlich, daß diese Bestimmungen der Constitutio romana auf einem Pactum beruhen, welches in den folgenden Zeiten bei jedem Pontifikatswechsel wiederholt worden zu sein scheint. Daraus würde sich wenigstens erklären, daß das Pactum Ottos I. vom Jahre 962, von welchem noch später zu reden sein wird, viele wörtliche Uebereinstimmung mit der Constitutio romana zeigt.[2])

Das Wesentliche des Verhältnisses zwischen Kaiser und Papst blieb unverändert, sowohl nach dem Inhalte des Canon Ludwigs als auch nach der Constitutio romana; immer kam es auf die gegenseitige Anerkennung der beiden Häupter der

---

[1]) In dem Eide, welchen die Römer schwuren, heißt es Pertz Leges I 240: Promitto: . . . et quod non consentiam, ut aliter in hac sede Romana fiat electio pontificis, nisi canonice et iuste, secundum vires et intellectum meum; et ille qui electus fuerit, me consentiente consecratus pontifex non fiat, priusquam tale sacramentum faciat in praesentia missi domni imperatoris et populi. cum iuramento, quale domnus Eugenius papa sponte pro conservatione omnium factum habet per scriptum. Neben dieser Forderung besteht die Wahlfreiheit fast mit wörtlicher Wiederholung dessen, was im Canon Ego Ludovicus enthalten ist, wenn es in § 3 der Const rom. heißt: Volumus ut in electione pontificis nullus praesumat venire, neque liber neque servus, qui aliquod impedimentum faciat, — . . .

[2]) Darüber vgl. Ficker, Forsch. z. R. u. Rg Ital. II. 356.

Welt an, welche von Seite des Papstes in dem Treueid, den er zu leisten hatte, von Seite des Kaisers in der Obedienzerklärung und Bestätigung formellen Ausdruck erhielt. Dieses Prinzip geht durch alle Ereignisse bei den Papstwahlen des neunten Jahrhunderts hindurch; die spezielleren Formen dagegen, in welchen beiderseits die Rechte der Kirche und des Staates gewahrt werden wollten, gaben Anlaß zu mancherlei Aenderungen von Papstwahl zu Papstwahl, indem man den Einfluß der kaiserlichen Beamten bei den verschiedenen Akten des Pontifikatswechsels bald stärkte, bald schwächte, bald mehr, bald weniger respectirte und die kaiserlichen Rechte bald vor, bald nach der Consecration des Papstes gehandhabt wissen wollte. Daß man im fränkischen Reiche eine sehr bestimmte Vorstellung von der Wichtigkeit der Frage hatte, ob die Anerkennung des Kaisers vor oder nach der Consecration erfolgte, beweisen die Annalen, welche mit Sorgfalt dieses Umstandes gedenken.[1]) Die römisch-kirchliche Ansicht fügte sich freilich nur ungern in die Rechtsauffassung des Reichs, da sie ohne Zweifel gerade die Consecration des Papstes als einen rein kirchlichen Akt betrachtete und dessen Unabhängigkeit von der weltlichen Macht gleich dem

[1]) Beispielsweise heben wir Einhard, Annales a. a. 827 hervor: Eugenius papa mense Augusto decessit, in cuius locum Valentinus diaconus a Romanis et electus et ordinatus, vix unum mensem in pontificatu complevit, quo defuncto Gregorius presbiter tituli sancti Marci electus, sed non prius ordinatus est, quam legatus imperatoris Romam venit, et electionem populi, qualis esset, examinavit. Man bemerke den scharf ausgesprochenen Gegensatz — dort die beiden Akte zugleich, hier nach Ankunft der kaiserlichen Botschaft. Ohne daß man gerade für den wirklichen Hergang der Dinge den Annalen unbedingten Glauben zu schenken braucht — da ja andere Zeugnisse widersprechen, so ist doch deutlich, worauf man nach den Pacten mit Stephan V. mit Paschal I. und Eugen am fränkischen Hofe sein besonderes Augenmerk richtete

vorangegangenen Wahlact forderte. Aber dabei kam nicht in Frage: das Recht des Kaisers überhaupt, nicht in Frage: die Bestätigung und Anerkennung durch die weltliche Macht, welche als eine wesentliche Ergänzung der verschiedenen Akte des Pontifikatswechsels von gar keiner Seite bestritten wurde. Bezeichnend bemerkt bei der Wahl Leos IV. eine päpstliche Quelle, indem sie den Vorgang entschuldigt, derselbe sei wegen der Sarazenen-Gefahr sogleich ohne Erlaubniß des Kaisers ordinirt worden. „Die schuldige Treue und Ehre gegen denselben habe man aber, fügt unser aufrichtiger Geschichtschreiber hinzu, keineswegs verletzen wollen."

Indessen ist nicht zu verkennen, daß neben der Nothwendigkeit sich dem bilateralen Verhältniß zu unterwerfen, in Rom die bestimmte Tendenz hervortrat, sich mehr und mehr von der staatlichen Umarmung zu lösen. Die immer wieder versuchte Durchbrechung der in den Verträgen festgesetzten Formen des Pontifikatswechsels hatte keineswegs ihren Grund nur in den Gefahren vor äußern und innern Feinden, sondern richtete ihre Spitze desto sicherer gegen das Kaiserthum selbst, je weniger mächtig dasselbe war und je mehr die politische Lage der Dinge zum Widerstand gegen die weltliche Gewalt aufforderte. In diesem Bestreben änderte in Rom sich wenig, mochte der Papst durch persönliche Intervention des Kaisers gewählt sein, oder nur dessen nachträgliche Bestätigung empfangen haben. Bei der Wahl Nikolaus I. war der Einfluß Ludwigs II. so sehr maßgebend, daß einige die Legalität des Wahlacts bestritten, indem der Clerus und die ersten Würdenträger der Kirche kaum nur zum Worte gekommen waren. Aber in Nikolaus I. hatte die Staatsgewalt gewiß nicht eine befreundete Macht zu erblicken. Bei der Wahl Hadrians II. (Nov. 867) beschwerten sich die kaiserlichen Gesandten über Nichtachtung ihrer Rechte. Von Hadrian III. wollten spätere freilich sehr unglaubwürdige Schriftsteller wissen, er hätte die kaiserliche Bestätigung und Genehmigung ausdrücklich verboten. Aber ist auch an dergleichen nicht zu denken, so entspricht es den Thatsachen der nächsten Jahrzehnte, daß viele Pontifikatswechsel vor sich gingen, ohne daß die früher vertragenen Formen berücksichtigt wurden. Um die in der Theorie oft bewunderte Einheit der obersten Gewalten zur thatsächlichen Wahrheit zu machen, hätte die Macht des Kaisers in Rom selbst eine größere sein müssen. War es den Kaisern aber nicht möglich, auf das Parteiwesen der ewigen Stadt einen ordnenden Druck auszuüben, und konnten sie dem römischen Bischof den erwarteten Schutz nur in beschränktem Maße gewähren, so sank der Staatsgedanke Karls des Großen, wie überhaupt, so auch besonders für das eben in scharfer Ausbildung befindliche kanonische Recht, zum wesenlosen Schatten herab. Auch für die gelehrte Arbeit des fleißigen Juristen war es von Bedeutung, daß man gerade in der Zeit das kirchliche Recht am meisten zu sammeln und zu schematisiren begann, wo es an einem starken Staatsbewußtsein in der Welt fehlte, oder wo es eben verloren gegangen war. Der kirchlichen Rechts-Entwickelung entschwand gleichsam der hohe Begriff des Staates auch durch die Zeitumstände unter den Fingern, und wenn auch nicht ein eminentes Interesse päpstlicher Herrschaft, so würde die Epoche der spätern Karolinger schon an und für sich erklären, warum in dem Centrum des ältesten und großartigsten Staates die Staatsidee sich zur Büttel-Vorstellung des kanonischen Rechts verflachen konnte.

Indessen erinnerte man sich in Tagen der Noth denn doch

auch wieder in Rom, daß der staatliche Schutz nicht bloß eine Last, sondern zuweilen auch nützlich und nothwendig sei. Gerade in der Zeit, wo das fränkische Kaiserthum am tiefsten zu fallen und wo der römische Stuhl Anlehnung an das Kaiserthum Lamberts zu nehmen begann, hielt Johann IX. eine Synode in Rom, in welcher die Bestimmungen Stephans V. über die Theilnahme kaiserlicher Gesandten an dem Akte der Consecration wiederholt worden sind. Völlig in Vergessenheit war also nicht gerathen, was seit Karl dem Großen als Gebrauch bei dem Pontifikatswechsel galt. Aber die Erneuerung der ältern Anordnung war dringend nöthig und durch die Ereignisse von drei Jahrzehnten nur allzu begründet.[1]) Ueberhaupt zeigte Johann IX. und die Synode von Ravenna (898) das Streben, die ältere Ordnung noch einmal in Geltung zu bringen. Wie man die kaiserlichen Gesandten bei der Consecration wieder herbeizuziehen sich entschloß, so wurde das Pactum auch wieder erneuert, welches zwischen Lothar und Eugen 824 geschlossen

[1]) Bekanntlich wird von einigen Seiten behauptet, der 10. Canon des Concils von 898 sei ein völliges novum und daß derselbe: „Quia sancta" von Gratian Stephan V. zugeschrieben worden sei, beruhe auf einem Irrthum des gelehrten Mannes. Wie sich gezeigt hat, stimmen aber alle Umstände mit der Existenz einer Verfügung, wie sie Stephan V. zugeschrieben wird, auf das Genaueste überein, ja sie setzen dieselbe gleichsam voraus. Alle Quellen, namentlich die Angaben der Annales Einhardi lassen erkennen, daß man eine ähnliche Anordnung gekannt haben müsse, die constitutio romana kommt auf durchaus analoge Einrichtungen zurück, es ist daher nicht einzusehn, warum nicht vielmehr der 10. Canon des Concils von 898 als eine Wiederholung der ältern Bestimmung zu gelten hätte, so lange wenigstens nicht bessere Gründe vorgebracht sind. Die Gründe, weshalb der Canon ursprünglich Stephan VI. (VII) zukommen sollte, sind allerdings noch weniger begreiflich. Wenn schon ein Irrthum Gratians vorliegen sollte, so liegt er gewiß in der Verwechslung zwischen Stephan V. und Johann IX.

worden war.[1]) Man sieht, auch die ausschweifendsten Versuche eine völlige Unabhängigkeit von den weltlichen Mächten zu begründen, führten die römische Kirche unter veränderten Verhältnissen und Umständen doch wieder zu dem Schutzverhältniß des Kaiserthums zurück. In der Theorie freilich fehlte es schon im neunten Jahrhundert nicht an einer starken Opposition gegen die Rechte des Staates in Betreff der Bischofswahlen. Man citirt einen Schriftsteller Namens Florus, der als Magister an der Domschule von Lyon schon im Jahre 860 gestorben sein soll und nichts geringeres, als die völlige Unabhängigkeit aller bischöflichen Wahlen in jeder Richtung von der weltlichen Gewalt forderte. Dabei steht es ihm als eine anerkannte Thatsache fest, daß bei dem römischen Stuhle diese unbedingte Freiheit des Pontifikatswechsels bestehe.[3]) Wiewohl nun diese Vorstellung mit den wirklichen Ereignissen sehr ungenau zusammen-

---

[1]) Auch die spätern Kaiser haben solche Pacta ausgestellt. Daß man dabei, wenn nicht besondere Gründe zu Aenderungen vorlagen, einfach das vorhergehende wiederholte, ist an und für sich anzunehmen Auf eine feststehende Fassung des Pactums wird bestimmter hingewiesen, als es sich 898 auf der Synode von Ravenna um Erneuerng desselben für den neu erhobenen Papst Johann handelte, wo vom K. Lambert gefordert wird: ut privilegium s. Romanae ecclesiae quod a priscis temporibus per piissimos imperatores stabilitum est atque firmatum, ita nunc a vobis firmetur; und: ut pactum, quod a. b. m. vestro genitore d. Widone et a vobis iuxta praecedentem consuetudinem factum est nunc reintegretur et inviolatum servetur. Noch 916 bei der Krönung Berengars wird die Ausstellung des Pactums erwähnt. Ficker, Forschungen zur R. u. Rgsch. Italiens. II. 356.

[2]) Der letztere Umstand macht es freilich sehr wünschenswerth die Zeit, wann der Tractat geschrieben sein könnte, näher zu untersuchen. Es ist die Schrift de electione episcoporum, auf welche Phillips Kirch-R. V. 765 großes Gewicht legt. Ich führe dies an, ohne das fragliche Buch selbst zu kennen, zumal als in den mir sonst zur Hand liegenden Werken jede nähere Angabe über die doch unzweifelhafte „Geschichtsquelle“ mangelt.

stimmt, so mag man doch aus derselben entnehmen, was in manchen kirchlichen Kreisen als Ziel und Absicht verfolgt wurde. Aber sich so vollständig von dem bilateralen Verhältniß der beiden Gewalten im Punkte der Bischofswahlen los zu machen, konnte der Kirche niemals gelingen, so lange sie nicht auf weltlichen Besitz und staatlichen Schutz gänzlich verzichten wollte. Den letzteren in Anspruch zu nehmen, war insbesondere das Papstthum nur zu häufig genöthigt, und so findet man am Ende des neunten Jahrhunderts trotz aller Anläufe zur gänzlichen Emancipation, die faktische und rechtliche Lage der Dinge selbst einem Schattenkaiser gegenüber ziemlich unverändert. Das entscheidende dabei war allerdings mehr von politischen Machtverhältnissen, als von unwandelbaren Rechtsüberzeugungen abhängig, allein von jener durch Constantin den Großen bereits geschaffenen Grundlage der kirchlichen Anerkennung unter der Bedingung des staatlichen Gehorsams vermochte man sich nicht dauernd zu trennen.

Blickt man auf die sechs Jahrhunderte zurück, seit die Kirche im Staate zu einer rechtlichen Stellung gelangt war, so zeigen sich die Formen, unter welchen die jedesmalige Anerkennung, Bestätigung, Genehmigung des Wahlaktes durch die weltlichen Mächte geschah, schwankend, ohne daß deshalb das Prinzip selbst irgend verloren gegangen oder dauernd außer Gebrauch gekommen wäre. Veränderungen persönlicher und sachlicher Natur waren in dieser ersten Epoche der Papstwahlen zu bemerken. Die Bestätigung des Pontifikatswechsels wurde von den römischen Kaisern des Westens und des Ostens, von deutschen Heerkönigen, von dem jedesmaligen Patrizius oder Exarchen, von dem fränkischen König auf Grund seiner Würde als Patrizius der Römer, von fränkischen Kaisern und selbst von den Gesandten und Botschaftern der letztern ertheilt und angenommen. Die Bestätigung geschah bald vor, bald nach der Consecration, bald wurde der Wahlakt selbst, bald nur die Consecration unter mächtigem Einfluß der weltlichen Gewalten vollzogen. Endlich erfolgte die Bestätigung entweder in Folge eines geleisteten Treueides, oder eines brieflichen Versprechens, oder eines abgeschlossenen Vertrages.

Daß in all diesem Wechsel der Erscheinungen wesentlich politische Gründe mitwirkten, hindert doch nicht das bleibende und dauernde darin zu erkennen. Wie die Repräsentanten der weltlichen Macht, so änderten sich auch die Modalitäten der Anerkennung des Papstes, aber unter allen Umständen blieb doch immer ein Akt selbstständiger Prüfung und freier Willensäußerung den weltlichen Machthabern vorbehalten, durch welchen der Pontifikatswechsel erst im vollen Sinne des Wortes als perfect betrachtet werden konnte.

II. Capitel.

Oberhoheit des Kaiserthums.

Eine neue Weltlage wurde durch Ottos Kaiserthum 962 geschaffen. Ein neues Recht in dem Verhältnisse von Kaiserthum und Papstthum, welches auch auf den Pontifikatswechsel Einfluß nehmen mußte, war im Entstehn begriffen. Mit jugendlichem Muthe trat die deutsche Nation an die Spitze der abendländischen Welt, in welcher sich das Papstthum im unbestrittenen Besitze des kirchlichen Primats befand. Ihm gegenüber Stellung zu nehmen, war in jener Zeit nicht mehr eine willkührlich zu lösende Frage der äußern Politik, sondern eine sehr bestimmte Aufgabe der innern Verhältnisse des Reichs und seiner Regierung.

Denn die Beziehungen des Staates zu der Kirche waren mitten in Deutschland allgegenwärtige, und ihre Ordnung und Lösung suchte die Welt in Rom. Dazu gehörte die Frage über die Papstwahl, für den deutschen Kaiser ein Corollar der Frage über die Bischofswahlen im Reiche. Sollte nun Otto nicht an die alten Traditionen anknüpfen und die alten kaiserlichen Rechte mit starker Hand wiederbeleben?

In der That kündigt sich das Kaiserthum des Sachsen als eine Wiederherstellung des Reiches Karls des Großen an. Mehr an die Ideen des fränkischen Monarchen, als an die Erinnerungen des west- und oströmischen Imperiums schließt die neue Form des bilateralen Verhältnisses sich an, das bei der Papstwahl sogleich zur Geltung kommt. Wenn aber der Grundsatz, daß der Herrscher zu dem berechtigt sei, was seine Vorfahren besessen und geübt haben, Anwendung finden sollte, so hätte man besser gethan, die Verhältnisse der früheren Jahrhunderte mehr in Betracht zu ziehen, als die der letztern. Denn zur Zeit, als man den Liber diurnus in Rom zusammenstellte, waren die Beziehungen zwischen weltlicher und geistlicher Gewalt viel klarer, wenn man will viel unbefangener, als zu jener Epoche, wo man aus der „translatio imperii“ in Rom begann eine Quelle neuer Ansprüche zu machen. Dessen ungeachtet berief man sich im Staats- und Kirchenrecht von beiden Seiten mit Vorliebe auf Karl den Großen und man suchte Wahrheit und Fälschung auf diese Epoche zu gründen. Was nun die Anknüpfung, die bewußte Uebertragung und wörtliche Anlehnung an die karolingischen Akten bei der Gründung von Ottos Kaiserthum betrifft, so bedarf es nur des Hinweises auf 817 und 824, um sogleich zu finden, daß man auch 962 auf Grund der alten Pacten vorgieng.[1]) Vorsichtig gestehen die Vertragsmächte sich alles zu, was ehedem zwischen Kaiser Ludwig, Kaiser Lothar und den Päpsten vertragen worden war; Otto fügt nur hinzu, daß seine Boten bei der Wahl des Papstes dem Recht der Römer nicht hinderlich werden sollten.

So schien alles geebnet, um genau die Bahnen zu verfolgen,

---

[1]) Ficker a. a. O. II 356 u 6.

welche das fränkische Kaiserthum gegangen war; und als strenge Fortsetzung des Reichs Karls des Großen sollte die deutsche Herrschaft sich gestalten. Aber die politischen und augenblicklichen Verhältnisse drängten sofort zu neuen Anstalten und Anordnungen. Johann XII., welcher Otto rief, rüttelte selbst an dem geschlossenen Bund; der starke deutsche Mann, den er zum Gebietiger erhob, zum Kaiser krönte, scheute nicht den zweiten Schritt, der ihm eine Folge des ersten zu sein schien. Otto vertrieb den Papst und ließ ihn absetzen. Der Antheil, den er sofort bei der Papstwahl in Anspruch nahm, hob sich merklich über das Hergebrachte empor. Die alten Verträge, die alten Verhältnisse von Papst und Kaiserthum wurden durch eine politisch gewaltige Macht interpretirt. Jeder Zweifel mußte weichen, daß die Kirche einen Schutzvogt habe, der von Schattenhaftigkeit eben so weit entfernt war, als seine nächsten Vorgänger schwach und unbedeutend dem Papstthum gegenüber sich erwiesen.

Bevor wir indessen zur Darstellung des Verhältnisses übergehn, wie es sich bei der Papstwahl in den nächsten hundert Jahren einer gewaltigen Oberherrlichkeit des Kaiserthums entwickelte, mag es gestattet sein über die Quellen unserer Kenntniß eine allgemeine Bemerkung vorauszuschicken. Kaum einen Schritt vermag der Forscher auf diesem Gebiete zu machen, ohne auf zweifelhafte Actenstücke zu stoßen. Eine Reihe von solchen Urkunden haben sogar den Weg in die Sammlungen des Kirchenrechts gefunden, und ihre Echtheit muß dennoch bestritten werden. Während man aber die wichtigsten Grundlagen der Erkenntniß des bilateralen Verhältnisses auf solche Weise verliert, läßt sich andererseits kaum verkennen, daß die thatsächliche Machtausübung der Kaiser über die Papstwahlen während eines vollen Jahrhunderts den unechten Acten völlig entspricht. Wären die Zugeständnisse richtig, welche das Papstthum dem Kaiser gemacht haben soll und umgekehrt, wären die Privilegien alle echt, welche die Kaiser den Päpsten verliehen haben sollten, so wäre es um vieles leichter, das Vorgehn der beiden Gewalten zu verstehen und zu rechtfertigen. Hier liegt aber der besondere Fall vor, daß die Thaten und Handlungen der Menschen eine Reihe von nachträglichen Falsifikaten hervorgebracht haben.

Unter allen Umständen wird man sich daher bei der Darstellung der Papstwahlen von Otto I. bis Heinrich IV. auf die Berichte der Schriftsteller angewiesen sehen, dennoch aber wird es erforderlich sein, auf den Inhalt der unechten Urkunden genauer einzugehn.

Als Kaiser Otto I. nach dem rasch und unerwartet erfolgten Abfall des Papstes Johann XII. nach Rom zurückkehrte, ließ er sich von den Römern Geisel der Treue stellen und außerdem mußten sie ihm schwören, daß sie niemals einen Papst wählen und ordinieren wollten außer mit Zustimmung und Wahl ihres Herrn des Kaisers Otto I. und seines Sohnes des Königs Otto II. Daß der Eid eine sehr ernste Bedeutung hatte, lehrten die nachfolgenden Ereignisse. Auf das Geheiß Ottos mußten die Römer einen neuen Papst wählen, der unter dem Namen Leos VIII. den apostolischen Stuhl bestieg. Aber als der Kaiser der ewigen Stadt abermals den Rücken kehrte, vertrieben die Römer den „kaiserlichen Papst" und wählten nach Johannes XII. Tode gegen ihren Schwur und gegen den Willen des deutschen Herrschers den unglücklichen Benedikt V. zum Papste. Sofort kehrte Otto zurück und berief eine Synode, welche Ende Juli 964 im Lateran tagte. Bei dem Prozesse, der dem Papste Benedikt gemacht wurde, war eine der Anklagen die, daß er den Eid, welchen er selbst, wie die übrigen Römer dem Kaiser wegen der Papstwahl geschworen, durch seine Inthronisation freventlich gebrochen habe. Benedict wurde seiner Würden und Kleider beraubt und nach Deutschland in Gefangenschaft gebracht, Leo VIII. blieb Papst. Einen erschütternden Eindruck machte das Schicksal des unglücklichen Benedikt auf den Kaiser selbst, wie auf den Leser des Berichtes eines Augenzeugen noch heute. Wichtiger dagegen und für das staatskirchliche Recht entscheidender ist die Wahrnehmung, daß nicht nur deutsche Bischöfe, sondern auch die römischen, sowie Presbyter, Diacone und der ganze Clerus von Rom an der Lateransynode von 964 Theil nahmen, und dadurch nicht nur das Verfahren Ottos sanctionirten, sondern vor allem die rechtliche Basis der Papstwahlen im Sinne des Eides der Römer vom Jahre 962 sicherstellten.[1])

---

[1]) Für die Vorgänge überhaupt ist der Bericht Liudprands am wichtigsten, zumal eine wesentliche Differenz zwischen seiner Darstellung und anderen Zeugnissen nicht besteht. Bei der offiziellen Stellung, welche Liudprand in den gesammten Angelegenheiten einnahm, muß man insbesondere, wo es sich um die rechtlichen Fragen handelt, das größte Gewicht auf seine Mittheilungen legen. Sie ersetzen einigermaßen den Mangel von urkundlichen Ueberlieferungen. Die Hauptstellen finden sich in der historia Ottonis Cap. 8 und 22, von welchen mir die zweite noch wichtiger scheint als die erste, weil durch die Oeffentlichkeit der Anklage und durch die Widerspruchslosigkeit des gefällten Urtheils sich ergibt, daß der hier ausgesprochene Grundsatz rechtlich als unanfechtbar galt. Die Stellen Liudprands müssen daher an diesem wichtigen Wendepunkte der staatskirchlichen Frage statt der Urkunden dienen: Cap. 8. Cives vero imperatorem sanctum cum suis omnibus in urbem suscipiunt, fidelitatem repromittunt, hoc addentes et firmiter iurantes, numquam se papam electuros aut ordinaturos praeter consensum et electionem domni imperatoris Ottonis Caesaris augusti. filiique ipsius regis Ottonis.

Cap. 22. Dem Papste Benedikt wurden die Anklagepunkte vorgelegt 1) Usurpation der päpstlichen Würde. 2) Num inficiari potes praesenti

In der Formel, welche der Eid der Römer in Betreff der Papstwahl enthielt, muß man die echte Grundlage des Verfahrens der deutschen Kaiser in den nächsten hundert Jahren erkennen. Nun wäre es aber freilich sehr auffallend, daß keine der Synoden, die unter Otto in Rom gehalten wurden, das Verhältniß des Kaisers zur Kirche canonisch definirt haben sollte, und man ist daher von mancher Seite geneigt, den Acten, welche der Synode von 964 durch spätere Sammler des Rechtes zugetheilt werden, die Echtheit zuzugestehen, obwohl sie nicht nur in Betreff der Papstwahl weitere und größere Zugeständnisse machen, als der Eid von 962, sondern auch über die Investitur der Bischöfe mit Stab und Ring und über die Stellung des Kaisers im weltlichen Gebiete des Papstthums die auffallendsten Dinge enthalten. Spuren davon, daß man wirklich auf der Synode von 964 eine Reihe von Canonen verkündete, welche das Verhältniß von Kirche und Staat zu ordnen bestimmt waren, lassen sich indessen gewiß nicht verkennen. Denn welchen Sinn sollte es in späterer Zeit gehabt haben, eine Reihe von Sätzen älterer Synoden, und zwar der spanischen von Toledo von 638 und 684 und einer fränkischen von 843, auf Leo VIII. zu schreiben, wenn es dem Fälscher um die Fragen der Investitur und Papstwahl zu thun war. So sicher es demnach auch sein wird, daß die echten Acten der lateranischen Synode Leos VIII. verloren gegangen und durch die Unbilden der Interpolation bis zur Unkenntlichkeit vertilgt worden sind, so wahrscheinlich ist, daß das sieghafte Kaiserthum die Lateransynode nicht unbenutzt ließ, um mit Hilfe des befreundeten

domno imperatori iuramento promisisse, numquam te cum ceteris Romanis papam electurum aut ordinaturum absque illius filiique eius regis Ottonis consensu?

Papstes den unbotmäßigen Römern gegenüber seine Stellung durch conciliare Beschlüsse zu sichern. Und in der That, die Beschlüsse des sechsten toletanischen Concils waren zu Rom in so guter Sammlung zur Hand, daß man im Jahre 964 nur darnach zur greifen brauchte, um die für die monarchische Gewalt so günstigen Bestimmungen auf die neue Lage des deutschen Kaiserthums anzuwenden.[1])

---

[1]) Wir theilen die Ansicht, daß das von Floß, Papstwahl, S. 147 ff. abgedruckte Stück in seiner vorliegenden Gestalt kein echtes Privilegium sei. Wir halten aber die Frage, ob die ausführlichere Fassung, welche Floß mittheilt, oder die kürzere von Jaffe 2842 verzeichnete, die Priorität besitze, nicht für entscheidend. Man muß sich zunächst fragen, welchen Charakter trägt die größere Fassung. Sie enthält außer dem, in der Pannormie zuerst vorkommenden, Canon. In synodo (Gratian C. 23. D. 63), die Canones der sechsten toletanischen Synode von 638, eine Verfügung des 7. (richtiger des 14.) von 684 und eine Stelle aus einer fränkischen Synode vom J. 843; ferner einen Bericht über die Vorfälle in Rom bis zur Lateransynode von 964; endlich verschiedene gelehrte kirchenrechtliche Deductionen, welche zur Rechtfertigung der Beschlüsse dienen sollten. Daß diese letzteren Auseinandersetzungen den Charakter einer staatskirchlichen Deductionsschrift tragen, ist von allen Seiten zugestanden und setzt man deshalb die Abfassung in die Zeit des Investiturstreites. Was dagegen die einleitende Darstellung der Vorgänge in Rom anbelangt, so werden die Ereignisse bis zur Synode von 964 (es ist ja der Tod des Papstes Johann schon eingetreten und Benedikt ist ausgeliefert) genau, aber durchaus eigenthümlich erzählt.

Hierauf folgen die Canonen. Dieselben hervorzusuchen, hätte im 11. Jahrhundert gar keinen Grund gehabt, sie konnten nur den Zweck der Fälschung stören. Nun kann aber glücklicherweise erwiesen werden, daß die toletanischen Canonen, welche sich so trefflich der Situation von 964 in Betreff der weltlichen Gewalt des neuen Kaisers anpassen ließen, wirklich seit dem IX. Jahrhundert in Italien bekannt waren. Floß hat schon auf die Sammlung Anselmo dedicata aufmerksam gemacht, wo aber die Beschlüsse in anderer Ordnung vorliegen. Viel merkwürdiger ist es, daß die Handschrift von Novara just die Beschlüsse des VI. Concils von Toledo enthält (Maassen I 718 u. § 243). Doch kann die Novareser Sammlung nicht Quelle des ganzen gewesen sein, weil sich das Concil von 684 nur in der jüngern

Hier erscheint nun der Fürst als der **Inbegriff aller höchsten Autorität**, welcher Geistliche und Laien unterworfen und Gehorsam schuldig sind. Nicht aus dem alten römischen Recht, sondern aus Satzungen des germanischen Reiches von Spanien baut der neue deutsche Kaiser seine Stellung in der Welt auf — ein Gedanke, der so anregend und groß ist, daß man sich wohl kaum vorzustellen vermag, daß er einer müssigen, jedem praktischen Zwecke im Grunde fernliegenden Erfindung entsprungen sein sollte. Denn jener, welcher zur Zeit des Investiturstreits im 11. Jahrhundert ein Interesse hatte ,die Frage der Bischofs- und Papstwahlen im Sinne eines sehr ausschwei-

---

Hispana findet, woraus wieder wahrscheinlich wird, daß auch in dieser Beziehung eine Interpolation des Verfassers des Privilegiums Leos VIII. vorliegt. Das Concil von 964 kann aber auch seine Kenntniß der toletanischen Bestimmungen aus der Hispana selbst (Maassen Cod. 3) entnommen haben. Hieraus ergibt sich zur vollen Evidenz, daß das, was Floß vorlegt, ein rein compilatorisches Werk ist. Was nun den für uns an dieser Stelle wichtigsten Punkt den Canon In synodo betrifft, so bleibt die Untersuchung über denselben von der compilatorischen Arbeit des Floßschen sogenannten Privilegiums unberührt. Der Compilator hat den Canon offenbar vorgefunden, sogut wie er die toletanischen vorfand. Daß dieser Canon aber unecht sei, bleibt nach wie vor lediglich dem Nachweis innerer Gründe vorbehalten. Wenn zu seiner Rettung angeführt wird, daß die Investitur der Bischöfe im 10. Jahrhundert bestand, so rettet ihn das schwerlich gegenüber seiner sehr späten Beglaubigung. Auch geht die Tendenz des ganzen Canons vielmehr auf die streitige Frage über die Bischofswahlen, als auf die Papstwahlen. Aber die Frage der Bischofswahlen im Reiche wurde 964 gar nicht ventilirt — es konnte sich ja rein nur um das Verhältniß Ottos zur Papstwahl und zu den Römern, Senat, Volk und Clerus handeln

Wie dagegen der Canon gelautet hat, falls ein solcher neben der Wiederholung der toletanischen Concilsbeschlüsse festgestellt worden ist, ließe sich unschwer bestimmen. Er wird nicht viel anders gelautet haben als der Canon Stephans V. und die Bestätigung desselben von Johann IX. (Canon X. Concil Rom 898), denn das, was sich Otto, wie wir oben gezeigt, von den Römern beschwören ließ, ist durch die besagten Canonen hinlänglich gewährleistet

fenden kaiserlichen Anspruchs zu lösen und zu diesem Zwecke ein Aktenstück fälschte, hatte wahrlich keine Ursache, seinen Fall dadurch zu complicieren, daß er einen Ballast von Sätzen aufnahm, die doch nur sehr indirekt zur Sache gehörten. Erleichtert hätte sich der gelehrte Fälscher dadurch seine Sache nicht, während er seiner Tendenz den Eingang in die Sammlungen des Rechts gar sehr erschwert haben würde. Anders aber stand es, wenn in die echten Sammlungen der Lateransynode von 964 eine Anzahl von Sätzen nur eingeschoben zu werden brauchte, welche die Investitur der Bischöfe und des Papstes im Sinne des 11. Jahrhunderts begründen sollten.

So sind wir denn zu dem Resultate gekommen, daß die lateranische Synode die Rechte des Kaisers wirklich näher definirt und die Stellung des neuen Herrschers in Rom durch conciliare Autorität geschützt haben wird. Auch die unecht uns überlieferten Akten sprechen als laute Zeugen hiefür, aber sollte in den echten Canonen der Synode nicht auch des Verhältnisses des Kaisers zur Papstwahl gedacht worden sein? Es ist schwer anzunehmen, daß eine Synode, welche die weltliche Gewalt nach allen Seiten durch die kirchlichen Strafbestimmungen schützte und deckte, nicht auch über jenen Punkt endgiltige Feststellung gemacht haben sollte, der am meisten zu den Streitigkeiten Anlaß gab — über die Papstwahl. Einen Canon über den Pontifikatswechsel dürfte man daher mit einiger Zuversicht Leo VIII. zuschreiben dürfen, wenn auch jener, welchen zuerst die Panormie und nach ihr Gratian überliefern, sicherlich aus den gefälschten Akten des Investiturstreites stammt. Der Canon, den Leo VIII. über die Theilnahme des Kaisers am Pontifikatswechsel verkündete, entsprach ohne Zweifel dem Eide, den die Römer 962 geleistet, und stand in Uebereinstimmung mit dem

Pakt des Kaisers bei der Kaiserkrönung durch Johann XII. und mithin mit der römischen Constitution von 824 und dem Pakte Ludwigs von 817. Die Continuität des deutschen Rechtes in Rom wurde so durch einen kirchlichen Akt besiegelt, dessen untadelhaftes, historisch begründetes Wesen sogleich bei der nächsten Wahl des Papstes und durch das streng begrenzte Verhalten Ottos I. bei der Erhebung Johannes XIII. bestätigt wird. Denn wenn auch die Ottonen sehr ernstlich darauf sahen, daß die Person des gewählten Papstes dem Kaiserthum treu und ergeben sei, so hoben sie doch die kanonische Wahl nicht auf, wie es in Ausführung des angeblichen Canons Leos VIII. geschehen sein würde.

Sicherlich vermögen die Ereignisse nach dem schon im Jahre 965 erfolgten Tode Leos VIII. Auskunft darüber zu geben, wie man zur Zeit der Begründung des deutschen Kaiserthums das staatskirchliche Verhältniß beim Pontifikatswechsel auffaßte. Denn ein Jahr nach der lateranischen Synode werden doch wohl Bestimmungen derselben noch nicht in Vergessenheit gekommen sein. Da ist nun wahrzunehmen, daß Otto I. sich von jedem Gewaltstreich bei der Besetzung des Pontifikats eben so fern hält, wie von Schwäche oder Nachgiebigkeit. Sein Benehmen zeigt, daß die Stellung der weltlichen Macht bei dem Pontifikatswechsel eine feste, wohlbegründete, ihres Rechtes bewußte war, zugleich aber den canonischen Gesetzen der Kirche und des römischen Volkes in nichts präjudicirte. Wir sind über die Wahl Johannes XIII. ganz zuverlässig unterrichtet. Wenn in Deutschland erzählt wurde, die Römer hätten Boten gesendet, um den Kaiser zur Ernennung eines Papstes zu bestimmen, so beweist die Ablehnung von seiner Seite, daß zu einem solchen Akte in den vorhergegangenen Verträgen und Decreten kein An=

haltspunkt gewesen wäre. Wohl aber entspricht es ganz dem Dekrete Stephans V. und dem älteren Herkommen unter den Karolingern, wenn der Kaiser zwei Gesandte nach Rom schickte, damit dieselben die Wahl beaufsichtigen und die Ordination des Gewählten veranlassen möchten. In dieser Weise wurde denn auch Johann XIII. erwählt und consecrirt. Der Akt stimmte wohl mit dem Satze des angeblichen Canons Leos VIII. überein, wo es heißt, daß der Gewählte erst nach erfolgter Zustimmung des Kaisers ordinirt werden solle, aber nicht mit jenem Satze desselben Canons, nach welchem Wahl und Ordination durch den Kaiser selbst geschehen sollte.[1])

Genau in derselben Weise entsprach die Wahl Benedikts VI. diesen älteren Formen der Bestätigung durch den Kaiser, worauf die Ordination erfolgte. Auch bei Benedikts VII. Erhebung läßt Otto II. ordnungsmäßige Wahl vollziehen und wenn er seinen Kanzler Petrus von Pavia als Johann XIV. auf den apostolischen Stuhl setzte, so ist wenigstens nicht sicher

---

[1]) Des Widerspruchs zwischen diesen beiden Sätzen in dem Canon In synodo ist sicher noch nicht hinlänglich gedacht worden; vielleicht ist man geneigt hierin einen Beweis dafür zu erkennen, daß der Canon eine echte Grundlage habe. Erst heißt es: concedimus atque largimur Domino Ottoni primo (!) Regi Teutonicorum ejusque successoribus hujus regni Italiae in perpetuum facultatem eligendi successorem atque summae sedis apostolicae Pontificem ordinandi (successorem kann nur den Nachfolger des redenden Papstes bedeuten, nicht etwa den Nachfolger des Kaisers) — während es später heißt: Quod si a clero et populo quis eligatur episcopus, nisi a supradicto rege laudetur, et investiatur, non consecretur. Setzt man an die Stelle von episcopus, summae sedis apostolicae Pontifex, und sieht man von dem Worte investiatur ab, so stimmt der Satz ganz wohl mit dem überein, was in Stephans V. Dekret ausgesprochen ist. Die Laudatio nach erfolgter Wahl ist es, welche das Kaiserthum in Anspruch nimmt, genau wie der Vorgang bei Johanns XIII. Wahl von Reginos Fortsetzer a. a. 965 erzählt ist.

zu behaupten, ob er dem canonischen Wahlrecht zu nahe getreten sei. Bis zum Tode Ottos II. bewegt sich demnach der Pontifikatswechsel in seinem Verhältniß zum Kaiserthum in den uralten Formen des römischen Reiches. Aber allmählich gewinnt die Bestätigung oder Laudatio durch den Kaiser den Schein einer vor der Wahl erfolgten Denomination. Bezeichnend für das Umsichgreifen der kaiserlichen Gewalt ist die Erhebung Gregors V., dessen Denomination vor stattgefundener Wahl keinem Zweifel unterliegt. War ja doch der 24jährige Enkel Ottos I. von seinem Vetter Otto III. in Begleitung deutscher Beamten und Soldaten nach Rom gesendet worden, damit man mit Hilfe einer Scheinwahl ihn dort ordiniere.

So war man schließlich zu einem Prinzipe gelangt, welches, wenn auch keineswegs ohne Beispiel, doch dem kirchlichen Herkommen der letzten Jahrhunderte entgegenstand. Die Neuerung war nicht mit einem male, nicht durch Aufstellung eines Canons, sondern durch eine Reihe von Umständen gleichsam unmerklich entstanden. Aus der straffen Handhabung des Rechtes der Laudatio entwickelte sich unter den Ottonen die Denomination, und ging dann als neues Gewohnheitsrecht auf die nächsten Kaiserregierungen über. Doch hieng die Denomination jedesmal von dem wirklichen Machtbesitze ab. Nur ein Kaiser, der in Rom herrschte, konnte Ottos III. Politik verfolgen und nur eine Papstwahl die durch deutsche Truppen beaufsichtigt wurde, konnte im Sinne des neuen kaiserlichen Machtanspruchs ausfallen. Thatsächlich aber traten in Rom Zeiten stürmischer Adelsherrschaft ein und die Kirche des XI. Jahrhunderts verfiel unter den Streichen zuchtloser Päpste.

Die Gegenströmung des römischen Adels gegen die Politik der Kaiser hatte schon unter den Ottonen furchtbare Verbrechen zu Tage gefördert. Nur die Strenge des deutschen Herrschers dämmte den Ehrgeiz der römischen Großen ein, welche nach den Schätzen der Kirche zu greifen, als ihr vornehmstes ererbtes Recht betrachteten. Ein gräßliches Geschick ereilte Benedikt VI. und Johann XIV. Der Pontifikat Gregors V. wurde durch des Crescentius gewaltige Revolution bedroht und dessen Hinrichtung wurde nur allzu wahrscheinlich an dem jungen Kaiserpapste durch Gift gerächt. Noch vermochte Kaiser Otto III. den gelehrtesten Mann des Jahrhunderts, Gerbert, zum Nachfolger Gregors V. zu ernennen, ohne daß auch nur ein Versuch von selbständiger Regung durch die Wahl des Volkes und Clerus geschehen wäre, aber mit dem Tode Ottos III. und Sylvesters II. gelangte die feindliche Adelsfaction zur unbestrittenen Herrschaft in Rom und an die Stelle der kaiserlichen Uebergriffe zum Wohle der Kirche, trat der wüste Lärm der Adelswahlen und der schändlichste Wucher mit Papstthum und kirchlichen Würden.

Als entscheidenden Wendepunkt für die Machtstellung des Kaiserthums darf man betrachten, daß demselben die Würde des Patrizius abhanden gekommen war. Zwar handelte es sich, wie sich von selbst versteht, um reine Machtfragen, aber unter dem Schutze des Patriziats gewann doch der Sohn des Crescentius den Schein eines formellen Rechts Päpste einzusetzen, ohne daß der Kaiser betheiligt war. Gegen die Crescentier erhoben sich bald die Tusculaner, Benedikt VIII. Johann XIX. Der päpstliche Stuhl war das Erbstück der letztern geworden.

Im Jahre 1033 hatte die tusculanische Partei den zehnjährigen Knaben Benedikt IX. ohne Rücksicht auf die deutsche Kaisermacht zum Papste erhoben. Es war eine wüste Zeit, sagt ein neuerer Geschichtsschreiber, wo ein Papst kindischer als Caligula, lasterhaft wie Heliogabalus, der Stellvertreter Christi war.

Nach dem Aufstand, der sich gegen ihn erhob und seine erste Vertreibung zur Folge hatte, wählten die Römer Sylvester III., und nach Benedikts Zurückberufung wurde durch einen schmählichen Handel Gregor VI. mit der päpstlichen Krone geschmückt, die er durch zwei Jahre unbestritten trug. Aber das Eingreifen Kaiser Heinrichs III. bezeichnete eine neue Epoche für Kirche und kirchliches Leben überhaupt. Indem dieser gewaltige Kaiser die Kirche völlig beherrschte, legte er bekanntlich den Grund zu ihrer Reform.

Nach der Absetzung aller drei Päpste, Benedikt's, Sylvester's und Gregor's, auf der Synode zu Sutri, im Dezember 1046 war es der deutsche Clerus, der die verlorne Zucht in der römischen Kirche herzustellen bestimmt schien. Heinrich III. war entschlossen, den Bischof von Bamberg auf den päpstlichen Stuhl zu erheben. Die Verhandlungen hierüber, welche mit etwas rednerischem Schwulst überliefert sind, lassen soviel erkennen, daß es noch immer zwei Potenzen waren, welche bei Papstwahlen in Betracht kamen. Die römische Signorie mit ihrem Einfluß auf die Volkswahl und der Kaiser mit seinem Bestätigungsrecht standen sich mit gleichen Waffen gegenüber. Heinrich III. will dem altrömischen Verhältniß des hohen Priesters zum römischen Volke nicht Gewalt anthun, und die römischen Signoren scheuen sich dem Recht, das sich auf Karl den Großen und Otto I. begründet in einem Augenblicke entgegenzutreten, wo der deutsche Machthaber in der Lage ist über die Stadt seinen Zorn zu verhängen. In dem Augenblicke, wo Heinrich III. unmittelbar vor dem Weihnachtsfeste die Kirche von St. Peter betrat, um die kirchlichen Wirren durch Erhebung seines Bischofs Suidger von Bamberg zu schlichten, mußte nothwendig irgend eine Verhandlung, irgend ein Vertragsverhältniß gesucht werden, wenn man mit einiger Rücksicht und Hoffnung auf dauernde Einrichtungen vorgehn wollte. Nun liegt aber auch kein Grund vor das wesentliche unseres Hauptberichtes über die Ereignisse zu bezweifeln. Daß die uralte Vorstellung von der Wichtigkeit des Patrizius-Amtes in voller Lebendigkeit vorhanden war, wird von allen Zeugen bestätigt. Wollte Heinrich III. irgend einen Einfluß auf die vorzunehmende Papstwahl üben, so konnte er dies nur, wenn ihm der Patriziat übertragen, oder wenn er in seiner Würde als Patrizius anerkannt wurde. Und in der That das letztere scheint der Fall gewesen zu sein, als die römischen Signoren in St. Peter vor Heinrich III. die Erklärung abgaben, daß es die Sache des Königs wäre den Papst zu ernennen. Denn, wie es scheint, begnügte sich Heinrich III. mit dieser Erklärung der Römer nicht, er forderte den Patriziat als solchen und erst da man ihn selbst zum Patrizius gemacht hatte, nahm er den Bischof von Bamberg bei der Hand, stellte ihn als Papst dem Volke vor und ließ ihn consecriren.[1]) Der Akt der Wahl trat ganz in den Hintergrund

[1]) Ich vermag die Ansicht nicht zu theilen, daß Benzos Bericht in dem Punkte der Ertheilung des Patriziats unrichtig sei. Sieht man in der höchst merkwürdigen Relation Benzos VII. 2. von dem Wortschwall ab, so ist der Zusammenhang folgender: Die Römer räumen dem König die Papstwahl für diesmal ein, — sie wollen sich aber den Patriziat wahren und geben daher die verlockende Erklärung: Ubi adest praesentia regiae majestatis, non est electionis consensus in arbitrio nostrae voluntatis. Et si forte aliquocieus absens estis tamen per officium patricii, qui est vester vicarius semper apostolicae promotioni interestis. Neque enim patricius est papae patricius, verum ad procuranda reipublicae negotia est imperatoris patricius.“ Man sieht leicht, um was es sich handelte; man will für die Römer den Patriziat um jeden Preis retten Nun aber ist das, was Benzo erzählt in seiner nothwendigen Aufeinanderfolge ganz unmöglich eine Erfindung: denn nun wird neuerdings Rath gehalten; der König hatte offenbar nicht die Absicht,

gegenüber dem Einfluß, welchen der König sofort als Patrizius ausübte. Man wird aber nicht behaupten dürfen, daß ein reiner Gewaltstreich von Seiten des Königs vorlag, was allerdings der Fall gewesen wäre, wenn er weder auf Grund der Rechte des Kaiserthums — und dieses besaß er noch nicht — noch auch auf Grund des Patriziats die synodale Versammlung und die Wahl des Papstes geleitet hätte.

Die wiedererlangte Gewalt Heinrichs III. über Rom und die römische Kirche baute sich demnach genau aus denselben Elementen auf, aus welchen die Macht Karls des Großen und Ottos I. emporgestiegen war. Die andere Frage ist die, ob er auch von den wiedererworbenen Rechten denselben Gebrauch machte, wie jene und ob er seine Stellung beim Pontifikatswechsel in den altgewohnten Formen zur Geltung brachte?

In den meisten Berichten heißt es, Heinrich III. habe die Wahl Suidgers von Bamberg angeordnet; mehr oder weniger bestimmt hielt man in der ganzen Welt dafür der neue Papst sei durch Heinrich III. eingesetzt worden.[1]) Daß diese Form

den Rath der Römer, der von zweifelhafter Loyalität gewesen wäre, zu befolgen; die Folge davon ist: decretum est, ut rex Heinricus cum universis in monarchia imperii sibi succedentibus fieret patricius sicuti de Karolo factum legimus. Diese Darstellung Benzos ist im ganzen und großen gewiß treu. Die Stellen bei Petrus Damiani sind unter andern Gesichtspunkten und Verhältnissen zu fassen und können kaum Benzos Bericht widerlegen. Auch die Annales Romani SS. V. 469 werden damit zu vereinen sein, wenn sie sagen: circulum (patriciatus) in capite posuit suo. Doch nicht nach der Krönung. Und ist es denkbar, daß sich Heinrich nach Damianis Worten principatum ordinandi pontificis geben läßt, nachdem er schon Clemens II. zum Papste erhoben? Also eine Vollmacht nach gethaner Arbeit? Ueber den Sinn der letzteren Stelle vgl. übrigens Zöpffel, die Papstwahlen S. 78.

[1]) Interessant ist die Fassung Herm. Aug., wenn er sagt: Henricus . . . Suidgerum nimium reluctantem elegit. Er stellt sich vor, daß das

des Einflusses weltlicher Macht auf den Pontifikatswechsel mehr Aehnlichkeit darbot mit dem, was zuletzt unter Otto III. als was unter Karl dem Großen geschehen war, läßt sich nicht läugnen. Noch bestimmter trat bei dem nächsten nur zu rasch folgenden Pontifikatswechsel das nackte Prinzip der Denomination des Papstes durch Kaiser Heinrich III. zu Tage.[1]) Die Frage war aber, ob sich dasselbe behaupten und durchführen ließ.

Man steht an einem Wendepunkte der Staats- und Kir-

Wahlgeschäft auf den Kaiser übergegangen sei. Bonitho wirft dem Kaiser im Grunde von anderm Standpunkte das gleiche vor: per patriciatus ordinem se Romanum posse ordinare pontificem. Die sonst in Annalen vorkommenden Ausdrücke lauten für die Wahl Suidgers substituit, constituit. Nur die Ann. Romualdi SS. XIX. 404 behaupten ganz absonderlich Clemens a clero et populo canonice electus est, ipso imperatore, quemadmodum in canonibus statutum est assensum praebente. Sonstige Stellen vgl. noch bei Baxmann ziemlich vollständig II. 206 u. 207.

[1]) Wir bleiben hier mit Rücksicht auf Zöpffel Papstwahlen S. 75 ff. bei der Bezeichnung des in Anspruch genommenen sogenannten Rechtes als „Denomination", da es sich zwischen ihm und Giesebrecht, wenn wir nicht irren, um einen reinen Wortstreit handelt. Wir verstehen demnach unter Denomination denjenigen Vorgang, welcher nach den im wesentlichen übereinstimmenden Quellen bei der Erhebung der Päpste von Clemens II. bis auf Nikolaus II. beobachtet worden ist, und welcher darin bestand, daß die Bezeichnung des Kaisers vorangeht, laudatio oder electio, was, wie schon Böhmer vor vielen Jahren richtig gesehen hat, im Mittelalter dasselbe ist, nachfolgt, und hierauf Ordination eintritt. Diese Reihenfolge der Akte bezeichnen wir mit Denomination: d. h. das vollständige Vorherrschen der äußern Momente der Papstwahl über die innern. Bei unserer Frage kommt es glücklicherweise nicht auf die ängstliche Prüfung der Worte jedes Schriftstellers und seines höchst zweifelhaften Sprachgebrauches an, sondern darauf, daß die erwähnte Form der Denomination gegenüber der gebräuchlichsten Form der letzten Jahrhunderte als ein unzweifelhaftes novum erschien. Allein die ganz ähnlichen Fälle haben wir auch unter den römischen Kaisern unter Odoaker unter den Gothen und dann in neuer Auflage bei Otto III. gefunden. Vgl. die Uebersicht am Ende des frühern Capitels.

chengeschichte, welcher die Aufmerksamkeit aller folgenden Generationen in steter Spannung erhielt, und der von neuern Geschichtsforschern so oftmals und oft so vortrefflich zur Darstellung gebracht wurde, daß man fast nur aus Rücksicht auf den Zusammenhang sich entschließen kann, die Hauptpunkte noch einmal zusammenzufassen.

Der erste Angriff gegen das kaiserliche Verfahren gieng von Männern aus, welche dem kirchlichen Reformgedanken Heinrichs III. selbst so nahe als möglich standen. Gleichsam unter seinen nächsten Freunden erhob sich die Opposition gegen die Octroyirungsgelüste der kaiserlichen Regierung, denn von welcher Seite man auch die Denomination betrachtete, mochte sie zum Heil der Kirche gerathen oder nicht, so war sie ein gefährliches Prinzip für die Kirche, welches wol geduldet werden konnte, solange es von einem am Gängelband der kirchlichen Reformpartei geleiteten König geübt wurde, aber unerträglich werden konnte, wenn eine andere Strömung die Staatsgewalt beherrschte. Selbstverständlich war aber zunächst der deutsche Kaiser der einzige Hort des aufstrebenden Kirchenthums gegen den römischen Adel und wurde daher als Werkzeug gebraucht, um die kirchlichen Führer, um die Häupter der Reform in die höchsten Aemter und Würden zu setzen und so allmählich der kirchlichen Partei Bahn zu machen. So kam es also darauf an, den päpstlichen Stuhl mit den entsprechenden Männern zu besetzen, um nachher anderen Gesinnungsgenossen die höchsten Stellen in Rom und vor allen den Cardinalat zu verschaffen. Da der Reformpartei zu diesem Zwecke jedes Mittel recht war, so drückte man auch die Augen vor der tiefgreifenden Veränderung der Formen des Pontifikatswechsels zunächst zu. Aber die wahre Gesinnung der Reformmänner zeigte sich schon bei der Ernennung Leos IX. Als dieser, Bruno von Toul, von dem Kaiser Heinrich auserſehen wurde, den päpstlichen Stuhl zu besteigen, erklärte er, daß er von der canonischen Wahl nicht absehen könne. Wie er hierauf in Begleitung Hildebrands als Pilger in Rom einzog und wie er sich unter strenger Aufrechthaltung der canonischen Formen Wahl und Ordination erwarb, ist oftmals geschildert worden.[1]) Noch bestimmter mußte sich der Kaiser von Gebhart von Eichstädt über die Grenzen seiner weltlichen Macht belehren lassen. Schon wagten es diese kirchlichen Heißsporne dem frommen Kaiser ins Gesicht zu sagen, er müßte dem heiligen Petrus überhaupt zurückerstatten, was seines Rechtes wäre.[2]) Man sieht, daß die Bedingungen,

---

[1]) Die Stellen, auf die es ankommt, sind Bonitho Jaffe bibl. II. 632) und Wibert, vita Leonis Muratori scriptt. III. 1. 292 und sind jüngst von Zöpffel a. a. O. S. 82, 83 zusammengestellt worden. Doch vermöchte ich mich nicht mit der Ansicht zu befreunden, daß hier nun eine wesentliche Aenderung gegenüber dem Wahlvorgang bei Clemens II. vorliege. Leo IX. ist nur so gewissenhaft dem Kaiser gleich von vornherein zu erklären, daß auf seine Wahl es nicht allein ankomme, ja daß er, wenn er die canonische Wahl nicht erlangen sollte, sich nicht als rechtmäßigen Papst ansehn würde. Keineswegs aber sah die deutsche Regierung in dieser Aeußerung irgend etwas besonderes: denn nachdem Leo erklärt: Ego, inquit, Romam vado ibique si clerus et populus sua sponte me sibi in Pontificem elegerit, faciam quod rogatis, aliter autem electionem nullam suscipio, heißt es: At illi gavisi, confirmant sententiam et laudant conditionem. Bruno v. Segni. Mur Scriptt. III. 347. Man sieht, in aller Leute Bewußtsein ist es, daß der Pontifikatswechsel auf einem bilateralen Verhältniß beruht. Dieses Wesen der Sache ist nur in den Formen verschoben. Nun muß sich schon der Kaiser gefallen lassen, daß einer der vornehmsten Kirchenmänner seine Wahl, seine Denomination zurückstellt gegen die des andern Faktors. Immerhin sehr charakteristisch für den Gang und Wechsel der Dinge, aber wie hieraus ein verändertes juristisches Prinzip deduzirt werden wollte, ist mir nicht klar geworden.

[2]) Bei der Papstwahl Victors II. sind die Stellen des Anonymus Haserensis M G. S VII 265 und Bonithos ebenfalls von Zöpffel passend hervorgehoben, und ich meine auch, daß der Satz des Anonymus

unter welchen die Freunde Heinrichs III. auf seine Politik eingiengen, in der Wiederherstellung der alten canonischen Bestimmungen des Pontifikatswechsels gesucht wurden. Daß Heinrich III. nicht ein für allemale, sondern nur von Fall zu Fall sich bereitwillig zeigte eine möglichst freie Wahl zuzulassen, wird sehr erklärlich, wenn man nur nicht glaubt, daß politische Vorgänge anders als nach augenblicklichen Impulsen vor sich zu gehen pflegen. Große Ueberlegungen juristischer Art, wie sie der heutige Geschichtsforscher zuweilen erklügelt, sind damals nicht angestellt worden, wenn man die Worte der Geschichtschreiber schlicht und einfach nimmt: dem Kaiser wurde einleuchtend gemacht, daß in den neueren Vorgängen einige canonische Gebrechen zu finden wären, es wurde ihm vorgehalten, daß die canonische Wahlfreiheit für die Rechtmäßigkeit des Pontifikats unerläßlich wäre, — er konnte es ja selbst nur gerne hören, wenn sein Bruno von Toul, sein Gebhart von Eichstädt auch von Clerus und Volk ohne sein besonderes ausdrückliches Zuthun erwählt worden seien. Hatte sich bei dem ersten Auftreten

vestris jussionibus obtempero ea scilicet pactione, ut et vos sancto Petro reddatis, quae sui juris sunt, im weitesten Sinne ausgelegt werden darf. Aber man sieht auch, daß der Kaiser gar nicht aus der Fassung zu bringen ist: Hac sponsione a benignissimo imperatore suscepta. Das klingt nicht so, als wenn man das Bewußtsein einer tiefgreifenden prinzipiellen Aenderung gehabt hätte. Keinem Theile war es unbekannt, daß der Patriziat bei der Papstwahl ebensowenig wie das Kaiserthum und ebensowenig wie römischer Clerus und Volk allein entscheiden Das Zusammenwirken der Faktoren der gesammten Wahl wird von allen Parteien in all den angezogenen Stellen geradezu als etwas selbstverständliches behandelt. Es ist nur der verschiedene Accent, den die einen auf den einen, die andern auf den andern Faktor des bilateralen Verhältnisses legen. Aber wegen dieses leise hervortretenden Unterschiedes entsteht natürlich zwischen Heinrich III. und den Kirchlichen nicht einmal eine Verstimmung, geschweige ein prinzipieller Streit.

Heinrichs III. in Rom, wie wir gesehen haben, die Maschinerie des Pontifikatswechsels gleichsam unmerklich im Sinne der Priorität kaiserlicher Entscheidung verschoben, so strebte nun umgekehrt die Aufeinanderfolge der Akte wieder in das ältere Geleise zurück. Die Hauptsache war, daß die Faktoren der Papstwahl im großen und ganzen auch durch die Wiederherstellung der kaiserlichen Macht in Rom im wesentlichen nicht geändert wurden. Das bilaterale Verhältniß, welches in der Natur des Pontifikatswechsels lag, machte sich immer wieder geltend, wenn auch der Kaiser die Stellung der weltlichen Macht stärker betonte. Bei seinem Vorgange der Denomination hatte er den Erfolg immer auf seiner Seite. Seinen Candidaten setzte er durch, als er den Bischof von Brixen patriarchalisch bei der Hand nahm und den zustimmenden Römern denominirte. Damasus II. octroyirte er in barscheren Formen, aber auch ihn wählten die Römer widerspruchslos. Wenn Leo IX. sich demüthig Rom zu nahen vorzog und die Wahl als ein Geschenk der Römer betrachten wollte, so war es doch die kaiserliche Denomination in Folge deren dies geschehen durfte. Bei der Wahl Victors II. trat das Selbstgefühl der kirchlichen Partei noch stärker und mächtiger hervor, aber immer noch hielt Heinrich III. die Zügel der Gewalt unverrückt in seinen Händen. Daß er ein förmliches Zugeständniß jemals gemacht hätte, durch welches das bilaterale Verhältniß der staatlichen und weltlichen Gewalt wesentlich geändert worden wäre, davon sucht man vergeblich eine Spur in den reichlich fließenden Quellen der Zeit. Wenn aber die kirchliche Partei mit Hilfe der befreundeten und allen ihren Wünschen zugänglichen Kaisermacht in Rom wieder zu Ansehn und Herrschaft gelangt war und wenn dem Treiben des römischen Adels Schranken gezogen wurden, so darf es nicht Wunder nehmen, daß sich die alten Ideen der Wahlfreiheit wieder zu kräftigen begannen und daß man daran gehn konnte jene Akte der Papstwahl mehr in den Vordergrund zu schieben, welche die kirchliche Selbständigkeit mehr zu sichern vermochten. Gaben sich diese staatsklugen, hochkirchlichen Männer, welche unter dem Einfluß Hildebrands standen, auch nicht der unpractischen Täuschung hin, daß die kaiserliche Gewalt beim Pontifikatswechsel zunächst beseitigt, oder gar ganz entbehrlich gemacht werden könnte, so arbeiteten sie doch unverdrossen an der allmählichen Verschiebung der bisherigen Reihenfolge der Wahlakte. Daß der Impuls nicht von der zweifelhaften weltlichen Macht, sondern von den kirchlichen Faktoren der Wahl seinen Ausgang nehme, dies war zunächst das Ziel der Hildebrandinischen Kirchenbewegung in Rom. Und in dieser Beziehung wird Heinrich III., wie man es auch drehen und wenden mag, immer als der Getäuschte seiner Freunde erscheinen müssen. Denn indem man die erdenklich vorwiegendste Stellung beim Pontifikatswechsel unter Heinrich III. für das Kaiserthum in Anspruch nahm, fehlte es dennoch am deutschen Hofe an einem Staatsmann, welcher die Frage der Papstwahl aus dem Provisorium heraus zu einer abgeschlossenen und in ihren einzelnen Theilen und Akten rechtlich geordneten Gestalt zu bringen vermocht hätte. Wie die Dinge faktisch lagen, konnte am Ende der Regierung Heinrichs III., während welcher Zeit drei Päpste abgesetzt und vier Päpste ernannt worden sind, niemand sagen, was einfach Rechtens sei in Bezug auf die Initiative, auf die Priorität der verschiedenen Wahlacte und Faktoren der Wahl. Niemand konnte ein klar formulirtes Recht in Betreff des loyalen Vorganges der Wahl und der Reihenfolge der einzelnen Akte derselben geltend machen. Weder das

Denominationsrecht war allseitig anerkannt und ein für allemal als geheiligt betrachtet worden, noch auch die canonische Wahl hatte eine runde volle Bestätigung erlangt, alles war so unklar geblieben, daß man sich schließlich nicht wundern darf, wenn spätere Dezennien, wenn spätere Stürmer und Dränger selbst an dem Wesen des Pontifikatswechsels, an den Grundpfeilern, welche die Geschichte seit Constantins Regierung erbaut hatte, zu rütteln versuchten. Gewiß ein klägliches Resultat großer politischer Anstrengungen einer gewaltigen Kraftepoche der deutschen Nation.

Diese Betrachtung, welche vielleicht nicht genau mit der geläufigen Vorstellung von der Regierung Heinrichs III. stimmt, will indeß nicht unter dem Gesichtspunkt einer bloßen Frage nach Lob und Tadel gefaßt werden. Es müßte vielmehr immer als etwas Bedenkliches gelten, vergangenen Zeiten gegenüber den Ton des Vorwurfs anzustimmen, wenn nicht das Bedürfniß realer Erkenntniß zu solcher Erörterung einlübe. Denn hiebei handelt es sich um den Thatbestand selbst. Niemals wieder ist in der Geschichte des Verhältnisses von Staat und Kirche ein Moment gekommen, wie der unter Heinrich III. Nie wieder vermochte das Kaiserthum eine ähnliche Gewalt bei den Papstwahlen auszuüben. Keine zweite Gelegenheit eröffnete sich die damals noch von beiden Seiten anerkannten Prinzipien in gesetzlich feststehende allgemein giltige Formen zu bringen. Man erhob einen überspannten Anspruch von Seite der weltlichen Gewalt in Bezug auf die Initiative und man widersprach nicht von Seite der Kirche, weil man unter günstigeren Umständen mit weitschauendem Blicke noch viel extravagantere Absichten zu erreichen hoffte. Indem alles auf halbem Wege stehen blieb, kam die Hildebrandinische Weltanschauung an die Tagesordnung. Die Hierarchie, welche lauernd den Gegensatz zwischen Volkswahl und Kaiserwahl beobachtete, hielt sich zum Angriffe bereit, um den Versuch zu machen, das Laienelement, den Staat, das Kaiserthum in der kirchlichen Rechtsanschauung auszumerzen und als mitherrschenden Faktor überhaupt zu vertilgen.

Langsam und beschwerlich war indessen der Weg, auf welchem dieses Ziel erreicht wurde. Selbst als Heinrich III. starb, war die hierarchische Partei noch weit entfernt mit dem deutschen Hofe zu brechen. Man sollte auch nur zu bald belehrt werden, daß man gegenüber dem römischen Adel die nordischen Fäuste noch lange nicht entbehren konnte. So wurde Stephan IX. (X.) zwar ohne vorhergegangene Denomination von dem Volke gewaltsam zur Wahlstätte gebracht und hierauf auf den päpstlichen Stuhl gesetzt, aber die Zustimmung des kaiserlichen Hofes wurde sogleich eingeholt. Man brauchte nur ältere Briefe von Päpsten zu wiederholen, um das Geschehene in Deutschland durch die Macht der Umstände zu entschuldigen. Der Andrang des wüthenden Volkes war so groß, daß sich die Annahme der Wahl nicht ablehnen ließ. Die Zeit konnte aber nicht günstiger sein, um die kaiserliche Initiative bei dem Pontifikatswechsel zunächst außer Acht zu lassen. In Deutschland aber muß dennoch das Ereigniß nicht besonders günstig aufgenommen worden sein, wenigstens hört man von mancherlei Gesandschaften, die hin und hergiengen, ohne daß man actenmäßig über die Verhandlungen selbst unterrichtet wäre.[1]) Daß aber

[1]) Die entscheidenden Legationen sind die, welche Gundechar Liber pont. Eichst. SS. VII 246 erwähnt. Indessen bleiben die Verhältnisse in der ersten Zeit der Vormundschaft trotz Wills und Giesebrechts sorgfältiger Erörterungen dunkel genug. Für die Auffassung in Deutschland darf

die Kirche den Schutz des Kaiserthums noch immer nicht ganz entbehren konnte zeigte die Erhebung der Tusculanen nach Stephans raschem Tode. Der Versuch, Benedict X. zum Papst zu erheben, scheiterte schon an der Versicherung, der Candidat der hierarchischen Richtung Gerhard von Florenz habe die Denominirung der Kaiserin Agnes erlangt. So scheint der Schrecken des deutschen Namens schon hingereicht zu haben, dem letzteren, Nikolaus II., im Kampfe gegen Benedict X. und den römischen Adel die päpstliche Macht zu sichern, wenn es auch zweifelhaft bleibt, ob und in welchem Stadium der Wahl des neuen Papstes die Zustimmung aus Deutschland eingetroffen ist.[1]) Noch immer nimmt man die Einwirkung der Regierung Heinrichs III. wahr, aber derselbe Nikolaus, welcher zu seiner Erhebung den Namen der kaiserlichen Gewalt nicht entbehren konnte, führte den entscheidenden Streich gegen die Initiative des Kaisers beim Pontifikatswechsel und stellte im Sinne der hierarchischen Richtung und Ordnung jene Maximen fest, welche der

---

Giesebrecht mit Recht die Stelle aus seinen Annal. Altah. anführen, die jetzt so vorliegt: Stephanus a Romanis subrogatus rege ignorante, postea tamen electionem ejus comprobante.

[1]) Es ist schwer an diesem Punkte sich jeder Polemik zu enthalten, welche durchaus dem Zwecke dieser Schrift widerstrebt, allein bemerkt muß doch werden, daß über die Wahl Gerhards von Florenz jedenfalls erst am deutschen Hofe verhandelt werden konnte, nachdem Stephan todt war. Aber die Gesandten und Boten hatten keine Flügel. Hildebrand erfuhr erst den Tod Stephans, wie Will II. 149 schon richtig hervorhebt, in Florenz. Gleich darauf ist aber von der Zustimmung des kaiserlichen Hofes die Rede. Lamberts Angaben können schwerlich gegen die italienischen ins Gewicht fallen. Will man sich mit einer Hypothese helfen, so würde man die Widersprüche am besten durch die Annahme vereinbaren, daß Hildebrand die Zustimmung der Kaiserin antizipirt haben wird, was seine eben erfolgte Rückkehr vom Hofe ja sehr ermöglichte.

Ausgangspunkt einer völligen Freiheit der Papstwahl zu werden bestimmt waren. Was die kirchlichen Freunde Heinrichs III. vielleicht nicht unabsichtlich in einer flüssigen, unsicheren Form gelassen, so lange er lebte, das erhielt in den Zeiten eines unmündigen Königs Gestalt und Zielpunkt, so daß es nicht wunderbar scheint, wenn das weltliche Recht allmählich verdrängt wurde.

III. Capitel.

Der Kampf um die hierarchische Wahl.

Die lateranische Ostersynode des Jahres 1059 versammelte 113 hohe Würdenträger der Kirche, Erzbischöfe und Bischöfe überwiegend aus Italien, keinen einzigen aus Deutschland.[1]) Unser Interesse nimmt hier in erster Linie die De-

[1]) Vgl. die Darstellung Baxmanns II. 276 ff. Was die kritische Frag über das Decret Nicolaus II. In nomine domini betrifft, so darf man im Resultate vollkommen dem beistimmen, was Zöpffel S. 93 bemerkt: „Was Nikolaus II. Heinrich IV. gewährte, war nichts mehr, als was die Kaiser schon im 9. Jahrhundert besessen hatten, nämlich das Zustimmungsrecht zu der bereits in Rom getroffenen Wahl. Die Betheiligung des Kaisers auf dieses Maß wieder hinabzusetzen, konnte Nikolaus II. in diesem Augenblicke wagen, wo ein Knabe das Szepter hielt und ein Weib im Namen eines Kindes sich vergeblich bemühte, die Schöpfungen Heinrich III für die Dauer zu erhalten." Man könnte vielleicht noch einfacher sagen: Das Dekret Nikolaus führt auf den Standpunkt der Papstwahl, wie sie im Liber diurnus erscheint, das staatskirchliche Verhältniß zurück Aber dieses ist nicht der Fall in dem Texte des Hugo und der kirchenrechtlichen Sammlungen, sondern im Texte des Cod Vatic. Da indessen die neueren Interpretatoren mit Recht mehr auf die Aussprüche gleichzeitiger Schriftsteller über das Dekret geben, als die frühern, so kann man an der Hand von Waitz trefflicher Zusammenstellung dieser Ansprüche, Forschungen IV S. 105 ff. die Frage nach dieser Seite hin d. h in Betreff der Stellung des Kaiserthums zur Papstwahl als gelöst betrachten. Wenn daneben eine Meinungsdifferenz darüber besteht, ob die sehr abgeschwächte Form, in welcher das

cretale: **In nomine domini** in Anspruch, durch welche die Papstwahlen sowol in Rücksicht auf ihre innere Organisation, als auch in Bezug auf ihre äußeren Momente in umfassenderer Weise, als jemals, geordnet worden sind. Die Thatsache eines solchen auf der Synode publicirten Wahldekretes steht fest, obwol es sehr wahrscheinlich ist, daß alle Ueberlieferungen des Textes mangelhaft sind und willkürliche Aenderungen enthalten. Glücklicherweise ist man aber durch eine Reihe von Aussprüchen darüber unterrichtet, wie die kirchliche Partei in Folge und Consequenz des Wahldekrets über das bilaterale Verhältniß von Staat und Kirche bei dem Pontifikatswechsel dachte. So schreibt Petrus Damiani schon im Jahre 1062 an Cadalus, daß nach vollzogener Wahl durch die Cardinalbischöfe, den Clerus und das Volk die Erhebung des Papstes so lange zu verzögern sei, bis die Genehmigung der königlichen Majestät erfolgt wäre.[1]) Noch deutlicher sagt der Verfasser der Lebensbeschreibung Alexan-

salvo debito honore et reverentia bei Gratian erscheint, die ursprüngliche Fassung sein könne, oder nicht, so muß man sich erinnern, daß ja Waitz die Stelle non apostolicus sed apostaticus auch für das Dekret in Anspruch nimmt, und daß daher im Grunde nur Wills Meinung, daß beide Fassungen unecht seien, Bestand gewonnen habe. Da wir unsererseits Zöpffels Meinung in den auf das Kaiserthum bezüglichen Resultaten vollkommen beistimmen und die Fragen über cardinales und cardinales episcopi als auf das innere Wahlgeschäft bezüglich, hier nicht zu erörtern haben, so mag es im folgenden genügen, die Ansprüche der bedeutendsten Autoritäten der Zeit möglichst wortgetreu über das bilaterale Verhältniß bei der Papstwahl anzuführen.

[1]) Watterich 241. Waitz, Forsch. IV. 113. Sehr bezeichnend ist eine andere Stelle von potuerit ab aula regia pragmaticae sanctionis vobis apocha reportari oder die andere Stelle ut sibimet in dando consensu unius epistolae gloria proveniret. Diese und alle folgenden Stellen hat Waitz zusammengestellt — auf dessen Abhandlung statt einzelner Citate hiemit verwiesen wird.

ders II.: „Man versichert, daß der Papst Nicolaus in seinen Dekreten ein Statut habe, wornach fernerhin niemand als Bischof betrachtet werden dürfe, wenn er nicht mit der Uebereinstimmung des Königs zuvor gewählt sein würde.“ Etwas anders drückt sich ein Brief Anselms aus, wenn es dort heißt, daß durch das Wahldekret bestimmt worden sei, es solle die Wahl des Papstes dem Könige notifizirt werden, und erst nach der gemachten Anzeige dürfte die Consecration stattfinden. Aus einem amtlichen Schreiben der Bischöfe an Gregor VII. läßt sich die zur Zeit des Investiturstreites in Worms herrschende Ueberzeugung erkennen: auf der Synode Nikolaus II. sei dekretirt worden, daß niemand Papst werden solle, der nicht durch die Wahl der Cardinäle, die Zustimmung des Volkes und die Einwilligung und Autorität des Königs dazu berufen wäre. Noch durch viele andere ähnliche Stellen gleichzeitiger Schriftsteller ist sichergestellt, daß in dem Dekrete Nikolaus II. die Theilnahme des Königs an dem Pontifikatswechsel erwähnt wurde. Allein der Wortlaut über die Modalitäten der Theilnahme des Königs an der Wahl schwankt bei allen diesen zeitgenössischen Erklärern, wenn man will den Glossatoren des Dekrets, in erstaunlicher Weise. Gerade über die Hauptfrage, in welchem Augenblicke der Wahlverhandlung die königliche Autorität mit ihrem Machtwort eingreift, findet sich eine volle Uebereinstimmung unter unsern Berichterstattern nicht. Wie kann man unter diesen Umständen einen Schluß auf die Fassung des Dekrets von 1059 selber machen wollen? Betrachtet man den Wortlaut des Dekrets, wie es in zwei verschiedenen Fassungen überliefert ist, so findet sich, daß weder die eine noch die andere eine bessere Antwort auf die Frage gibt, wann wo und wie die königliche Gewalt in den Pontifikatswechsel eingreift.[1])

[1]) Zur Erleichterung des Lesers glauben wir die entscheidenden Stellen hier beifügen zu sollen und zwar nach Waitz a. a. O.

Quapropter instructi praedecessorum nostrorum aliorumque sanctorum patrum auctoritate, decernimus atque statuimus, ut obeunte hujus Romanae ecclesiae universalis pontifice, inprimis cardinales, diligentissima simul consideratione tractantes salvo debito honore et reverentia dilectissimi filii nostri Heinrici, qui inpresentiarum rex habetur, et futurus imperator Deo concedente speratur, sicut jam sibi mediante ejus nuntio Longobardie cancellario W. concessimus et successorum illius, qui ab hac apostolica sede personaliter hoc jus impetraverint ad consensum novae electionis accedant: ut nimirum ne venalitatis morbus qualibet occasione subripiat, religiosi viri cum reverentissimo filio nostro rege Heinrico preduces sint in promovenda pontificis electione, reliqui vero sequaces.

Quapropter .... inprimis cardinales episcopi diligentissima simul consideratione tractantes, mox sibi clericos cardinales adhibeant sicque reliquus clerus et populus ad consensum novae electionis accedant, ut nimirum ne venalitatis morbus qualibet occasione subripiat religiosi viri praeduces sint in promovendi pontificis electione reliqui autem sequaces . . .

Salvo debito honore et reverentia dilecti nostri filii Henrici, qui impraesentiarum rex habetur et futurus imperator Deo concedente speratur, sicut jam sibi concessimus et successorum illius, qui ab hac apostolica sede personaliter hoc ius impetraverint.

In den Prioritätsstreit der beiden Fassungen einzugehn, dazu sehe ich hier keinerlei Anlaß, dagegen glaube ich der Erklärung wegen zu Text I. bemerken zu müssen, daß von einem Mitwählen des Kaisers zu sprechen auch nicht der leiseste Anlaß ist. Wenn man schon im Interpretieren der dunkeln Stelle weit gehen wollte, so käme man doch immer nur auf den Modus, welcher noch heute bei den meisten Prälatenwahlen unter der Intervention des Landesfürsten üblich ist. Aber das nennt man doch nicht einen „Mitwähler". Ich gestehe meinerseits, daß ich mir weder nach Text I. noch nach Text II. eine genügende Vorstellung über die Theilnahme des Kaisers zu machen

Allerdings vermag sich die Wissenschaft nur selten bei dem Resultate zu begnügen, daß eine Sache unklar sei. Insbesondere der kritische Forscher, welcher heute seinen Scharfsinn an diese Fragen wendet, geht häufig von der allzubescheidenen Ansicht aus, daß eine Unsicherheit über eine rechtliche Frage nur Folge eigenen mangelnden Verständnisses sei, und indem er sich bemüht eine Interpretation zu suchen, welche als eine feste Norm gelten könnte, thut er oft das Gegentheil von dem, was in der Absicht des Gesetzes lag. Nikolaus II. berührte in dem Wahldekrete die Frage der Theilnahme des Kaiserthums, da es wol unmöglich war, bei dem Stande der politischen Dinge dieselbe auf dem Concil zu ignoriren. Aber muß die Voraussetzung bestehn, daß das Dekret die Frage in klarer, endgiltiger Weise lösen wollte, eine Frage, welche bereits durch tausend Jahre hindurch in der peinlichsten Schwebe erhalten worden war? Wenn demnach die Ausdrücke der beiden Fassungen des Dekrets bei den verschiedensten Schriftstellern die verschiedensten Deutungen erfahren haben, so beurtheilt man den Gegenstand falsch, wenn man meint, daß nicht alle gleich scharf in den Geist der Sache einzudringen vermochten. Vielmehr war die Absicht des Dekrets keine andere, als eine möglichste Unklarheit eben über die Modalitäten des kaiserlichen Einflusses auf die Wahl bestehn zu lassen. Wenn die Theilnahme des Kaisers an dem Pontifikatswechsel in der einen Fassung etwas schärfer und in unmittelbarerem Zusammenhang mit dem Wahlgeschäft bezeichnet, in der andern Fassung, welche die Rechtssammlungen aufgenommen haben, aber völlig unbestimmt gelassen wurde, so ist

---

im Stande bin. Ich sehe nur, daß Text II. noch unbestimmter und nichtssagender ist, als Text I. — und folglich — in den Rechtssammlungen den Vorzug erhielt.

die eine, wie die andere Fassung insofern willkommen als sie einen neuen Beweis der immer wieder von der Curie selbst gewährten Anerkennung des bilateralen Verhältnisses von Staat und Kirche beim Pontifikatswechsel darbietet. Aber einen Anhaltspunkt für den praktischen Vorgang bei den nächsten Papstwahlen gab das Dekret dem Kaiser nicht. Mag es in der einen oder in der andern, oder was vielleicht das wahrscheinlichste ist, in einer dritten Fassung auf der Synode publicirt sein: dem Kaiserthum bot es nichts dar, als eine sehr allgemein gehaltene Anerkennung von Rechten, welche seit tausend Jahren in Bezug auf die Form ihrer Ausübung beständig schwankten und ein ganzes Archiv von höchst widersprechenden Gesetzen und Canonen im Gefolge hatten.

Unter diesen Umständen wird man es wol als vergebliche Mühe betrachten müssen, die Modalitäten nach dem Dekrete feststellen zu wollen, unter welchen die kaiserlichen Rechte beim Pontifikatswechsel wirksam werden sollten. Daß es Nikolaus II. Absicht nicht gewesen ist, über diesen Punkt eine klare Bestimmung zu schaffen, dafür haben wir übrigens einen Beweis in einem Schreiben, welches er selbst über die Synode von 1059 verfaßte und zur Erklärung des Wahldekrets ausgehn ließ. So unglaublich es nämlich klingt, so sicher ist es, daß der Papst in dem Rundschreiben, in welchem er eben über die Beschlüsse der römischen Synode Nachricht gab, die ganze Frage über die Theilnahme des Kaisers an der Wahl unerwähnt ließ. Er selbst dachte nicht mit einem Worte der kaiserlichen Rechte, da er die Christenheit darüber belehrte, wie man in Rom die Formen der Papstwahl neu geordnet habe.[1]) Wer unter diesen Umständen

[1]) Mansi Conc. XIX. 897. Waitz a. a. O. 109, hat schon bemerkt, daß das Rundschreiben den merkwürdigen Satz, welcher nur im Texte I.

noch zweifelt, welche Bedeutung es hat, daß des Kaisers in dem Dekrete zwar gedacht wird, eine genauere Bezeichnung seiner Stellung zum Pontifikatswechsel jedoch fehlt, der wird sich allerdings auch schwerlich durch die Erscheinung beirren lassen, daß gerade in den kirchlichen Sammlungen die nichtssagendere und unbedeutendere Fassung des Dekretes Aufnahme gefunden hat.

Wenn dagegen diese Erwägungen geeignet erscheinen die Tendenz des Dekrets zu enthüllen, so wird man leicht zu dem Resultate gelangen, daß ein positiver neuer Inhalt in das alte Verhältniß zwischen Kirche und Staat in Betreff der Papstwahlen auch jetzt nicht gebracht werden sollte. Das was Nikolaus beabsichtigte, war lediglich etwas negatives und läßt sich daher auch nur negativ bezeichnen. Er suchte das Maß des Einflusses, welchen der Kaiser bei den letzten Papstwahlen geübt, zu beschränken, rechtlich einzudämmen, durch die Organisation der hierarchischen Wahl abzuwehren und für die Zukunft immer mehr entbehrlich zu machen. Er suchte die kaiserliche Macht von der Stellung, die sie unter Heinrich III. eingenommen auf das Niveau des achten oder neunten Jahrhunderts zunächst zurückzudrängen.[1]) Historiker und gesetzeskundige Zeitgenossen erinnerten sich der Bestätigungsrechte des Patrizius, wie sie im

vorkommt und der trotzdem in den mannigfaltigsten Berichten wieder erscheint is non papa vel apostolicus sed apostaticus habeatur enthält, während Text II. ihn nicht enthält. Dagegen ist die innere Wahleinrichtung soviel übereinstimmender in Text II. geschildert, daß sich Waitz schließlich dahin entschied, den angeführten Satz als echt aber auch den Text II. als echt zu betrachten. Am auffallendsten ist, daß das Verhältniß zu König Heinrich weder nach Text I. noch nach Text II Erwähnung findet.

[1]) Vgl. die oben citirten Worte Zöpffels, mit denen wir, wie gesagt, ganz einverstanden sind, wenn wir auch auf einem ganz andern Wege der Betrachtung zu diesem Resultate gelangt sind.

Liber diurnus und in älteren Canonen erwähnt werden. Kein Wunder, daß man sich auf die, wie wir gesehen haben, vielfach angeregte Frage, was denn nun von Seite des Concils über die kaiserlichen Rechte bestimmt worden wäre, eine Antwort gab, welche mit den älteren Satzungen der Kirche ohngefähr stimmte. Man darf an der Hand Petrus Damianis, Anselms, Bonithos und anderer wol behaupten, daß sich die öffentliche Meinung stark dahin geneigt habe, daß dem Kaiser ein zwischen Wahl und Ordination einzuschiebendes Bestätigungsrecht zukomme. Doch darf man nicht vergessen, daß auch im Gebiete dieser mehr theoretischen Ansichten einzelner gelehrter Männer jener Zeit eine feste dauernde Ueberzeugung nicht geschaffen wurde und daß bereits vereinzelte Stimmen laut wurden, welche fragten, wozu auch nur die Bestätigung des hierarchisch gewählten Papstes?

Alles war schwankend, alles war unklar gelassen worden was sich auf die definitive Ordnung des bilateralen Verhältnisses beziehen konnte. Daß König Heinrich in dem Dekrete überhaupt erwähnt wurde, war dem Umstande zu verdanken, daß man gegenüber von Benedikt X. und den Tusculanen das Schreckbild der furchtbaren Deutschen noch brauchte. Und die Harmonie, deren sich der Papst mit dem Kaiser in beiden Fassungen des Dekretes rühmte, war ihm zugleich eine Garantie für seinen eigenen Erfolg. Aber gerade in dieser Beziehung verräth das Dekret, daß man die staatskirchliche Frage überhaupt nicht prinzipiell lösen wollte, sondern den Standpunkt fest hielt, auf welchen die Kirche des achten und neunten Jahrhunderts gegenüber den Karolingern sich gestellt hatte. Es ist erforderlich dieser Seite des Dekrets noch einige Aufmerksamkeit zuzuwenden. Denn nachdem wir bewiesen zu haben glauben, daß eine allgemeingiltige Normirung des bilateralen Verhältnisses durch die Synode von 1059 weder angestrebt, noch gewünscht worden ist, wird es doch für die Entwickelung der Dinge von größter Wichtigkeit sein, die beiderseitigen Waffen für den bevorstehenden Kampf im Momente der Unmündigkeit Heinrichs IV. festzustellen.

Beide Fassungen des Dekretes sprechen davon, daß zwischen Heinrich IV. und der römischen Curie ein Vertrag geschlossen worden sei. Es ist kein Grund vorhanden an dieser Angabe zu zweifeln. Allerdings kann dieser Vertrag ebensowenig mit der Reise Hildebrands an den Deutschen Hof in Zusammenhang gebracht werden, als die Wahl Gerhards von Florenz durch dieselbe herbeigeführt wurde. Allein zwischen dem Tode Stephans und der Wahl Nikolaus II. verstrich mehr als ein halbes Jahr. Während dieser Zeit hatte der Kanzler Wibert reichliche Gelegenheit sich alle nöthigen Vollmachten von der Regentin des Reiches geben zu lassen. Ueberdies hatte Wibert seit Victors II. Tode die Stellung eines kaiserlichen Vicars in Italien inne. Ob es nicht schon in seinem eigenen Wirkungskreise gelegen hätte, in der Frage der Papstwahl Verträge abzuschließen, wäre nicht undenkbar. Nun besitzen wir überdies ein ausdrückliches Zeugniß dafür, daß der kaiserliche Hof dem Markgrafen Gottfried von Toscana Auftrag gegeben habe den Bischof Gerhard nach Rom zu begleiten und seine Weihe zu veranlassen.[1]) Daß ein solches Gebot auf Bedingungen hin

[1]) Die Stelle bei Lambert a. a. 1059, die wir in ihrem ersten Theile, welcher sich auf das Verlangen einer Denomination bezieht, als ein Mißverständniß bezeichnen mußten, wird doch in ihrer thatsächlichen Meldung auf volle Beweisfähigkeit Anspruch machen dürfen: Rex habita cum primoribus deliberatione Gerhardum Florentinum episcopum, in quem et Romanorum et Teutonicorum studia consenserant, pontificem

erfolgt sein wird, läßt sich von vornherein annehmen. Die Mittheilung des Wahldekrets wornach ein Pact zwischen den beiden Gewalten durch den Kanzler Wibert abgeschlossen worden sei, erhält durch diese Umstände einen großen Grad von Glaubwürdigkeit.

Liegt nun die Antwort auf die Frage, welche Veränderungen in Betreff der Theilnahme des Kaisers an der Papstwahl vor sich gegangen seien, nicht in dieser Thatsache eines abgeschlossenen Vertrages klar und deutlich ausgesprochen? Ist das Pactum, dem wir schon so oft begegnet sind, etwas so unbekanntes gewesen? Und worin bestand es? Wir erinnern uns, daß es seit Ludwig dem Frommen stets wiederholt wurde und daß der gewählte Papst dem Kaiser einen Eid leistete — nach dessen Ablegung erst die Consecration folgen durfte.

Vielleicht werden durch diesen Rückblick die Vorgänge bei der Wahl Nikolaus II. selbst nun klarer werden. Kaiser und Papst erneuerten das alte Pactum; der kaiserliche Hof verzichtete dadurch auf die unter Heinrich III. üblich gewordene Denomination. Man kehrte zu dem alten Vertragsverhältniß zurück, welches durch Schirmherrschaft und Treueid charakterisirt wird. Ist dieses Resultat der Betrachtung richtig, so findet die in dem Wahldekret mystisch angedeutete Wahrung der kaiserlichen Ehren

---

designat Romamque per Gotefridum marchionem transmittit. Was Lambert hier mit Designation bezeichnet, ist nicht zutreffend. Man muß es als eine von dem Hofe ertheilte Vollmacht betrachten mit Gerhard von Florenz über die Wahl zu verhandeln. Allerdings sagt Lambert nichts von der Intervention Wiberts, allein auch der Auftrag an Gotfried wird durch den Kanzler gegangen sein Ja man kann sich überhaupt kaum denken, daß der Kanzler bei diesen Beschlüssen am Hofe nicht gegenwärtig gewesen sein sollte. Stephan IX. starb am 29. März. Am 12. Juni ist Wibert in Augsburg am kaiserlichen Hoflager, wo eine Reihe von italienischen Angelegenheiten ihre Erledigung finden. Stumpf 2554—2557.

und Rechte ihre Erklärung, und die vorsichtige Bezugnahme auf den Vertrag schützte die Curie vor allen weiteren Consequenzen, welche etwa die weltliche Macht aus dem Dekrete ziehen konnte. Ohne Präjudiz für die Zukunft berief man sich bloß auf das Thatsächliche.

Da man das bilaterale Verhältniß in Rom auf den von Fall zu Fall zu verhandelnden Vertragsstandpunkt herabgedrückt hatte, vermied man es consequenterweise eine allgemein bindende Bestimmung über die kaiserliche Stellung in das Wahldekret aufzunehmen. Nicht auf Grund einer canonisch allgemein giltigen Satzung, sondern auf der Basis des von Fall zu Fall zu erneuernden Paktums, sollte das bilaterale Verhältniß zwischen Papstthum und Kaiserthum beim Pontifikatswechsel geordnet sein. Aus diesem Grunde hielt es denn auch Nicolaus II. nicht für nöthig von den Rechten des Kaiserthums in seinem Rundschreiben zu sprechen. Denn nur die kanonisch allgemein giltigen Bestimmungen machte er bekannt, nicht das Paktum, welches zwischen Staat und Kirche nach Art älterer Vorgänge abgeschlossen wurde. Das Wahlrecht der hierarchischen Stände sollte ein für allemal als ewiges Gesetz gelten, das Paktum trat als zeitliche Einrichtung hinzu, und war nach der Ansicht der Kirche kein Gegenstand der canonischen Gesetzgebung.

Daß aber in Deutschland diese Auffassung des Pontifikatswechsels nicht genügte und nicht genügen konnte, ist wol sehr erklärlich. Denn in einem organischen Statute über die Wahl sollte der kaiserlichen Macht ihre bestimmte Stellung angewiesen werden. Man verlangte kaiserlicherseits die Anerkennung des Einflusses auf die Wahl in canonisch giltiger Weise. War auf das Denominationsprinzip durch das Paktum Wiberts von Seite des deutschen Hofes ein für allemal verzichtet worden, so war allerdings zu verlangen, daß das Bestätigungsrecht ein für allemale anerkannt worden wäre. Und wie sehr nöthig eine solche canonische Bestimmung über die staatskirchliche Frage im Wahldekret gewesen wäre, bewiesen die Zeiten Hildebrands und seiner Nachfolger deutlich genug. In welcher Fassung man auch das Wahldekret für echt ansehn mag, die eine wie die andere war durch ihre Unklarheit und durch die rein persönliche Beziehung zu Heinrich IV. gleich geeignet den Eindruck des Schreckens am deutschen Hofe hervorzubringen. Noch war an Gegnern der hierarchischen Auffassung in Deutschland und Italien kein Mangel,[1]) wenn man auch seither von den Ultras gänzlich beherrscht gewesen war, und sich in die unter Heinrich III. gangbaren Friedensphrasen der Kirchenreform völlig eingelebt hatte. Nun aber schien sich plötzlich und unerwartet der Abgrund zu öffnen. Die Zeit der Vormundschaft Heinrichs IV. war von Hildebrand und seiner Partei mit Klugheit benutzt worden, um den ersten Schritt zur Emancipation der Papstwahl zu thun. Schon zwei Jahre nach dem Wahldekret konnte man

---

[1]) Hieher beziehe ich mit Baxmann die Stelle bei Petrus Damiani. Watterich I. 248 conspirantes contra Romanam ecclesiam concilium collegistis, quo papam quasi per synodalem sententiam condemnastis et omnia, quae ab eo fuerant statuta cassare incredibili prorsus audacia praesumpsistis. Wann die Synode stattgefunden, ist bekanntlich fraglich. Hier sei sie nur als Zeichen der Opposition gegen das Wahldekret erwähnt, und zugleich um darauf aufmerksam zu machen, daß die Verdächtigungen, welche häufig gegen Wibert ausgesprochen werden, er hätte das Wahldekret Nikolaus II. zu seinen Gunsten gefälscht, schwerlich haltbar sind, wenn man bedenkt, daß ja von Seite der kaiserlichen Partei die Beschlüsse der Lateransynode cassirt worden waren. Wie sollte jemand auf die Idee kommen, ein Dekret zu fabriziren, dessen Wortlaut von den eigenen Anhängern als null und nichtig erklärt ist. Wozu dann der Fälschungsversuch, um die, welche das Wahldekret überhaupt verwarfen, für dasselbe zu gewinnen?

in Rom beim neuen Pontifikatswechsel fast ohne jede Rücksicht auf die weltliche Macht vorgehn. Alexander II. erhielt die Weihe, ohne daß man die den Glossatoren des Wahldekretes zu folge nothwendige Bestätigung des Königs abgewartet hätte. In der Erhebung des Bischofs Cadalus von Parma, als Gegenpapst Honorius II., feierte auf der Synode zu Basel Oktober 1061 die kaiserliche Auffassung des Pontifikatswechsels noch einmal einen Triumph, aber schon trat auch in Deutschland die verhängnißvolle Wendung ein, welche den größeren Theil des Volkes und Clerus dem gewaltigen Hildebrand in die Arme trieb.

Das große politische und vielleicht noch niemals genug gewürdigte Verdienst des päpstlichen Staatssecretärs bestand darin, die über das Wahldekret aufgeregten staatlichen Gewalten wieder einzuschläfern und zu beruhigen, um nachher bei ungeschwächter Wirksamkeit der neuen Constitution den Schein des Angriffs von der Kirche abzuwälzen und alle Schuld des Conflicts auf die kaiserliche Gewalt werfen zu können. Daß dies der römischen Curie in außerordentlichster Weise gelungen, daß wirklich der größte Theil der Menschen an die Unterdrückung der Kirche durch die Staatsgewalt nachher glaubte, daß insbesonder die guten deutschen Fürsten und Völker zwanzig Jahre später kaum eine Ahnung von der unglaublichen Veränderung der kirchen- und staatsrechtlichen Verhältnisse hatten, daß das Papstthum so vollkommen richtig auf die Unzurechnungsfähigkeit der Menschen in politischen Dingen und auf das rasche Vergessen gerechnet und Recht behalten, hierin liegt der große Zug der kirchlichen Praxis im Zeitalter Hildebrands, wie es in der Politik fast nie oder nur höchst selten wieder zu Tage getreten ist. Die heutige Geschichtsforschung vermag nur mühsam die Regungen der Opposition in Deutschland gegen das Dekret vom Jahre 1059 aus den zur päpstlichen Fahne schwörenden Geschichtsschreibern der Zeit zu reconstruiren, und schon die damalige Welt hatte oben und unten über den Streit den Anfang des Streites aus den Augen verloren. Gleich als wäre Heinrich IV. der Neuerer, der Bösewicht, der die Veränderung hervorgebracht, fanden sich die „Unparteiischen", die weder in Politik noch in Geschichtschreibung einem Jahrhundert fehlten, sogleich in Masse und schüttelten ängstlich die Köpfe, als der Kaiser von seinem unzweideutigen alten Rechte Gebrauch machte und den Papst absetzen und seinen Wibert einsetzen ließ. Denn das war wider das Dekret, wider die kanonische Ordnung, es war wider die Verträge, welche aber nie vertragen worden, wider die Kirchenfreiheit, welche aber das Kaiserthum niemals gewährt, wider den angeblichen Geist des Christenthums, welcher aber nie einer Staatsgewalt einleuchtete, ja es schien selbst gegen die langjährige Tradition des salischen Kaisergeschlechts, gegen die guten und frommen Anschauungen des eigenen Vaters zu verstoßen — was Heinrich IV. that und in sprunghaften Nothlagen, dem gefangenen Vogel gleich flatternd, thun mußte.

Wir vermögen nicht die große und merkwürdige Zeit zu schildern. Wir wünschen auch nicht den Verdacht zu erregen, als ob mit den angedeuteten Gesichtspunkten die Lobredner Heinrichs IV. verstärkt, oder die gewöhnlichen ehedem sogenannten aufgeklärten oder liberalen Ankläger Gregors VII. gelobt werden sollten. Es sollte nur bemerkt werden, daß vieles von dem, was in diesem entscheidenden Jahrhundert gelang, lediglich der politischen Ueberlegenheit, dem Geschick, der Mache zuzuschreiben war. In dem weltlichen Regiment fehlte es an durchgreifender

Präcision, nicht an einzelnen hervorragenden Menschen; die kirchliche Leitung des Kampfes hatte die feste Tradition für sich, sie war es, welche ihrerseits auch kleinere Menschen groß machen konnte. Die kirchliche Kunst lag immer in der passenden Application Eines Systems, die Staatskunst dagegen erlag durch das Schwanken vieler Systeme. Von Heinrich IV. würde eine solche Darstellung der politischen Motive und Mittel vielleicht ein im ganzen noch ungünstigeres Bild entwerfen müssen, als selbst die stärksten kirchlichen Eiferer gethan, denn er war ein Hauptheld des Systemwechsels, der politischen Unbeständigkeit und Wetterwendigkeit, aber seine Sache als solche systematisch erfaßt, zum klaren Bewußtsein erhoben — diese Sache in ihrem Gegensatz gegen die starre kanonische Rechtsentwicklung ist es, welche die moderne Geschichtschreibung aus lauter Unparteilichkeit fast parteiisch zu Boden fallen ließ. Die Gründlichkeit unseres Wesens hat unsern Scharfsinn geschwächt für den gefährlichen Gegensatz, der sich seit Gregors VII. Zeit im Mark der Gesellschaft zur verdorrenden Krankheit entwickelte. Nur sehr allmählich zuckt das erwachende Bewußtsein, daß die Nerven des Staates durch diesen Gregor gelähmt worden sein könnten. So lange der Protestantismus in territorialer Abgeschlossenheit sein Romfreies Dasein als ausreichendes Heilmittel dagegen betrachtete, mochte Deutschland in seinen kleineren Gängen die Lahmheit nicht allzu tief empfinden, aber in dem Augenblicke, wo der große gewaltige Staat, die deutsche Weltmacht entsteht, pocht Gregor VII. noch heute so heftig auf sein kanonisches Recht, als zur Zeit von Canossa.

Wenn das Dekret Nikolaus II. die Absicht verfolgte, den Pontifikatswechsel auf eine durch die Wahl gesicherte, unabhängige und festere Grundlage zu stellen, so zeigte sich in den folgenden Zeiten dennoch eine Reihe von inneren Stürmen und Kämpfen, welche den Einfluß der weltlichen Gewalt in jedem Augenblicke wieder aufleben machen konnten. Die durch das Dekret gestärkte Hierarchie war zwar in der Tendenz gegen die kaiserlichen Rechte einig, aber sie war es nicht in allen Fragen, die sich auf die innere Organisation ihrer Wahlen bezogen.

Wir sehen es zwar nicht als unsere Aufgabe an, die internen Vorgänge der Papstwahlen ihrer selbst wegen zu erörtern, aber bei dem Gange der Dinge in dem hierarchischen Rom hieng die schon durch das Dekret Nikolaus II. angestrebte Beseitigung des kaiserlichen Einflusses eben davon ab, daß es gelang, das innere Wahlgeschäft so gut als möglich zu organisieren. Sollte das bilaterale Verhältniß zwischen Staat und Kirche im Punkte des Pontifikatswechsels dem ausschließlichen Prinzip der hierarchischen Papstwahl weichen, so mußte die letztere eine zuverlässig arbeitende Maschine sein, der gegenüber fremder, staatlicher Eingriff unmöglich wurde. Nun konnte aber die Vollkommenheit der inneren Wahleinrichtungen nicht so rasch erreicht werden, als man wünschte. Es bedurfte der Gesetzgebung und Consequenz von mehreren hundert Jahren, um den hierarchischen Gedanken der freien Papstwahl endlich zu verwirklichen. Und insofern, als die Verbesserung der inneren Organisation die Stellung des Staates beim Pontifikatswechsel von Jahrhundert zu Jahrhundert immer mehr verdrängte, wird es auch für unsere Betrachtung nöthig, den Hauptpunkten der Entwickelung unsere Aufmerksamkeit zu widmen.

Das Jahrhundert von Nikolaus II. bis zu Alexander III. kann man in Rücksicht auf die Papstwahl die Epoche des Streites der hierarchischen Ordines nennen. Bei der

Wahl Alexanders II. scheinen die Cardinalbischöfe einen entschieden vorwiegenden Einfluß usurpirt zu haben,[1]) bei der Wahl Hildebrands, des gewaltigen Gregor VII., dem doch der Haupteinfluß bei Abfassung des Dekretes Nikolaus II. zugeschrieben wird, stieß man die Bestimmungen desselben um, falls es richtig ist, daß die Cardinalbischöfe den Vorschlag zu machen hatten und an die unteren Ordines bloß zum Zwecke der Zustimmung gelangen lassen sollten. Bei den spätern Papstwahlen vermochten die Cardinalbischöfe ihr Uebergewicht über die beiden unteren Stände nie mehr zu behaupten. Auch der übrige Clerus, ja selbst das Volk war noch durchaus nicht völlig beseitigt. Es kam bei manchen Papstwahlen der folgenden Zeit sehr viel auf die Stimmung der untersten Stufen der hierarchischen Welt an, obwohl die Stimmen dieser päpstlichen Wähler erst erschollen, wenn das Hauptgeschäft der Wahlverhandlungen vorüber war. Ja als höchst beachtenswerth muß man es hervorheben, daß bei der Uneinigkeit der Cardinäle Urban II. sogar den Schritt wagte, seinen Nachfolger zu designieren, welcher unter dem Namen Paschal II. den päpstlichen Stuhl bestieg.[2])

---

[1]) Dagegen hält Zöpffel S 103 die Wahl Alexanders II. für die einzig legitime, die überhaupt nach dem — seiner Ansicht zufolge echten — Text II. des Dekrets vorgekommen ist. Darnach hätte also das Wahldekret Nicolaus nur die Bedeutung, daß es nie befolgt wurde. Ich wähle den Ausdruck: usurpieren nicht in der Absicht, als hielte ich das Gegentheil von dem, was Zöpffel festzustellen bemüht ist, für richtig, sondern lediglich im Hinblick auf die ganze frühere und nachfolgende tausendjährige Papstwahlgeschichte, bei der nie ein solcher vorwiegender Einfluß der Cardinalbischöfe vorkam, wie bei der Wahl Alexanders II.

[2]) Es ist ein Vorfall, der nachmals bei den Canonisten und Kirchenhistorikern sehr verpönt wurde, weshalb Baronius a. a. 1100 XII. 4 einen andern Bericht vorzieht. Allein die Mittheilung Ekkehardi a. a. 1099 wird sich schwerlich bestreiten lassen: Sed antequam ex hac vita migra-

Waren demnach die neuen Wahlformen keineswegs als eine hinlängliche Garantie für die Herrschaft des hierarchischen Prinzips erschienen, so vermochte man auch den Kampf und Gegensatz der römischen Adelsgeschlechter nicht durchaus von allem Einflusse auf die wählenden Cardinäle fern zu halten. Waren früher die hierarchischen Wahlen von Gegnern des Systems überhaupt, von weltlichen Machthabern bestritten, und waren Gegenpäpste aufgestanden, weil, wie man sich ausdrückte, die Bosheit der Staatsgewalt dazu reizte, so konnte das unter die Rubrik der Verfolgung der Kirche gesetzt werden; wenn aber die neue Wahlmaschine selbst den Dienst versagte, so war dies vielleicht noch schmerzlicher, als die kaum erst beseitigte Einmischung des Kaisers in den Pontifikatswechsel. Nach dem Tode Calixtus II. maßen die beiden einflußreichsten Geschlechter Roms die Frangipane und Pierleoni zum erstenmale ihre Kräfte bei der Papstwahl Honorius II., welcher gegen Coelestin II. schließlich das Feld behauptete. Sieht man dabei von allen politischen Nebenumständen ab, so beweist der Wahlvorgang, daß keineswegs die der eigentlichen Wahl vorhergehende Verhandlung der Cardinäle die ausschließliche Entscheidung herbeiführte.[1]) Noch war der Antheil der Masse des

---

ret, spiritu instructus divino, Reginherum cardinalem de sancto Clemente nobilem Romanum designavit in regimen apostolicum eligendum, quem etiam revelationibus aliis insuper denotatum, universa Romana Ecclesia pastorem sibi consecrat, licet invitum, Pascalem appellans eum.

[1]) Zöpffel a. a. O. unterscheidet zwar sehr schön zwischen der tractatio und laudatio, aber das Wesen der letzteren ist unterschätzt. Diese Laudatio ist nämlich auch noch im 12. Jahrhundert die electio, und alle Schriftsteller verstehen eben unter dem electus gerade den Akt, welchen der heutige Jurist immerhin laudatio nennen mag, aber er muß sich vergegenwärtigen, daß er bis auf Alexander III. das entscheidende blieb. Vgl. S. 107 n. 1

Clerus und Volkes so groß, daß Frangipane die von den Cardinälen getroffene Wahl umstoßen und die Erhebung seines Candidaten, des Lambert, Bischofs von Ostia, bewirken konnte. Die Cardinäle erkannten aber die Gefahr, welche in diesem Vorgange für sie lag, und so wurde Honorius II. am siebenten Tage nach seiner Inthronisation bestimmt, Mitra und Purpur wieder abzulegen und hierauf eine neue Wahl der Cardinäle vornehmen zu lassen. Diese fiel nun selbstverständlich auf Lambert von Ostia, denn es handelte sich eben nur darum, daß kein Präjudiz geschaffen und die Stimme des Volkes nicht wieder zu einem die Wahl entscheidenden Momente werde. Man sollte nicht sagen dürfen, die Wahl der Cardinäle habe der Wahl des Volkes weichen müssen, Honorius II. habe im Widerspruche gegen die Cardinalswahl seine Mitra durch den Zuruf des Volkes erhalten.[1])

---

[1]) Ueber den Hergang muß man die vita von Padulph mit der Bosos vergleichen. Watterich II. 157. Episcopi et cardinales intrarunt, ibique post verba aliquot, Jonathas sanctorum Cosmae et Damiani diaconus cardinalis collaudantibus omnibus, ipso etiam domino Lamberto episcopo, Theobaldum cardinalem presbiterum . . . . etc. Hierauf beginnt schon das te deum laudamus, da kommt nun Robertus impius Fraiapane . . cum quibusdam consentaneis suis et aliquibus de curia Lambertum Ostiensem episcopum Papam acclamaverunt. Man sieht: Volkswahl gegen einstimmige Cardinalswahl. Unbemerkt sollte man auch nicht lassen, daß hier der Ausdruck laudare oder collaudare nicht von dem zweiten, sondern von dem ersten Akt gebraucht ist, wozu man Parallelstellen genug fände.

Boso erzählt bezeichnend für den Standpunkt der Cardinäle: Sed quia electio eius Honorii minus canonice processerat post septem dies in conspectu fratrum sponte mitram et mantum refutavit atque deposuit. Fratres vero tam episcopi-, quam presbyteri- et diaconi-cardinales videntes ipsius humilitatem et prospicientes in posterum, ne in Romanam ecclesiam aliquam inducerent novitatem, quod perperam factum fuerat, in melius reformarunt et eundem Honorium . . . etc.

War auf diese Weise das Aergerniß einer Doppelwahl gleichsam im Keime erstickt, so trat der Zwiespalt unter den Cardinälen bei der Wahl Innocenz II. und Anaclet's unverhüllt vor die Welt. Aus den Wahlakten geht hervor, daß die Cardinalbischöfe der Mehrzahl nach für Innocenz II. eingetreten waren, während von den Presbytern und Diaconen ohne Zweifel die größere Menge auf Seite Anaclet's stand. Unter den Wählern Anaclet's wird aber auch der übrige Clerus von Rom sehr genau verzeichnet, während Innocenz II. auf Zustimmung des Clerus und Volkes wohl niemals rechnen konnte und dieselbe auch nicht erlangte. In dieser Richtung darf daher die Wahl Innocenz II. als eine der frühesten hervorgehoben werden, wo das Moment der Zustimmung von Clerus und Volk von den wählenden Cardinälen als überflüssig betrachtet wurde.[1])

Wichtiger aber für die staatskirchliche Frage erscheint nun der Umstand, daß beide Parteien und beide Päpste sich genöthigt sahen, noch einmal an die weltlichen Mächte zu appelliren, auf deren Anerkennung doch schließlich die Ausübung der Pontifikatsgewalt beruhte. Seit die hierarchische Richtung den Sieg über die von Heinrich IV. aufgestellten Gegenpäpste davongetragen hatte, waren thatsächlich die Pontifikatswechsel ohne direkte Einwirkung des Kaiserthums geblieben. Das päpstliche Schisma dagegen konnte Heilung nur durch die weltliche Gewalt finden. Daß das Papstthum ohne diese Anerkennung des Kaiserthums nicht bestehen könne und Bestand finden würde, war von beiden Parteien gleichermaßen zugegeben. Aber bezeichnend ist es, daß sich beide römischen Päpste nicht mehr ausschließlich an den

---

[1]) Die Wähler Innocenz II. nennt Boso gleich im Anfang der vita. Die Wähler Anaclets dagegen lernt man aus dem Schreiben an Lothar kennen. Vgl. Watterich II. 174 u. 185.

deutschen König und künftigen Kaiser halten zu müssen glaubten. Anaclet wandte sich an alle Welt, zuweilen in recht demüthigen Schreiben, um Anerkennung seiner päpstlichen Gewalt. Innocenz II. verhandelte nach seiner Flucht aus Italien zuerst und vor allem mit Frankreich und trat erst hierauf zu König Lothar in Beziehungen, doch leider sind die Verhandlungen nicht genau genug bekannt, um ein Urtheil begründen zu können, wie man in den streng kirchlichen Kreisen das bilaterale Verhältniß zwischen Staat und Kirche bei der Papstwahl nach Beendigung des Investiturstreits auffaßte. Aus dem Schreiben der Wähler Anaclets an König Lothar dagegen geht deutlich hervor, daß man den Standpunkt des Wahldekrets Nicolaus II. bereits vollständig über Bord geworfen hatte. Was die Wähler Anaclet's von Lothar verlangen, ist die einfache Anerkennung, wie sie in päpstlichen Briefen des 15. Jahrhunderts nicht mit andern Worten von den staatlichen Gewalten gefordert wurde, oder wie sich dieselbe bis auf den heutigen Tag im diplomatischen Wege zu vollziehen pflegt. So rasch und gründlich war man von der Anschauung, die noch im Wahldekret Nicolaus II. vorherrschte, abgekommen, und so entschieden hatte man das bilaterale Verhältniß auf die einfache Anerkennungsfrage zurückgeführt.[1])

---

[1]) Der sonst von Parteilichkeit strotzende Brief an Lothar faßt die Stellung des Kaisers folgendermaßen auf: Rogamus itaque discretionem tuam et in Domino commonemus, ut si Romanam ecclesiam piis optas solatiis et studiis confouere, si imperii tui moderamina per sedem cupis Apostolicam roborari, cum Romana simul ecclesia sapias, aequa nobis pietate concordes et dominum Anacletum, quem unanimi omnes devotione praefecimus catholicum Papam, feliciter recognoscas et debitam ei praedecessorum tuorum more affectionem reverenter exhibeas. Nicht ohne die Drohung schließt der Brief: Memento etiam, quod Roboam regi illi contigit, qui consilio iuvenum acquievit, at sacerdotum noluit consiliis obedire.

Daß indeß selbst in dieser abgeschwächten Form die Stellung der weltlichen Macht immerhin in Betreff des Pontifikatswechsels ein schwerwiegendes Moment blieb, mußten Anaclet II. und seine Anhänger nur zu schmerzlich erfahren. Denn in dem Vertrage, welchen Innocenz II. mit Lothar schloß, lag das Absetzungsurtheil des Gegenpapstes. Innocenz II. war kein Kaiserpapst, allein ohne Lothars Römerfahrt wäre er nie zur Herrschaft gelangt. Daß ihn der Kaiser anerkannte, daß ihm die Schutzherrlichkeit desselben zu Theil wurde, war doch in Wahrheit die Basis seines ganzen wichtigen und eingreifenden Pontifikats. Ob der Vertrag Innocenz mit Lothar den alten karolingischen Pakten beim Pontifikatswechsel nicht wenigstens als Analogie zur Seite gestellt werden dürfte, wäre eine Frage, die der Untersuchung werth wäre. Für die kirchliche Partei aber lag schon in der Doppelwahl des Jahres 1130 ein mächtiger Antrieb, durch Verbesserungen der Wahlmaschinerie dem erneuten Einfluß weltlicher Mächte nach Möglichkeit entgegenzuarbeiten.

Noch schlimmeres aber sollte sich ereignen, bevor es zu einem neuen Dekrete kam, welches das Uebergewicht des Cardinalcollegiums und die Unabhängigkeit und Einheit der Wahl dauernder und fester begründete. Nach dem Tode Hadrians IV. trat das verderbliche Schisma zwischen Alexander III. und Victor IV. ein. Die Wahlvorgänge waren sehr tumultuarisch und sind bei dem Widerstreit der Parteien auch heute kaum sicher festzustellen. Die Anhänger des Cardinals Roland waren jedenfalls in der Majorität, aber die Behauptung derselben, der Cardinal Octavianus habe selbdritt die Inmantirung Rolands verhindert und seine eigene Erhebung durch materielle Gewalt bewerkstelligt, ist um so unwahrscheinlicher, als auch das außerhalb harrende Volk nach denselben Berichten sich gegen Victor IV. mit Spott und Drohung erhob.[1]) Wichtiger als die in Folge der Doppelwahl entstandenen Kämpfe in Rom ist für uns die Frage, wie man dreißig Jahre nach der Einsetzung Innocenz II. durch Lothar, die Stellung des Kaisers von Seite Alexanders III. beurtheilte. Friedrich I. wollte eine Entscheidung auf synodalem Wege treffen lassen, aber die Anhänger Alexanders verwarfen eine Prüfung dieser Art als uncanonisch. Sie mochten sich an die unter kaiserlicher Autorität versammelten Concilien vorhergegangener Jahrhunderte erinnern, auf denen Wahlfragen entschieden worden sind, und welche das gewaltigste Uebergewicht der weltlichen Macht zur Folge hatten. Der Fortschritt, welchen Alerander III. in dem hierarchischen System bezeichnet, liegt darin, daß er der erste war, welcher das bilaterale Verhältniß zwischen Papstthum und Kaiserthum in Betreff der Wahl überhaupt läugnete und selbst die Anerkennung der weltlichen Macht für entbehrlich erachtete.

In der That muß man das Wahldekret, das er am Ende seiner Regierung auf dem lateranischen Concil von 1179 publicirte, eben unter diesem Gesichtspunkte seiner durch zwanzig Jahre hindurch praktisch geübten Politik betrachten. Wenn aber behauptet wird, die Dekretale Licet de vitanda vervollständigte bloß die Gesetzgebung über die Papstwahlen, so ist dies nur in dem ideellen Sinne richtig, wornach die ganze Tendenz der Kirche nach einer ausschließlichen Herrschaft des hierar-

[1]) Bosos Bericht, vita Alexandri, Watterich II. 378 ist durch den verkehrt angelegten Mantel Victors IV. und durch die Parteinahme des Volkes für Alexander III. so lebendig und eindringend in seiner Schilderung, daß man ihn fast überall wiederholt findet. Wie ist aber möglich, daß omnes quotquot fuerunt praeter Octavianum . . . . Johannem et Guidonem . . . . ihren Gewählten nicht durchzusetzen vermögen?

chischen Elements über das staatliche und Laienelement strebte. Im übrigen aber schnitt die Dekretale Alexanders III. in ihren Consequenzen viel tiefer in das bilaterale Verhältniß von Staat und Kirche in Betreff der Papstwahlen ein, als irgend eines der andern schon erwähnten, oder noch zu besprechendrn Wahlgesetze. Und diese gewaltige Wirkung erreichte die Dekretale Licet de vitanda durch eine sehr unscheinbare Maßregel, welche nach ihrer positiven Seite betrachtet kaum als eine erhebliche Neuerung angesehen werden konnte, dagegen aber in der Negation aller Faktoren des Pontifikatswechsels außer dem Cardinalcollegium geradezu epochemachend ist.

Denn die Dekretale schließt jeden Widerspruch gegen den von zwei Dritteln der Cardinäle gewählten Papst, von welcher Seite sich auch ein solcher erheben mag, gesetzlich aus. Zugleich wird zum erstenmale bei Papstwahlen das Prinzip des Skrutiniums anerkannt, und ferner die für eine einhellige Wahl wesentliche Erleichterung geschaffen, daß auch der Acceß, der nachträgliche Hinzutritt des Wählers auf die Seite dessen, der bereits eine überwiegende Stimmenzahl hat, eine gesetzliche Wahl begründet. Der Wahlakt beruht nunmehr auf der Zählung der Stimmen und auf dem Hinzutritt der Wähler bis zu zwei Dritteln der sämmtlichen Stimmen. Waren diese erreicht, so war der legale Akt beendet. Niemand hatte nunmehr etwas hinzuzufügen. Keine Acclamation des Volkes, keinerlei Rücksicht auf den übrigen Clerus, kein Bestätigungs- oder Anerkennungsrecht des Kaisers war weiter zu beachten. In dem Moment, wo Skrutinium und Acceß für einen Namen die Zahl von zwei Dritteln der Stimmen ergaben, hatte man den rechtmäßigen Papst.[1])

[1]) Da das Dekret stark mißdeutet wird, glauben wir es größtentheils

Die Absicht der Dekretale Licet de vitanda gipfelt in dem Ausschluß der unteren Stände des Clerus und des Laienelements bei der Papstwahl.[1]) Gewöhnlich faßt man in neuerer Zeit die Decretale Alexanders als einen Uebergang von der einfachen Majorität zur zwei Drittel Majorität auf, allein weder sachlich begründet, noch erschöpfend wäre eine solche Erklärung der Decretale zu nennen. Majoritätswahl in dem Sinne, in welchem wir heute diesen Ausdruck gebrauchen, gab es überhaupt gar nicht vor Alexander III. Man konnte bei den früher geschilderten Doppelwahlen die Beobachtung machen, daß der mindere Theil seinen Candidaten durchzusetzen vermochte,

---

beifügen zu sollen: Licet de vitanda discordia in electione Romani Pontificis etc. Statuimus ergo ut si forte (inimico homine superseminante zizaniam) inter Cardinales de substituendo summo Pontifice non poterit esse plena concordia et duabus partibus concordantibus, pars tertia concordare noluerit — man sieht, die einhellige Papstwahl wird eigentlich erfordert — aut sibi alium praesumpserit nominare, ille absque ulla exceptione ab universali ecclesia Romanus Pontifex habeatur, qui a duabus partibus electus fuerit et receptus. Si quis autem de tertiae partis nominatione confisus — folgen die Strafandrohungen. Praeterea si a paucioribus, quam a duabus partibus aliquis electus fuerit, ad apostolatus officium, nisi major concordia intercesserit nullatenus adsumatur, et praedictae poenae subjaceat si humiliter noluerit abstinere Man sieht, daß der Wortlaut zu der Meinung, daß es sich um einen Uebergang von der einfachen zur Zweidrittel Majorität handle, ganz und gar keinen Anhaltepunkt gibt, sondern im Gegentheil, das Dekret läßt eine Erleichterung eintreten, es fordert nicht mehr Einhelligkeit.

[1]) Man muß sich dabei erinnern, daß die Gegner Alexanders III. zu Gunsten Victors IV. wirklich noch auf Clerus und Volk Rücksicht genommen haben, und jedenfalls eine gewisse Antheilnahme desselben zugestehen, wenn es zur Zeit des kaiserlichen Concils von Pavia heißt: illum semper sancta statuit ecclesia praeferendum, qui petitione populi, consensu et desiderio cleri a cardinalibus prior est in cathedra beati Petri collocatus. Mon Germ. IV. 126.

ohne daß man diese offenbare Minderheit der Cardinäle als einen Ausschließungsgrund für Anaklet II. oder Victor IV. betrachtet hätte. Das Entscheidende der Wahl Innocenz II. war noch die Acclamation des Volkes. In der That läßt selbst die in dem Dekret Nicolaus II. vorgezeichnete Wahlform auch nicht in einem einzigen Moment an eine Zählung der Stimmen denken. Auch die Wahlconstitution von 1059 stand noch unter dem Gesichtspunkte der alten Wahl von Clerus und Volk, welcher die Berathung der Cardinäle nur in geordneteren Formen vorausgehen sollte. Das maßgebende Moment bei der Wahl lag in der Acclamation, ja ein Rest dieser für die Kirche der alten Zeit so charakteristischen Einrichtung ist selbst in die Conclavewahlen eingedrungen und hat sich in der Form der Quasi-Inspiration, unter welcher eine Wahl noch heute ihre volle Giltigkeit, ja wenn man will, eine höhere Weihe erlangt, bis auf unsere Zeit erhalten. Einer der Cardinäle erhebt sich, nennt einen Namen, und alle Wähler stimmen wie aus Einem Herzen und Einem Munde bei. Auch den Beitritt des Clerus und Volkes zur Wahl der vorberathenden Cardinäle denkt sich das Dekret Nicolaus II. noch in dieser Weise der Quasi-Inspiration. Allein seit die Cardinäle die Volkswahl immer mehr zurückgedrängt hatten, nahmen sie die Inspiration für ihre eigenen Beschlüsse in Anspruch. So wurde von Eugen III. gerühmt, er sei, durch Inspiration gewählt worden, obwohl seine Erhebung fern von Rom und ohne alle Zustimmung des Volkes stattgefunden hatte.[1])

---

[1]) Hic electus est ab episcopis et cardinalibus ex insperato concorditer apud monasterium sancti Caesarii, ubi omnes fratres propter metum senatorum et populi Romani, consurgentis ad arma, convenerant in unum. Watterich II. 281.

So sieht man die mannigfaltigsten Wahlgebräuche wechseln, aber nicht bei einer einzigen Wahl vor dem Dekret Alexanders III. wird das Skrutinium erwähnt. Wie wäre es auch sonst möglich gewesen, daß Doppelwahlen entstanden, da doch die einfache Majorität viel leichter zu erfüllen gewesen wäre, als die zwei Drittel Majorität. Allerdings enthält das Gratianische Dekret einen ziemlich alten Canon, in welchem bereits von der Majorität die Rede ist, die bei der Papstwahl den Ausschlag geben soll. Allein wenn sich die Canonisten darauf stützen, um das Prinzip zu rechtfertigen, so darf man doch in der Sache nicht verkennen, daß hier von einer ganz andern Majorität die Rede ist, als einer solchen, welche durch faktische Abzählung der Stimmen constatirt zu werden pflegt.[1]) Prinzipiell fordert aber auch der Canon des Symmachus die Einhelligkeit, die Concordanz aller Betheiligten; nur ausnahms-

---

[1]) C. 10. D. 79. Si transitus papae, quod absit inopinatus evenerit et de sui electione successoris non possit ante decernere . . . Si autem ut fieri solet, studia coeperint esse diversa eorum, de quibus certamen emerserit, vincat sententia plurimorum: sic tamen ut sacerdotio careat, qui captus promissione non recto judicio de electione decreverit. Die ganze Verfügung, welche übrigens noch unter dem Einflusse der Designation des Papstes durch den Vorgänger steht, will bloß ein Kriterium für den rechtmäßigen Papst geben und sich gegen die Bestimmung einer Neuwahl im Falle des Zwiespalts verwahren. Von Stimmenzählung ist natürlich nicht die Rede. Das neue Prinzip Alexanders III. liegt dagegen in der Abzählung der Stimmen und darin, daß zwei Drittel derselben legal unanfechtbar seien. Dabei hatte es sein Verbleiben bis heute Eine Frage, welche die Canonisten beschäftigte, war die, ob das Decret auch die Einrede wegen Simonie ausschließe. In der Geschichte der Wahlen, die nach dem Decret Alexanders vollzogen wurden, läßt sich im 13. Jahrhundert nur die Bemerkung machen, daß die Auffassung vorherrschte, daß auch Simonie die zwei Drittel Majorität nicht schädige und die Giltigkeit ihrer Wahlen nicht aufhebe. Später, wie sich zeigen wird, erhält dagegen der Begriff der Simonie eine viel ausgedehntere Bedeutung

weise, und wenn einmal das Unglück den Zwiespalt herbeigeführt hat, soll man den für den rechtmäßigen Papst halten, auf dessen Seite sich der größere Theil findet. Hier ist eine nachträgliche Prüfung gemeint, nicht etwa eine vergleichende Zählung während des Wahlakts, weil eine solche in den meisten Fällen gar nicht stattfinden konnte, da die verschiedenen Parteien ihre Candidaten fast immer an verschiedenen Orten, oder zu verschiedenen Zeiten erhoben. Der Canon Symmachus kann daher nichts für das ältere Vorkommen von Majoritätsbeschlüssen und Stimmenzählung in unserm heutigen Sinne bewiesen.

Wenn das Dekret Alexanders III. zwei Dritteln des Cardinalcollegiums das unbedingteste Verfügungsrecht über die Besetzung des päpstlichen Stuhles einräumt, so muß es auffallend erscheinen, daß frühere Verfügungen in denen die Rechte des Kaisers einerseits, des Volkes und Clerus andererseits, wenn auch nur in engeren Grenzen, gewahrt warden, weder in zustimmendem noch in ablehnendem Sinne erwähnt werden. Ja es ist gewiß beachtenswerth, daß weder damals, noch später jemals von Seite eines Papstes eine förmliche Erklärung über diese Punkte erfolgt ist. Niemals wurden die betreffenden Bestimmungen des Dekrets vom Jahre 1059 ausdrücklich zurückgenommen. Nie hat die römische Curie darüber den Mund aufgethan, wie sie sich die alten noch von Nicolaus II. wenigstens als thatsächlich erwähnten Rechte von Volk und Staat mit der neuen Papstwahl vereinbar dächte. Der römische Clerus und Volk wurden einfach durch die Thatsachen zum Schweigen verurtheilt. Das Recht der Staaten aber wurde zuweilen noch in Erwägung gezogen und hat sich in einer nichtigen Form noch spät zu einer gewissen Reminiscenz erhoben, von welcher nachher zu handeln sein wird. Die Canonisten aber haben flottweg behauptet, die Decretale des Papstes Alexander sei die Quelle des ausschließlichen Wahlrechts des Cardinal-Collegiums, gegen dessen zwei Drittel Majorität es überhaupt von keiner Seite eine Einwendung gebe. Richtig ist indessen nur, daß die Decretale den Ausspruch thut, daß von dem, was in der römischen Kirche beschlossen sei, kein Rekurs an einen Höhern statthaben könne. Sieht man jedoch auf den Zusammenhang der Sätze, so ist hier nur von einem Vergleiche zwischen den Wahlen des römischen und der kanonischen Wahl der übrigen Bischöfe die Rede. Die höhere Autorität, welche bei sonstigen Bischofswahlen in Betracht käme, bezieht sich lediglich auf die geistliche Obergewalt des Papstes. Von dem Verhältniß zur weltlichen Gewalt ist nirgend die Rede, und es kann nicht entfernt daran gedacht sein, daß die Decretale über die schon damals so gründlich verwickelten Verhältnisse etwas bestimmen wollte. Man könnte ebensogut behaupten, die Decretale derogire dem calixtinischen Concordat, als man sagen kann, sie hätte die Bestimmungen der Constitution Nicolaus II. und die alten Gewohnheiten der Papstwahlen aufgehoben.

Also durchaus nur auf dem Wege der Thatsachen wurde die Stellung des Kaiserthums beim Pontifikatswechsel verändert. Pflegte man sich einst in den kirchlichen Kreisen zu beschweren, daß das Kaiserthum Rechte der Einsetzung in Anspruch genommen habe, so mochte man immerhin die Frage der von den Päpsten gemachten Zugeständnisse unerörtert lassen. Sieht man zu, wie das alte Recht verloren ging, so stand Thatsache gegen Thatsache, der Geist des 10. Jahrhunderts gegen die kirchliche Auffassung des 12. Sicher ist nur, daß das Cardinal-Collegium der faktische Besitzer des Wahlrechts geworden und geblieben ist. Daß dadurch etwas an dem Sachverhältniß geändert wäre, wird nicht behauptet werden können, wohl aber darf man über den Ursprung der heutigen Papstwahl nicht durch leere Worte sich täuschen lassen. Die Papstwahl steht historisch betrachtet nicht weniger festbegründet, weil sie in ihren Formen ein Akt der Gewalt gegenüber dem Staatsrecht und eine menschliche Erfindung, wie alle übrigen historischen Einrichtungen, war, aber der Staat hat niemals durch irgend einen Vertrag, durch irgend ein Gesetz, ein Zugeständniß oder ein Privilegium Verzicht geleistet, ja die römische Curie hatte selbst niemals den Muth, die durch viele Päpste selbst ausgesprochene Anerkennung des alten Staatsrechts förmlich und ausdrücklich zu widerrufen.

Nur zu rasch bewährte jedoch die neue Papstwahlmaschine ihre gewaltige Kraft. Eine Reihe der größten und kühnsten Männer bestieg den kirchlichen Thron. In allen Ländern und Königreichen empfand man die Wirkungen des innerlich geschlossenen ans Ziel gelangten Systems. Nicht der römische Bischof wurde von weltlichen Mächten ernannt, sondern der Papst erhob Fürsten und Könige und gebot über die Kaiserkrone. Schmeichlerisch verhüllte die Theorie der unabhängigen Schwerter den unausgefüllten Abgrund zwischen Kaiser und Papstthum, und schon erhob sich der Kampf um die Allgewalt der geistlichen Sonne gegen den staatlichen Mond. Und in der That, selbst Friedrich II. versuchte nicht mehr die neue Wahlform zu hindern oder durch Papsternennung, gleich Heinrich IV. oder Friedrich I. den Gang der Dinge aufzuhalten. Er machte weitaus den größten Versuch durch ein System von staatlicher Allgewalt zu herrschen, welchen das Mittelalter kennt, aber der Papstwahl durch die alten Rechtsansprüche beizukommen, hoffte er nicht mehr. Direkter Angriff und Waffengewalt schienen die einzigen Mittel zur Lösung der kirchenrechtlichen Fragen.

Mancherlei Illusionen früherer Tage waren einem gesunden Realismus der Gewalt gewichen. Ein wohlorganisirter monarchischer Staat in Neapel und die unerschöpfliche Kraft deutscher Heere sollten das hierarchisch gewordene Rom im Zaume halten. Mit der Aufstellung von Gegenpäpsten war bei der auch in Deutschland erlangten Unabhängigkeit und häufigen Unbotmäßigkeit der bischöflichen Sitze und der geistlichen Welt überhaupt kein Erfolg mehr zu erzielen. Doch hatte die Regierung Friedrichs II. neben dem vorwiegenden Vertrauen auf die materielle Macht gewisse diplomatische Wege nicht verschmäht, welche fast einen modernen Charakter zeigen, und wie so viele andere Züge der letzten Stauferzeit für die neuere Staatskunst gleichsam vorbildlich geworden sind.

War auch keine Möglichkeit vorhanden, das bestehende Kirchenrecht im System zu ändern, so ließ es Friedrich II. doch an Bemühung nicht fehlen, die vorkommenden Papstwahlen durch einen scharfen Druck auf die wählenden Cardinäle zu beeinflussen. Die täuschende Hoffnung, welcher sich die neuern und neuesten Mächte so oftmals hingegeben, als könnte man in einem befreundeten Cardinal auch einen befreundeten Papst an das Ruder der Kirche stellen lassen, erfüllte bereits Friedrich II. mehrfach. Es war eine der wenigen Illusionen, in denen er lebte. Als Innocenz III. starb, galt der Kämmerer Cencius als Freund des jungen deutschen Königs, dessen Zukunft freilich noch von den meisten ungeahnt war. Honorius III. wurde wirklich gewählt. Aber auch, nachdem der Kampf zwischen Kaiser und Papst sich zur vollen Höhe entwickelt hatte, ließ Friedrich II. nach Gregors IX. Tod nichts unversucht, um sich eines wohlgesinnten Papstes zu versichern. Unter den Cardinälen hatte keiner dem Kaiser naher gestanden, als Sinibald

Fiesco. So glücklich und erfolgreich hatte die Diplomatie für dessen Wahl gewirkt, daß Friedrich schon vor ihrem Abschluß das Lob des neuen Papstes verkündigte. Und derselbe Cardinal Sinibald führte als Innocenz IV. den Kampf gegen die Staufen bis an das Messer und stürzte Friedrich II.

So ungünstig nun auch das Unternehmen des letzten der großen Kaiser ausgegangen war, so entschieden dauerten die Anstrengungen der weltlichen Mächte fort, auf dem diplomatischen Wege günstiger Papstwahlen sich zu versichern. Die Franzosen, die bei dem Verfalle des Kaiserthums am meisten emporgestiegen waren, traten am bestimmtesten in die angedeutete Richtung politischer Intervention. Und gleich hier läßt sich eine Beobachtung machen, welche bis auf die neueste Zeit immer wieder bestätigt wurde. Unter allen Mächten waren es stets die Franzosen, denen es am besten gelang, die wählenden Cardinäle diplomatisch zu beeinflussen. Mannigfache Umstände, unter denen persönliche Geschicklichkeit französischer Staatskunst nicht die letzte Rolle spielt, erleichterten dem aufkommenden Westreich seine Bemühungen an dem päpstlichen Hofe. Woran Friedrich II. gescheitert, ist dem heiligen Ludwig mehrfach gelungen, und französische Sympathien scheuten sich auch die Päpste nach ihrer Wahl nicht offen und dauernd zu bekennen. Bis in das 18. Jahrhundert fehlt es an zahlreichen Beispielen nicht, bei welchen die Zärtlichkeit von Rom so gut wie von Avignon für Frankreich die europäische Politik beherrscht. Deutsch gesinnte Päpste dagegen hat es nie gegeben. Selbst an den Sympathien der alten Päpste aus deutschem Stamme für Deutschland darf man zweifeln. Auch mit seinem Lütticher Lehrer hatte Karl V. höchstens einen ehrenwerthen Erfolg. Von Ludwig IX. dagegen bis zu Ludwig XIV. verging nicht ein Viertel Jahrhundert, wo die römische Curie dem französischen Reich nicht irgend einen reellen und eingreifenden Dienst geleistet hätte.

Damit braucht indeß nicht verkannt zu werden, daß auch die französische Umarmung der päpstlichen Curie manchmal recht beschwerlich wurde. Urban IV., obgleich ein Franzose, hielt die politische Tradition des Papstthums im ganzen immer noch aufrecht; der Provençale Clemens IV. dagegen kannte kein höheres Interesse als Frankreich. Die Wahlacten dieser Päpste sind dunkel und wie viel zu ihrer Erhebung unmittelbarer französischer Einfluß gethan, läßt sich mehr ahnen, als beweisen. Beachtenswerth ist Urbans Wahl durch ein juridisches Moment, welches zeigt, daß man das Dekret des Papstes Nicolaus II., das man in Betreff der Prärogative des Kaiserthums so gänzlich aus den Augen verloren, in einigen Punkten, die eben passend schienen, nicht vergaß. Der Franzose Urban war nicht Mitglied des Cardinal-Collegiums. Die Giltigkeit seiner Erwählung konnte daher nur aus dem Decrete Nicolaus II. abgeleitet werden.[1]) Bei Clemens IV. Wahl sind starke Anzeichen von Simonie vorhanden, wenn man den Begriff in dem Sinne, wie man doch müßte, als Stimmenkauf versteht. Allein das Cardinal-Wahlrecht faßte den Sinn der alten Gesetze in dieser Richtung nicht ganz so strenge, wie die hildebrandinische Zeit. Eben der diplomatische Einfluß Frankreichs brachte eine Form des Wahlkaufs in die Geschichte, welche zwar den Gewählten rein erscheinen ließ, aber die Wähler dem schlimmsten Handel verfallen zeigte.

Daß hier ein dunkler Fleck der Papstwahl vorliege, dieser Einsicht konnten sich ehrenhafte Männer wie der Archidiacon

[1]) Zu ähnlichem Falle war Gregor X., Cölestin V. und spätere, bei denen immer noch auf das Wahldekret Nikolaus II. Bezug genommen ward.

Theodowald schon zu Clemens IV. Zeit nicht entziehen. Als Gregor X. setzte er die große Maßregel durch, welche unter dem Namen der Conclaveordnung, wenn auch nicht in ihrer Strenge, so doch in den wesentlichsten Punkten heute aufrecht steht. Es war auf dem Lyoner Concil vom Jahre 1274, wo diese merkwürdige Constitution gegeben wurde. Sie will nur das, was von den früheren Päpsten und zur Vermeidung des Zwiespalts insbesondere von Alexander III. verfügt worden ist, ergänzen. Nicht eine Veränderung, sondern eine Verbesserung sollte in dem System der Papstwahlen vor sich gehen.[1])

Den Bestimmungen der neuen Ordnung liegen zwei Hauptgedanken zu Grunde: Absperrung der Wähler und Beschleunigung des Wahlgeschäftes. Was das erstere anbelangt, so verlangt Gregor X. gemeinschaftliche Wohnung der Wähler ohne Abtheilungen für jeden einzelnen bei mäßiger Kost, Vorsichtsmaßregeln gegen Eintritt fremder Personen und gegen Verkehr überhaupt; in Bezug auf die letzteren Zwecke sind die

---

[1]) Die Constitution Gregors X. ist sehr umfangreich und bezieht sich in sehr merkwürdiger Weise auf die früheren Wahlverordnungen: Ideoque omnia, quae pro evitanda discordia in electione Romani pontificis a nostris praedecessoribus et praecipue a fel. rec. Alexandro Papa III. salubriter instituta: omnino immota in sua firmitate manere censentes: nihil enim illis detrahere intendimus, sed quod experientia deesse probavit, praesenti constitutione supplere.

Die Bestimmung über die Wahl an jenem Orte, wo sich der Papst mit der Curie zuletzt befand und die weitere, daß die anwesenden Cardinäle die abwesenden durch zehn Tage erwarten, geht der strengen Conclaveordnung voran. Wichtig wird nun in dieser und in den folgenden Constitutionen die Vorschrift über legales Verhalten der Wähler: Et nos nihilominus pactiones, conventiones, obligationes, condicta et intendimenta omnia, sive iuramenti, sive cujuslibet alterius fuerint vinculo firmitatis innixa, cassamus, irritamus, et viribus decernimus omnino carere.

Vorschriften über den Zusammentritt des Conclaves zehn Tage nach dem Tode des Papstes und die Voraussetzung, daß die Wahl ordnungsmäßig binnen drei Tagen beendigt sein sollte, als maßgebend zu betrachten. Die allmähliche Entziehung der Speisen bis zu Wein, Wasser und Brot darf als eine Zwangsmaßregel im eigentlichsten Sinne aufgefaßt werden, um Eile und Einigung zu bewirken. Auch die Anordnung, daß das Conclave dort zu halten sei, wo sich der Papst zuletzt mit der Curie befand, hatte ebenfalls nur den Zweck, um Zeit zu ersparen und um die Sedisvacanz nicht durch Zwischenfälle der sonst nach Rom reisenden Wähler zu verlängern. In ihrer ganzen Tragweite wurde diese Bestimmung kaum zur Zeit des Lyoner Concils erfaßt. Denn durch dieselbe ist später die dauernde Verlegung des päpstlichen Stuhles von Rom rechtlich möglich geworden. Wie die Dinge aber im Jahre 1274 lagen, schienen strengkirchlich gesinnte Männer lange Sedisvacanzen unter allen Umständen für das gefährlichste und bedenklichste zu halten, und diesen sollte die neue Ordnung entgegenwirken. Im übrigen ist in der Constitution selbst nicht viel über die Motive einer so strengen und auffallenden Maßregel gesagt. Den meisten Cardinälen selbst war sie nicht erwünscht. Mit der Approbation des versammelten Concils publicirt, hatte die Constitution gerade unter jenen, welche sie ausführen sollten, zahlreiche Feinde. War vor der Erhebung Gregors X. eine Sedisvacanz von mehr als zwei Jahren eingetreten, so schien diese Thatsache das harte Gesetz hinlänglich zu rechtfertigen. Nichtsdestoweniger mußten sich zwei der nachfolgenden Päpste bequemen, die Wahlconstitution Gregors X. aufzuheben. Eine Erneuerung derselben erfolgte erst nachdem eine abermalige lange Sedisvacanz gleichsam den Beweis ihrer Nützlichkeit gab.

Wenn sie aber den Zweck hatte, durch Beschleunigung des Wahlgeschäftes zugleich den Einfluß der fremden Staaten auf die Wähler zu verhindern, so könnte man schwerlich behaupten, daß dieses Ziel erreicht worden sei.

Nach dem Tode Benedikts XI. im Juli 1304 versammelten sich die Cardinäle in Perugia, wo sich die Curie zuletzt befand. Allein ihre Verhandlungen währten elf Monate, bis es gelang, dem Erzbischof Bertrand von Bordeaux die nöthige Zweidrittel Majorität zu verschaffen. Es war Clemens V., der die Uebertragung des päpstlichen Stuhles nach Avignon vollzog. Die Geschichte seiner Wahl ist nach der Ueberlieferung eines populären italienischen Geschichtsschreibers bekannt genug: da sich die Italiener und Franzosen nicht zu einigen vermochten, so schlugen die erstern endlich drei französische Candidaten — aber Männer von der entschiedensten Feindseligkeit gegen König Philipp von Frankreich vor. Nach 40 Tagen, so lautete der Vertrag, sollten die französischen Cardinäle sich für einen der drei von den Italienern bezeichneten Franzosen, entscheiden. Aber diesen Zwischenraum benutzte König Philipp, versöhnte und verständigte sich mit Bertrand de Got, welcher einer der drei Candidaten war, und so wählten ihn zum großen Erstaunen der getäuschten Italiener die Franzosen am 5. Juni 1305.[1])

Von dieser Erzählung ist soviel wahr, daß zwischen König Philipp und seinem vom Papste Bonifazius VIII. zum Erz-

[1]) Villanis Darstellung nur zu erwähnen, möchte vielleicht heute mehr als je als „unkritisch" erscheinen, indeß wer auch die Erzählung zuerst aufgeschrieben, eine gewisse Beachtung wird sie stets finden, denn sie entspricht in vorzüglichem Maße der Situation und ist daher sicher eine sehr alte italienische Anekdote.

bischof erhobenen kirchlichen Gegner Bertrand de Got eine Aussöhnung stattgefunden, und daß die Franzosen unter den Cardinälen ihre italienischen Genossen und vor allem die Colonnas getäuscht hatten.[1]) In Italien war man allgemein überzeugt, daß hier eine der unerhörtesten Wahlintriguen gespielt habe, und die öffentliche Meinung bezeichnete Clemens V. als Simonisten der unzweifelhaftesten Art. Eine vollständige Klarheit über die Wahlvorgänge aber besitzt man nicht, wenn auch der Umstand, daß die Kirche die Legalität des Papstthums Clemens V. niemals bestritten, keinen Beweis für die strenge Beobachtung der kanonischen Vorschriften bei seiner Wahl zu liefern geeignet wäre. Gleich nach der Wahl Bertrands muß unter den Italienern die Vermuthung entstanden sein, daß Clemens V. sich weigern könnte, seinen Sitz in Rom zu nehmen, denn gleich mit dem Wahldekrete sendeten die Cardinäle eine dringende Aufforderung, die italienischen Angelegenheiten vor allen Dingen wahrzunehmen und die Reise nach Italien anzutreten. „Kein Zweifel, so stellten sie Clemens vor,[2]) daß

[1]) Die Erzählung der Wahl in der Histoire des conclaves I. — ich benutze die Ausgabe Lyon 1691 — ist im allgemeinen der französischen Ueberlieferung entsprechend, aber ebenfalls sehr belehrend und zugebend, daß Jakob Colonna eigentlich der Getäuschte war.

[2]) Der Brief der Cardinäle an Bertrand de Got, „Erzbischof von Bordeaux (electionis decretum una cum presentibus litteris transmittimus" verräth allerdings deutlich, daß man die Absichten der französischen Regierung kannte: Succurrite, inquimus, succurrite pater et sauciatorum vulnera presentialiter purgate vino et purgata oleo confovete. Non dubium quippe quod in sede Petri sedebitis fortior et lucebitis clarior, in terra eius vivetis quietior, et remotis Regibus principibus atque populis admirabilior oritis et ipsorum devotionem et obedientiam plenius acquiretis. In sua namque domo est unusquisque planeta potentior. Ensis iuxta capulum minus eiusque parsque magis distat a capulo plus incidit. Et visa frequenter

er auf dem Stuhle Petri sitzend mächtiger und glänzender regieren, ruhiger leben und wenn er die Ansprüche der Könige und Fürsten zurückgewiesen haben werde, ihre Obedienz und Unterthänigkeit in vollständigster Weise erlangen werde. Denn nur in seiner eigenen Bahn besitze ein Himmelsgestirn seine Kraft."

Es war ein Versuch, das Papstthum dem italienischen Boden zu erhalten. Wenn auch der Vertrag, welchen Philipp mit Clemens abgeschlossen haben sollte, in der überlieferten Weise kaum glaubwürdig erscheint, so ist es der französischen Staatskunst doch gelungen, den päpstlichen Stuhl in Frankreich festzuhalten und einheimisch zu machen. Trotz aller Vorsicht der päpstlichen Wahlgesetzgebung war die französische Krone Meister des Pontifikatswechsels geworden. Selbstverständlich trat nun das bilaterale Verhältniß der Kirche zum Kaiserthum als solchem gänzlich in den Hintergrund, allein für die nationale Entwickelung der deutschen Angelegenheiten brachte die dauernde Uebersiedlung des päpstlichen Stuhles nach Frankreich nicht zu unterschätzende Vortheile. Indem der althergebrachte Einfluß des deutschen Kaiserthums auf den Pontifikatswechsel an Frankreich gefallen war, blieb dem deutschen Reiche eine objektivere und daher freiere Entschließung den Papstwahlen gegenüber anheimgestellt. Die Frage des Pontifikatswechsels begann für Deutschland seine bisherigen Verwickelungen zu verlieren und die einfache Form der Anerkennung oder der Obedienzverweigerung anzunehmen. Und wenn nun die Weltstellung

---

spernuntur sepius, ac facilius adita vel quesita vilescunt. Venite ergo et quod nostris in hac parte votis assentiat vestra benignitas, quam bene diuque valere cupimus iterum suplicamus. Doenniges Acta Henrici VII. S. 229.

des Papstthums von den avignonischen Päpsten keineswegs in bescheidenerer Weise in Anspruch genommen worden ist, als von den römischen, so erleichterte doch sein französischer Charakter der deutschen Nation die ihr so schwer fallende oppositionelle Strömung. Die Erscheinungen, welche unter diesen Umständen in dem Verhältnisse des Papstthums zum deutschen Kaiserthum zu Tage traten, gehören zu den interessantesten und lehrreichsten, vielleicht noch lange nicht von Geschichte und Politik hinreichend gewürdigten Epochen. Es wird daher unsere Aufgabe sein, die Stellung des Kaiserthums zu dem französischen Papstthum im Zusammenhange in einem nächsten Capitel zu beleuchten. Doch mag es zuvor gestattet sein, die Papstwahlgesetzgebung, wie sie in Avignon und nachfolgend in Rom im Anschlusse an die hierarchischen Prinzipien Alexanders III. und Gregors X. vollendet worden ist, übersichtlich vorzuführen.

IV. Capitel.

Vollendung der Wahlgesetzgebung.

Die Papstwahlen wurden durch eine Reihe von Constitutionen der Päpste des 14. bis 17. Jahrhunderts immer wieder von neuem geregelt. Die kirchliche Gesetzgebung ward nicht müde eine Maschine zu verbessern, von deren sicherem und genauerem Eingreifen das Wohl des Papstthums erfahrungsgemäß am meisten abhing. Durch die Decrete Clemens V. vom Jahre 1310, Clemens VI. 1351, Julius II. 1505, Pauls IV. 1558, Pius IV. 1562 und Gregors XV. 1621 erscheint die päpstliche Wahlordnung abgeschlossen, und erhielt schließlich einen so hohen Grad der Vervollkommnung und Vollendung, daß es für die weltlichen Mächte und insbesondere für das Kaiserthum schwer, wenn nicht unmöglich wurde, einen auch nur einigermaßen entsprechenden Einfluß unmittelbar auf die Wahlen zu üben. Insbesondere die Constitutionen der drei letztgenannten Päpste sind so umfassender Natur und mit so vorsichtigen Clauseln umgeben, daß es als eine vergebliche Arbeit erscheint, eine von einer weltlichen Macht abhängige Person ohne Verletzung kanonischer Bestimmungen auf den päpstlichen Stuhl erheben zu wollen. Zwar konnten Bemühungen dieser Art noch immer zu manchem Erfolge führen, aber im ganzen und großen betrachtet, muß man gestehen, daß sich die Papstwahlen faktisch von Jahrhundert zu Jahrhundert zu immer größerer Unabhängigkeit durchgearbeitet haben.

An diesem großen Ergebniß nach Kräften mitgewirkt zu haben, dieses Verdienst im Sinne der Kirche, kann auch den avignonischen Päpsten nicht abgesprochen werden. Die französischen Kirchenhäupter waren zwar eifrig bemüht, die Interessen und die Stellung der Curie überhaupt möglichst enge mit dem französischen Volke und Staat zu verknüpfen und dem päpstlichen Stuhl statt des bisherigen italienischen ein vorwiegend französisches Kleid anzuziehen, allein in Bezug auf die Papstwahl wünschten sie durchaus nicht dem französischen Staate eine Gewalt einzuräumen, wie sie sich bei der Erhebung Clemens V. geltend gemacht hatte. Das Interesse der französischen Nation schien gesichert werden zu können durch eine entsprechende Majorität von Cardinälen französischer Abkunft, durch den Wohnsitz der Päpste inmitten französischer Bevölkerung, durch die verhältnißmäßig viel größere Ruhe und Sicherheit, welche der apostolische Stuhl unter dem Schutze der französischen Monarchie genießen konnte und wirklich genoß, allein was die Ausschließlichkeit der geistlichen Führung, was die Obergewalt des Apostelfürsten, die Unabhängigkeit von weltlicher und staatlicher Gewalt betraf, so dachten die avignonischen Päpste nicht anders, als die italienischen und deutschen der frühern oder spätern Zeit. Man kann nicht leugnen, daß in dieser Richtung oft unbegründete Vorwürfe gegen die französischen Päpste erhoben worden sind und daß besonders kirchliche Schriftsteller die Beziehungen derselben zur französischen Staatsgewalt in etwas zu schwarzen Farben malen. Es waren und sollten Päpste bleiben und Franzosen dazu.

Vielleicht war Clemens V. von idealen Gesichtspunkten dieser Art erfüllt, da er auf dem Concil von Vienne Anstalten traf, jene Umstände bei künftigen Wahlen zu beseitigen, welche seine Erhebung allein möglich gemacht hatten. Clemens V., der unter dem französischen Episcopat die ausschweifendsten Vorstellungen clericaler Rechte gegenüber der Krone Jahre hindurch vertreten, hatte niemals vergessen, daß er durch ein caudinisches Joch zu dem höchsten Sitze der Kirche gelangt war. Seine national-französischen Sympathien waren aber mindestens ebenso groß, als seine kirchlichen Hoheits-Ansprüche. Die letzteren mußte er, da er einmal die Sünde auf sich genommen, in sich verschließen, aber er hoffte einen französischen Nachfolger haben zu können, der ohne die Intervention des Königs rein und ungebunden aus dem Conclave hervorgegangen sein sollte. Er war wie der Pelikan, der für seine Nachkommen die Brust öffnet. Wer hätte auch beweisen können, daß das hierarchische System in Frankreich schlechter gedeihen müsse, als in Rom.

Die Constitution Clemens V. ist nach den zwei angedeuteten Richtungen zu betrachten.[1]) Sie strebt durch Bindung des Wahlorts das französische Uebergewicht im Cardinal-Collegium zu behaupten und sie versucht durch erneuerte Feststellung

[1]) Clementine Ne Romani beginnt mit der Bestimmung, daß das Cardinal-Collegium sede vacante jurisdictionem papalem non exercet. Die wichtigste weitere Bestimmung scheint mir folgende: Sane cum iuxta constitutionem praedictam, Papa extra civitatem, in qua cum sua erat curia moriente, in civitate, in cuius districtu, seu territorio moritur, sit regulariter successoris electio celebranda, districtus seu territorii nomine Diocoesim hoc casu intelligendam fore censemus. Eo autem adjecto, quod si in certo loco causarum et literarum apostolicarum audientia remanente, Papam alibi mori contingat, non ibi, sed ubi praedicta fuerit audientia, memorata electio celebretur, etiam si eadem audientia tempore mortis hujus vacare noscatur, nisi forte ante mortem eandem, ordinatum esset per Papam de cu-

des Gregorianischen Conclaves den weltlichen Einfluß, der nun nicht mehr von Deutschland, sondern von Frankreich drohte, zu verhindern. Die Papstwahl, so verordnet Clemens V., soll jedesmal dort stattfinden, wo der ordentliche Proceß der Curie geführt zu werden pflegt, vorausgesetzt, daß nicht wegen der Uebersiedlung des römischen Stuhls überhaupt vom Papste selbst etwas verfügt worden wäre. Es ist deutlich, wohin die Verordnung zielt; dem zufälligen Wechsel des Aufenthaltsortes des päpstlichen Hofs sollte die Wahlfrage entzogen werden. Daß aber nicht auf Rom als dem Sitze der päpstlichen Behörden gezielt ist, wird durch die ängstliche Vermeidung jedes Ausdruckes klar, der in diesem Sinn gedeutet werden könnte; wo in den früheren Wahlgesetzen von Rom die Rede war, da spricht das Clementinische Gesetz vom apostolischen Sitz ganz allgemein. Wenn aber bei früheren Sedisvacanzen die Durchbrechung der strengen Ordnung Gregors X. dadurch möglich geworden, daß die Cardinäle nach dem Tode des Papstes das Recht zu haben wähnten, päpstliche Dekrete zu verändern oder aufzuheben, so widerspricht die Clementine diesem Vorgang. Sie will die stricteste Durchführung der Conclaveordnung.

Indessen blieb die Abneigung gegen die strengen Gesetze Gregors X. und Clemens V. im Cardinalcollegium auch in Avignon vorherrschend. Die Beschränkungen, welche die Conclaveordnung den einzelnen Wählern auferlegte, erschienen nicht bloß unwürdig, sondern auch der Wahlfreiheit nachtheilig. Sollte

ria transferenda, quo casu servetur provisio constitutionis praedictae. Hiedurch waren zunächst die Papstwahlen an Avignon constitutionell gebunden. Die Cardinäle konnten auch nicht vermöge Art. 1 eine gegentheilige Bestimmung sede vacante treffen. Maßregeln gegen das Verlassen des Conclaves werden verschärft.

die Constitution überhaupt in Kraft erhalten bleiben, so war eine Erleichterung der strengen Vorschriften nothwendig. Im Jahre 1351 hob daher Clemens VI. die Bestimmungen über allmähliche Entziehung der Speisen bei längerer Dauer des Conclaves auf und gestattete jedem Cardinal zwei Diener und abgesonderten Raum als Schlafgemach.[1]) Und in der That, die Abneigung der Wähler gegen die Einsperrung, so gut wie die häufigen Fälle des gewaltsamen Verlassens der Wahlversammlung minderten sich von Papstwahl zu Papstwahl immer mehr. Man könnte nicht behaupten, daß die Decrete der späteren Päpste hauptsächlich durch Verletzungen in dieser Hinsicht hervorgerufen seien. Die Uebelstände oder Mißbräuche hatten sich auf anderen Gebieten der Wahleinrichtung erhoben. Außerhalb des Conclaves der Cardinäle wurden in den folgenden Zeiten nur zwei Päpste gewählt, wovon der eine Martin als rechtmäßiger Nachfolger Petri, der andere Felix V. als Gegenpapst gezählt wird. Ihre Wahlgeschichte hängt mit den Concilien des 15. Jahrhunderts zusammen, von denen später noch zu reden sein wird.

Die Frage der Conclavewahl war für die Kirche bereits in Avignon entschieden. Die beiden Decrete Pius IV. und Gregors XV. kommen unter anderem auch auf diesen Punkt zurück, aber nicht, weil Mißbräuche abzustellen oder Veränderungen zu treffen gewesen wären, sondern lediglich, weil das Bedürfniß vorhanden war, die gesammten älteren Wahlvorschriften in einer

---

[1]) Bulle Licet in constitutione. Ich bediene mich bei den Citaten aus den Wahlconstitutionen des mir zur Hand liegenden: Caeremonialia electionis et coronationis et caeremonialia episcoporum etc. collecta edita a J. Gerhardo Meuschen Francofurti 1732, wo alle auf die Wahl bezüglichen Decrete und Bullen bequem zusammen gefunden werden.

übersichtlichen Form zusammenzufassen, und auch für die kleineren Details des Wahlgeschäftes eine vollständige Gleichartigkeit des Vorgangs zu sichern. Pius IV. und Gregor XV. ordneten die gesammten Cäremonien der römischen Papstwahl mit der peinlichsten Genauigkeit, so daß Zweifel oder Differenzen auch über das kleinste Vorkommniß nicht leicht bestehen können, allein etwas wesentliches ist durch diese beiden letzten Gesetzgeber in Sachen der Wahl nicht festgestellt worden. Auch die Art und Form des Scrutiniums, welche Gregor XV. in erfindungsreichster Weise vervollkomnete, kann nicht als etwas durchaus neues angesehen werden. Schon im 15. Jahrhunderte bediente man sich der schedulae oder codicilli zum Behufe des Abstimmens, wenn auch eine feste Norm hierüber nicht bestand, und die Stimmenzählung auf verschiedenartigste Weise geschehen durfte. Dem Dekrete Gregors XV. dagegen eigenthümlich sind die genauen Vorschriften über die Blanquette der Stimmzettel, über die höchst ingenieuse Art ihrer Zusammenfaltung, über das Verbrennen derselben nach stattgefundenem Skrutinium, über die Wiederholung des Skrutiniums mit der Erklärung des Accesses und manches andere.[1])

Die Wahlordnung Gregors XV. wurde von dem Papste in Verbindung mit mehreren gelehrten Canonisten insbesonders

---

[1]) Ueber die heutige Gestalt der Papstwahlen, was ihre innere Organisation betrifft, ist die Darstellung von Phillips V. 833 eben so genau und verläßlich, wie die Untersuchungen Zöpffels über das ältere vorgregorianische Cäremoniale lehrreich sind. Was die Stimmzettel betrifft, so thut man gut, sich die Schedulä zu vergegenwärtigen, da sonst Phillips Darstellung leicht mißverstanden werden kann Abbildungen derselben finden sich in dem ang. Werk von Menschen S. 78 ff. vgl. „die Papstwahl, eine Beschreibung und Abbildung der Gebräuche und Feierlichkeiten bei Erledigung und Wiederbesetzung des päpstlichen Stuhls“ Augsburg 1816, 7. Aflge. Doch habe ich das Buch nicht erlangen können

Prospero Fagnanis ausgearbeitet und basirt auf der am 26. November 1621 publicirten Bulle und der unter dem 2. April 1622 hinzugefügten ausgedehnten Instruction, welche das Cäremoniale in allen Einzelnheiten enthält. Darnach kann die Wahl eines römischen Papstes nur im Conclave und zwar auf dreierlei Weise geschehen, entweder durch das in allen Theilen genau vorgezeichnete Skrutinium mittelst verschlossener Stimmzettel, durch Compromiß oder durch Inspiration.[1]) Der Compromiß, der auch in früheren Jahrhunderten gestattet wurde, erfordert aber, daß alle im Conclave anwesenden Cardinäle, ohne daß Einer anderer Meinung ist, einem oder einigen aus dem Cardinalcollegium Gewalt zu wählen geben.[2]) Bei der

---

[1]) Die Prinzipien des Wahlverfahrens werden in der Bulla Aeterni Patris durch folgendes festgestellt: statuimus . . . electionem Romani Pontificis fieri aliter non posse, quam in conclavi et eo clauso ac post celebratum in eo prima die sacrosanctum missae solitum sacrificium, cui Cardinales interesse, et in eo communicare consueverunt ac per secreta Schedularum suffragia duarum ex tribus partibus Cardinalium, in conclavi praesentium: praeterquam si omnes, et singuli Cardinales similiter in conclavi praesentes, nemine dissentiente aliquibus ex eorundem Collegio Cardinalium committerent eligendi potestatem, ut vice omnium ecclesiae Catholicae providerent de Pastore: aut nisi communiter ab omnibus, et singulis Cardinalibus, qui itidem in conclavi praesentes erunt, nemine pariter dissentiente, quasi per inspirationem, nullo praecedente de persona speciali tractatu, per verbum Eligo, intelligibili voce prolatum, aut scripto, si voce fieri non potuerit expressum fuerit celebrata.

[2]) Die Wahl durch Compromiß hat ihre Geburtsstätte jedenfalls nicht bei der römischen Curie. Auch ist diese Form außerordentlich selten, — kaum einmal sicher nachzuweisen, es scheint, daß nur die überhaupt bei Bischofswahlen gestattete Form des Compromisses nicht geradezu bei der Papstwahl ausgeschlossen sein sollte. Der Compromiß wird bei Bischofswahlen zulässig erklärt auf dem II. Later. Concil von 1215. Mansi. Conc coll XIII. 113.

Inspiration muß das entscheidende Wort von allen mit deutlicher Stimme gesprochen worden sein.

Die Bulle Gregors XV. und das Caeremoniale wurden in allen Theilen von Urban VIII. und Clemens XII. bestätigt. Die sämmtlichen Constitutionen müssen nach einer Verordnung des letztgenannten Papstes den Cardinälen in den dem Conclave vorausgehenden Congregationen vorgelesen und von ihnen beschworen werden. Sie bilden die Grundlage des heutigen Wahlverfahrens.

Aber indem wir diesen innern Angelegenheiten der canonischen Papstwahl unsere Aufmerksamkeit nicht ganz versagen konnten, haben wir uns vielleicht schon allzusehr von unserer Aufgabe entfernt, die Verhältnisse der staatlichen Gewalten und des Kaiserthums beim Pontifikatswechsel vor allem sicherzustellen. Und in der That, auch in den neueren Constitutionen fehlt es nicht an Bestimmungen, welche ihre Quelle in dem alten immer wieder hervortretenden bilateralen Verhältnisse der Gewalten haben und dadurch den Beweis liefern, daß die weltlichen Mächte und in erster Linie das Kaiserthum auf ihren historisch überkommenen Einfluß auf den Pontifikatswechsel in keinem Stadium der Kirchengeschichte Verzicht geleistet haben. Insbesondere treten in den *Dekreten Julius* II. und *Pauls* IV. Verhältnisse und Gesichtspunkte hervor, deren genauere Erwägung und Betrachtung vom historischen und politischen Standpunkte aus nicht entbehrt werden dürfte.

Man ist erstaunt, in dem Dekret des Papstes Julius noch einmal einen scharfen Feldzug gegen die *Simonie* eröffnet zu sehen. Während frühere Päpste dieses Punktes kaum mehr Erwähnung thun, schien im Anfange des 16. Jahrhunderts noch einmal ein Bedürfniß hervorzutreten den Papstwahlen nach dieser

Seite Unabhängigkeit zu sichern. Um die Dekrete Julius II. und Pauls IV. recht zu verstehen, ist es nöthig, auf die Geschichte der Zeit einen Blick zu werfen. Außer von Alexander VI. ist beinahe von keinem der Vorgänger Julius II. die Behauptung aufgestellt worden, daß er für seine Wahl Geld oder Güter versprochen hätte. Gleichwohl war seit Pius II. nicht ein einziger Pontifikatswechsel vorgekommen, der nicht die italienischen Mächte so gut wie die großen europäischen Monarchien in eine starke Agitation gesetzt hätte.[1]) Die Cardinäle hatten zu allen Zeiten und auch im 15. Jahrhundert ihre besonderen Beziehungen zu Familien, Ländern oder Staaten, denen vom Standpunkte des Rechtes eben nichts entgegengesetzt werden konnte. Der ausgebildete und lebhafte Verkehr der Staaten und Nationen ließ die Fäden nicht alle so deutlich erkennen, welche sich um Personen und Sachen in Rom schlangen. Die italienische Geschäftsthätigkeit hatte im 15. Jahrhundert Mittel und Wege der

---

[1]) Bei den Papstwahlen des 15. Jahrhunderts spielen zwei Dinge eine große Rolle: der Acceß und die Wahlcapitulationen. Was die letztern betrifft, so wurden sie eben so häufig prinzipiell angefochten, als selten gehalten. Die Wahlcapitulationen kamen nach dem Tode Clemens VI. auf, Phillips V. 832 und hatten im 15. Jahrhundert ihren Höhepunkt erreicht. Die Wahl durch Acceß dagegen hatte sich zu einer sehr regelmäßig geübten Form entwickelt, die dann in der Bulle Gregors XV. eine sehr eingehende Würdigung erhielt. Sehr treffend bemerkt aber Georg Voigt, Enea Silvio III. 10 von dieser Wahlform: Die Form des Accessus trägt eine Art von psychologischem Zwang in sich. Als Paul II bei diesem Verfahren nur noch zwei Stimmen fehlten, nannten vier Cardinäle auf einmal seinen Namen. Man konnte nicht unterscheiden, wer zuerst gesprochen. Als nun aber jeder Cardinal noch einmal gefragt wurde, sagten alle „Ja". Am bekanntesten ist die durch den Acceß zu Stande gekommene Wahl Enea Silvios selbst, deren in der That wunderbar aufrichtige Darstellung in den Commentarien desselben besonders durch die Histoire des conclaves 70 ff. — was man auch sagen mag, doch eines der merkwürdigsten Bücher — sehr bekannt geworden ist.

feinsten diplomatischen Künste entdeckt, unter denen die Papstwahlen bald der einen, bald der andern weltlichen Macht oder Familie zum Opfer gefallen waren. Das war die Signatur der Zeit auch in der ersten Hälfte des 16. Jahrhunderts. Julius II. und Paul IV. selbst verdankten solchen Combinationen weltlicher und Familienrücksichten den Thron. Niemand nannte das, wie schon oben bemerkt, in früheren Jahrhunderten Simonie; die Jurisprudenz des 14. Jahrhunderts hatte davon einen laxeren Begriff als jene des elften, aber die Menschen des sechzehnten hatten für das Gewebe von Beeinflussung ein schärferes Auge, als jene des neunten. Je besser die Cardinäle die Hinterthüren der Wahlordnungen kennen zu lernen Gelegenheit hatten, desto nothwendiger erschien den strenger Gesinnten eine schärfere Fassung der bestehenden Verbote. So kam es zu der merkwürdigen und äußerst wichtigen Decretale Julius II. schon im ersten Jahre von dessen Pontifikat.[1])

Das neue Wahlgesetz erklärt zunächst die Simonie als einen Ausschließungsgrund des Gewählten von der päpstlichen Würde. Selbst nach erfolgter Inthronisation bleibt die Wahl ungültig. Die mitschuldigen Wähler können ihr Verbrechen sühnen, wenn sie die Gemeinschaft mit dem simonistischen Papste sofort meiden; die Cardinäle aber, welche rein geblieben, werden aufgefordert, die Einsetzung eines anderen Papstes zu bewirken und die Berufung eines allgemeinen Con-

[1]) Entschieden unrichtig aber scheint es zu sein, die Bulle Julius II. als eine lediglich Folge der Bestechungen bei Alexanders VI. Wahl darzustellen. Der Gegensatz der Familien Rovere und Borgia beruht doch wohl auf etwas tieferen politischen Gründen. Wenn Phillips V. 839 die Constitution Cum tam dinino bloß auf die Vorgänge bei Alexanders VI. Wahl zurückführt, so würde er schwerlich die sogleich hervorzuhebenden Stellen zu erklären vermögen.

cils zu veranlassen. Die letzteren werden deshalb nicht als Schismatiker betrachtet werden dürfen, sie sollen vielmehr nicht unterlassen, den weltlichen Arm zur Vertreibung des unrechtmäßig Gewählten aufzubieten. Wer dagegen dem Simonisten anhängt, soll alle Beneficien und Würden und den Cardinalat für immer verwirkt haben.

Mit diesen scharfen, aber sehr allgemeinen Bestimmungen wäre jedoch die Absicht des Dekrets um so weniger vollständig bezeichnet, als dieselben eigentlich bloße Wiederholungen älterer canonischer Vorschriften gegen die Simonie enthalten. Will man das Ziel der Constitution Julius II. erfassen, so muß man sich an die Bestimmungen halten, welche völlig neue Gesichtspunkte eröffnen. Den wichtigsten Zusatz zu älteren Definitionen der Simonie wird man im sechsten Abschnitte der Constitution finden, welcher von den Vermittlern und Mittelspersonen des Stimmenkaufs handelt: „Alle Unterhändler, Makler und Wechsler, geistliche so gut wie Laien, welcher Würde, Charakters und Standes sie seien, sie mögen ein Patriarchen, erzbischöfliches, bischöfliches oder anderes weltpriesterliches, ein weltliches oder kirchliches Amt bekleiden, ferner die Oratoren und Gesandten von was immer für Königen und Fürsten sollen, wenn sie einer simonistischen Wahl theilhaftig sind, aller ihrer Kirchen, Beneficien, Prälaturen und Lehen und jeglicher anderen Ehren und Güter verlustig, und ähnliche zu bekleiden unfähig sein.“ Die Güter geistlicher Personen fallen dem römischen Fiscus, die Güter weltlicher dem Fürsten, in dessen Lande sie liegen, anheim. Ja, wenn die weltliche Macht nicht binnen drei Monaten die Execution vollzieht, so beansprucht die römische Kammer das confiscirte Vermögen. Eben so scharf wendet sich das Dekret hierauf gegen alles, was zum Zwecke der Wahl in Verträgen und Obligationen versprochen worden ist. Auch was in dieser Beziehung außerhalb des Cardinal-Collegiums zwischen was immer für Personen abgemacht wurde, wird für null und nichtig erklärt.[1])

Gegen wen und wogegen die Spitze des Dekrets, wenn man von der Wiederholung oft aufgestellter Grundsätze des kanonischen Rechts absieht, sich richtet, ist unschwer zu erkennen. Noch deutlicher aber erhebt sich das Dekret Papst Pauls IV. wider den Einfluß weltlicher Mächte. Es war die Zeit, wo sich die im römischen Geiste reformirte Papstkirche zu fühlen anfieng und auf dem päpstlichen Stuhle eine Reihe von Männern der strengsten Schule mit dem Cardinal Caraffa ihr starres Regiment begann. Es war jener entschlossene Papst, dem das treue Oesterreich noch nicht katholisch genug war, und welcher die Uebertragung der Kaisergewalt von Karl V. auf Ferdinand I. bestritt. Das Concil von Trient schickte sich an, die Reinigung der Kirche von allen bedenklichen Elementen zu vollziehen. Die Politik der Verwerfung und Ausschließung, der Zurückweisung jedes Gedankens an Transactionen nahm ihren Anfang. In diesem Momente lag mehr, als je an der Reinheit der Papstwahl im römisch-kirchlichen Sinn.

---

[1]) Mediatores vero proxenetae trapezitae - declaratione. Auch der nächste § ist sehr beachtenswerth· Promissiones quoque et obligationes, sive sponsiones propterea quandocunque etiam ante tempus dictae electionis, etiam extra personas Cardinalium per quoscunque alios quomodocunque factae, cum quavis inexcogitabili solemnitate et forma, etiam juratae conditionales, sive eventuales, et in forma excommissarum ex quacunque causa, etiam depositi, mutui, cambii, confessioni de receptis donationis, arrendamenti vel venditionis, permutationis vel alterius cuiuscunque contractus etiam in ampliori forma camerae Apostolicae factae sint nullae et invalidae etc. . . Man sieht, der ganze Scharfsinn des römischen Privatrechts ist herbeigeholt, um die Hinterthüren der Diplomatic zu schließen

Wenn in dem Dekrete Julius II. der schädliche Einfluß weltlicher Mächte noch mit einer gewissen Schonung des Kaiserthums bezeichnet worden war, so fällt gerade in den Stellen, welche ähnliches zum Theil mit wörtlicher Entlehnung hervorheben, die ausdrückliche Warnung vor dem Kaiser, so gut wie vor den übrigen Königen und Fürsten auf. Auch Königinnen und überhaupt Unterhändler beiderlei Geschlechts scheinen Paul IV. nicht wenig gefährlich, denn er will auch deren Einfluß nicht unerwähnt lassen, ja er versteigt sich zu dem Ausspruch, daß jeder, der in eine Verhandlung über die Papstwahl treten wollte, selbst seine herzogliche, königliche oder kaiserliche Würde verwirke, nicht anders, als der Geistliche, der durch das bezeichnete Verbrechen Patriarchat und Bisthum und jedes Beneficium verliert. Neben den Maklern und Wechslern, welche die Tugend der Cardinäle bedrohen, wird jetzt auch vor Botschaftern, Ministern und Diplomaten ausdrücklich gewarnt.[1])

---

[1]) Der Inhalt der Bulle Cum secundum vom Jahre 1558 ist gegen das „weltliche Schwert" so leidenschaftlich, daß es der Mühe werth ist, sich des verhältnißmäßig sanften gregorianischen Wahldekrets von 1274 zu erinnern. Die drei wichtigsten Absätze muß sich auch der heutige Publicist fortwährend vergegenwärtigen: Necnon quoscunque in praemissis, tam nostro, quam successorum nostrorum praedictorum tempore, publice vel occulte, aut alias quomodolibet delinquentes cujuscunque status, gradus, ordinis, conditionis et praeeminentiae existant, et si episcopali, Archiepiscopali, Patriarchali, aut alia majori ecclesiastica dignitate, seu Cardinalatus honore, vel mundana etiam ducali, regali, reginali aut imperiali auctoritate sive excellentia praefulgeant, et eorum quemlibet, sententias, censuras et poenas praedictas incurrere volumus atque decernimus .... statuimus ... omnes et singuli tam clerici quam utriusque sexus laici qui per se vel alios nobis viventibus et inconsultis vel scriptis aut nunciis ... tractarunt .. seu imposterum Romano pontifice vivente tractabunt ... sint ipso iure et facto ... excommunicatione majori et maledictione aeterna damnati .... incurrerintque et incurrant

Insoferne nun die Constitution Pauls IV. gegen die Einflüsse der fremden Elemente und insbesondere der weltlichen Mächte im Augenblicke der faktisch eingetretenen Wahlverhandlungen sich erhebt, kann man sie als eine verschärfte mit stärkern Farben zeichnende, mit heftigeren Strafen drohende Wiederholung der Bulle Julius II. bezeichnen. Als ein neues und höchst wichtiges Moment tritt das Verbot jeder Unterhandlung über die Papstwahl hinzu, während der frühere Papst noch lebt. Das Verhältniß des Papstes zur Kirche wird von Paul unter dem Gleichniß der Ehe behandelt. Er beruft sich auf Absalon und dessen göttliches Strafgericht, um die Schwere des Verbrechens zu bezeichnen. Und nicht bei diesen frommen Worten bleibt es. Ein stärkeres Mittel gegen Wahlberathungen vor dem Tode des Papstes liegt in der Aufmunterung der Denunciation, für welche die neue Constitution eine Prämie setzt. Wer Abmachungen von dieser Art unter den Cardinälen oder zwischen Cardinälen und fremden Personen zur Anzeige bringt, ist nicht nur straflos, sondern darf auch auf Belohnung hoffen. Selbstverständlich war die Zeit vor Abgang eines Papstes geeigneter zum Abschluß von Verträgen, als die wenigen Tage nach seinem Tode bis zum Zusammentritte des Conclaves, falls die Constitutionen darüber gehalten wurden. Hatte man dafür gesorgt, daß nicht vorher die neue Papstwahl abgekartet wurde, so war nach dem Tode des Papstes die Gefahr gar sehr vermindert. Was aber als Simonie in diesem Falle gelten sollte, geht um

---

respective crimen simoniacae haereseos et laesae Majestatis in primo capite ac privationem omnis etiam episcopalis, Archiepiscopalis et Patriarchalis, ac cuiusve alterius maioris vel minoris dignitatis ac Cardinalatus honoris nec non Ducalis, Regalis, Reginalis et Imperialis auctoritatis, et excellentiae...

vieles weiter, als der Begriff, den noch die Decretale Julius II. festhält. Unter den Delicten, welche das Verbrechen der Simonie begründen, erscheint nicht bloß der Kauf und das Versprechen, sondern auch ein bloßer Rath, die Ueberredung, ja jegliche Mühe, die sich jemand in Worten oder Schriften zu Gunsten einer Papstwahl geben würde.[1])

In der That muß man bekennen, wenn die Constitution des Papstes Paul getreu befolgt wurde, so war jeder fremde Einfluß so bestimmt ausgeschlossen, als bei einem Akte menschlicher Wesen nur immer möglich ist. Die Cardinäle treten, losgelöst von allen Beziehungen nur immer denkbarer Art, in das Wahlconclave, nach dem Tode des Papstes über sich selbst emporgehoben, wenn sie dem Geiste der Dekrete entsprechen wollen. Die Gesetzgebung der Papstwahl hatte eine ideale Höhe erstiegen, wie sie kaum von einer andern Institution in dieser Richtung gerühmt werden dürfte. Wurde im Conclave der früher erwähnte Geschäftsgang des Caeremonials der Wahl, wie es durch Pius IV. und Gregor XV. vervollkommnet worden, genau

---

[1]) . . . . . quodvis auxilium, consilium vel favorem seu operam, verbis vel scriptis aut re, vel facto, seu promissione, pollicitatione, suasione vel his omnibus insimul aut quovis alio modo, directe vel indirecte principaliter vel incidentaliter praestiterunt, seu in futurum quovis etiam successorum nostrorum Romanorum Pontificum tempore praestabunt, aut in praemissis mediatores, proxenetae, nuntii, mandatarii, procuratores, seu trapezitae fuerunt vel in posterum, ut praefertur, erunt, seu alias se in praemissis quovis modo intromiserunt, vel immiscuerunt, seu in posterum etiam tempore successorum hujusmodi habebunt, nisi ea nobis aut successoribus nostris, quorum tempore id contingit vel alteri, cui id per nos, vel successores praedictos commissum fuerit, per se vel alium seu alios cum primum commode potuerunt, revelaverunt, etiam sic in praemissis aliquod aliud auxilium, consilium vel favorem aut opem non praestiterint.

beachtet, so mußte die Maschine das Höchste im Dienste des Systems leisten. Seit dreihundert Jahren ist wirklich jeder Zwiespalt ferne gehalten worden. Nie wieder ist ein Schisma entstanden. Kaum eine Wahl seit Paul IV. könnte als ganz mißglückt bezeichnet werden. Nicht die größten und bedeutendsten, aber eine große Zahl gleich eifriger, gleich strebsamer, gleichartig gesinnter, systematisch fortarbeitender Menschen hat den päpstlichen Stuhl bestiegen. Ganz ohne Antheil blieb bei der Papstwahl der letzten Zeiten die Politik zwar nicht, doch machte sie sich mehr im Rahmen der kirchlichen Interessen selbst geltend. Daß man Päpste wählte, welche bald der einen, bald der andern politischen Richtung, die in Europa herrschte, sich geneigter zeigten, war doch nicht ganz schädlich und unvereinbar mit der kirchlichen Regierung. Auch lag es nicht im Sinne der Päpste, deren Dekrete so kräftig wirkten, alle politischen Gesichtspunkte bei neuen Wahlen ferne zu halten; der Zweck war nur, durch freie Wahl über alle einzelnen Potenzen sich empor zu heben. Eben die Unabhängigkeit der Kirche — das war das ewige Ziel — sollte ihre Herrschaft garantiren.

Der letztere Gesichtspunkt gab in Rom zur Zeit des Papstes Paul noch zu einer weitern Ueberlegung Anlaß, welche nicht unbeachtet bleiben darf. Gerade die Rücksicht auf die allgemeine politische Lage war es, welche die Frage nahe legte, ob nicht nach dem Ausschluß jedes weltlichen Einflusses eine Art von B e z e i c h n u n g des N a c h f o l g e r s Platz greifen sollte. Ohne Zweifel war der regierende Papst mehr in der Lage, als eine unbestimmte Zahl von sehr verschiedenen Männern, die politischen Dinge der Welt verläßlich und sicher zu beurtheilen. Von einer Bezeichnung des Nachfolgers durch den Papst selbst war daher oftmals die Rede. Doch griff diese Ansicht nicht durch;

und selbst auf den ausgesprochenen Wunsch des Vorgängers brauchte rechtlich im Conclave keinerlei Rücksicht genommen zu werden. Dagegen aber hat sich in dem in Rede stehenden Dekrete Pauls IV. wirklich eine leise Andeutung des Anspruchs der Designation des Papstes erhalten, wenn es ausdrücklich heißt, daß der lebende Papst die einzige Person sei, mit welcher über den nachher zu Wählenden Rath gehalten werden dürfe. Das Recht der Ernennung eines Nachfolgers aber bezeichnete Pius IV. als eine häretische Lehre.[1]) In der zusammenfassenden Bulle aber, welche Pius IV. im Jahre 1562 publicirte, wurde dieses Gegenstandes nicht weiter Erwähnung gethan, und ein besonderes Dekret, welches er mit dem Consense der Cardinäle vorbereitete, um das Recht der Designation des Papstes durch den Vorgänger ein für allemale zu beseitigen, ward durch den Tod Pius IV. verhindert.

Um so wichtiger schien es daher auch Pius IV. zu sein, die Bestimmungen seiner Vorgänger gegen die Wahleinflüsse der weltlichen Mächte mit entsprechender Schärfe zu wiederholen und zu bestätigen. Indem er den Cardinälen die erhabenen Pflichten eindringlich vorstellt, welche sie durch ihr Wahlrecht auf sich genommen hätten, warnt er im Interesse der Kirche vor allen Beziehungen zu außerkirchlichen Elementen auf das bestimmteste.[2]) Es liegt eine Art von Größe darin, wie diese

[1]) Vgl. Phillips V. 729 ff., doch finde ich hier nicht auf C. 10. D. 79, vgl. oben S. 53, Rücksicht genommen, wo es doch heißt: Si transitus papae quod absit inopinatus evenerit et de sui electione successoris, ut supra placuit, non possit ante decernere, woraus doch hervorgeht, daß man zu Symmachus Zeit darüber anders dachte. Daß sich Pius IV. einen Coadjutor setzen wollte cum jure succedendi und daß die Frage wegen Designation des Papstes unter Paul IV. behandelt wurde, erzählt Pagi. Breviar. Rom. Pont. VI. 449 Vgl. Reumont, Gesch. v. Rom. III.

[2]) Bulle In eligendis § Cardinales autem . . . rogamus et hor-

strengen Kirchenmänner auf die Staatsgewalten herabsehen, und in ihren Ideen von Kirchenfreiheit bis zur vollständigen und radicalen Verläugnung aller bilateralen Verhältnisse fortschreiten, auf denen seit Constantin dem Großen die Rechte der Kirche im Staate beruhten.

In dem langen Prozeß der Geschichte hatte das Kaiserthum, überhaupt die Staatsgewalt, jedes der großen Rechte beim Pontifikatswechsel verloren, welche dasselbe unzweifelhaft einstens besaß. Die Prärogative der deutschen Krone war zunächst auf die Linie eines thatsächlichen aber vorherrschend diplomatischen Einflusses, den bald auch Frankreich und andere Mächte übten, herabgesunken, und verschwand endlich unter den hohen Ansprüchen der römischen Freiheit vollständig. Das staatliche Recht war im Punkte der Papstwahl aus der kirchlichen Rechtslehre ausgetilgt, verwischt: die ausschweifendsten Träume des hildebrandinischen Zeitalters über kanonisches Wahlrecht sind just in der Epoche, welche die Zeit der aufgeklärten Jahrhunderte genannt zu werden pflegt, wenigstens in einem Bisthum, in dem größten und ersten, zu Rom, in Erfüllung gegangen. Rom herrschte und herrscht weiter. Wie aber der Reichthum sich nicht zu fühlen vermöchte, wenn er nicht Bedürftigen Almosen spendete, so fiel eben in diesen Zeiten der Allmacht von dem römischen Tische noch ein Brosamen für mehrere Staaten herab, welcher kümmerlich fortkeimt. Man nennt es, will man hochtrabend sprechen, das Recht der Exclusive; genauere Kenner

tamur, . . . ut attendentes magnitudinem ministerii, quod per eos tractatur in daudis suffragiis ac aliis omnibus et singulis electionem quomodolibet concernentibus, omni dolo, ac fraude, factionibus et animorum passionibus remotis, ac Principum saecularium intercessionibus caeterisque mundanis respectibus minime attentis . . .

der Sache werden jedoch nur von einer sehr unbestimmten und zweifelhaften Gewohnheit zu reden vermögen.

Vier Staaten brachten im Laufe der neuern Zeit den Gebrauch zur Anerkennung, einzelne namhaft zu machende Cardinäle von der Papstwahl auszuschließen: das deutsche Reich, seit Neuerem Oesterreich, Frankreich, Spanien und Neapel. Nach heutiger Meinung üben dieselben ein Recht des Veto gegen den einen oder anderen Candidaten der Papstwahl, wozu allerdings nöthig wäre, daß irgend einer der Wähler die Vollmacht der Exclusive in das Conclave mitnähme und im entscheidenden Augenblicke Gebrauch von derselben machte. Allein, wenn man den Ursprung und die Praxis der Exclusive betrachtet, so wird man von ihrem Werthe nicht eben besonders überzeugt werden.[1]).

Wenn man die Ansicht aufgestellt findet, daß die Exclusive ein letzter Rest der ehemaligen Rechte des Kaiserthums bei der Papstwahl sei, so ist in einem gewissen historischen Sinne dagegen nicht eben viel einzuwenden. Allerdings ist die Prärogative, welche einst vom Kaiserthum ausgeübt ward, definitiv verloren gegangen. Wie hätten auch Frankreich und Spanien und Neapel Rechte des deutschen Reiches erben können! Aber

---

[1]) Die Litteratur über die Exclusive ist sehr dürftig und unzulänglich; das Beste über den Gegenstand findet sich bei Jakobson in Herzogs Encyclop. s. v. Exclusiva. In den ältern geschichtlichen und staatsrechtlichen Werken ist zwar allerdings viel mehr Sorgfalt auf strenge Disciplin der politischen und praktischen Fragen verwendet, als dies zuweilen heute der Fall ist, allein die historischen Vorarbeiten waren zu mangelhaft. Was Barthel opuscula juridica II. 447 über die Exclusive bemerkt, ist nur eine allgemeine Ableitung derselben aus den früheren Rechten der Kaiser, die in der von ihm ausgesprochenen Weise ebensowenig Stich hält als Estor, Progr. de iure exclusivae. Marburg 1670. eine Schrift, die aber manches beachtenswerthe thatsächliche Moment anführt.

das Bedürfniß, mit den weltlichen Mächten in einer steten und nicht feindseligen Berührung zu bleiben, ließ Rom bei aller Strenge der Wahlgesetze doch niemals zu einer völligen Rücksichtslosigkeit gegen befreundete Staaten gelangen. Dieser Umstand erklärt, daß den Cardinälen auch nach den Constitutionen Julius II., Pauls IV. und Gregors XV. eine gewisse Vertretung der politischen Interessen ihrer Nationen oder ihrer Souveräne unbenommen blieb. Doch konnte das nur, wenn man sich streng an die kanonische Regel hielt, in Form einer von dem betreffenden Wähler nach eigener Ueberzeugung gegebenen Erklärung geschehen, daß eine beabsichtigte Wahl deshalb unterbleiben sollte, weil sie von einem befreundeten Monarchen ausdrücklich verboten worden war. Von einem Rechte war hier ebensowenig die Rede, als man in früheren Zeiten von einem Rechte des Wahlkaufs zu sprechen vermöchte. Es war eine politische Erwägung, die man gelten lassen oder verwerfen konnte. Philipp III. bezeichnete im Conclave von 1605 ganz speziell den Cardinal von Medici für den, welchen er ausschloß, und eben derselbe wurde gewählt.[1]) Gegen Paul IV. hatte Ferdinand von Oesterreich sich auf das Bestimmteste erklärt und die Ausschließungsversuche Maximilians II. waren bei der Wahl Pius V. überhaupt abgewiesen worden. Philipp II. von Spanien war glücklicher in seiner römischen Politik, aber er dankte einige Erfolge doch lediglich dem Umstande, daß die

---

[1]) Ranke, Päpste II. 316: Ce pape de la maison des Medicis dit Leon XI, qui avait cousté au roi 300,000 escus à faire. Vgl. die für die Exclusive und Inclusive überhaupt lehrreiche Abhandlung von Gindely, Papstwahlen, in Sitzb. d. Wiener Akd. 38 251. Der gleiche Vorgang mit Verwerfung der spanischen Einflüsse bei der Wahl Pauls V. Die Histoire des conclaves beschreibt die Ueberrumpelung der Spanier sehr eingehend II. 1–65.

spanischen Cardinäle eine geschlossene Partei bildeten. Auch Frankreich blieb nicht selten unbeachtet. Ausdrücklich erklärte es sich gegen Fabio Chigi, der als Alexander VII. den päpstlichen Stuhl bestieg.[1])

Wann die eigenthümliche Institution des Veto, von welchem die katholischen Staaten mit Vorliebe Gebrauch machten, aufgekommen sei, läßt sich sehr schwer entscheiden, vergeblich würde man aber nach einer Bestimmung suchen, durch die dasselbe eingeführt worden ist. Je mehr sich die weltliche Macht überhaupt von ihrem Rechtsboden bei der Papstwahl verdrängt sah, desto nothwendiger zog sie sich auf die schmale Linie einer bloßen Negative zurück. Die der Curie befreundeten Könige konnten mit Entziehung ihres Wohlwollens drohen, sie hatten das Mittel in der Hand, durch Verweigerung der Anerkennung des gewählten Papstes die Cardinäle nachgiebig und vorsichtig zu machen. Durch diplomatische Hilfsmittelchen suchten sie, soviel sie konnten, die Wahl feindseliger Päpste zu verhindern. Der Ursprung des Veto liegt daher ohne Zweifel bloß in den allgemeinen politischen Erwägungen, von denen man schwerlich sagen kann, daß sie in einem bestimmten Augenblicke ihren Anfang genommen hätten. Die früher angeführten Dekrete Julius II. und Pauls IV. waren aber sicherlich auch in dieser Beziehung von eingreifender gewissermaßen umgestaltender Wirkung. Die directe Agitation für bestimmte Candidaten war mehr und mehr unmöglich. Doch ward deshalb der Versuch, auf anderen Wegen zum Ziel zu kommen, niemals aufgegeben. Versprechungen und Verträge waren verboten. Allgemeine politische Erwägungen solcher Cardinäle, die sich als Advokaten

---

[1]) Ranke. III. 50. Vgl die mir leider unbekannt gebliebene Schrift: Conclave, in quo Fabius Chisius . . . creatus est. Slesvici 1656.

des einen oder andern Königs freiwillig im Conclave geltend machten, liefen den Constitutionen nicht entgegen. Waren es Mächte, deren Namen in Rom nicht unbeachtet bleiben konnten, so fanden ihre Vertreter auch nach Paul IV. zuweilen Gehör. Pius V. dankte dem König Philipp großentheils seine Erhebung. Nicht anders war es bei Gregors XIV. Wahl.[1]) Doch fand man schon zuweilen anstößig, wenn weltliche Mächte durch ihre Freunde im Conclave eine Anzahl Cardinäle positiv empfahlen. Die Frage war dann, ob ein solches Vorgehen noch mit den Constitutionen vereinbar sei. Indessen brachten einzelne der Cardinäle im 16. und 17. Jahrhundert noch ganze Verzeichnisse von Empfohlenen oder Ausgeschlossenen in das Conclave mit. Man sprach von einer Inclusive und einer Exclusive. Doch waren es Wünsche, keine Rechte, die da zur Kenntniß der Wahlversammlung gebracht worden waren. Philipp II. ließ sich die Inclusive neben der Exclusive nicht entreißen. Eben im Conclave, welches Gregor XIV. erhob, waren von Spanien sieben Cardinäle als tauglich bezeichnet worden.[2]) Bei Clemens VIII. Wahl gab es Namen, die die Inclusive und die die Exclusive hatten. Unter den von Spanien zur Wahl empfohlenen fünf Cardinälen ward keiner Papst, doch achtete man darauf, daß Clemens VIII. diesmal von Philipp wenigstens nicht excludirt worden, was ihm ein früheresmal geschehen war.[3])

Indessen wurde auch dieser Gebrauch mehr und mehr beschränkt; es mochte wenigstens als verdächtig gelten, wenn zu

[1]) Ranke. I. 355, gegen die Darstellung der Histoire des conclaves. II. 220.

[2]) Ebd. 218. Vgl. Histoire des conclaves: parce qu'il tenait le seconde rang parmi ceux que les Espagnols avoient nommes. Den ersten Platz hatte Madruzzi

[3]) Ranke ebd. 225

Gunsten einer Wahl im positiven Sinne gewirkt wurde. Besondere Verordnungen schienen daher fast unvermeidlich zu werden, allein niemals entschloß sich ein Papst, einen Gebrauch förmlich anzuerkennen, welcher thatsächlich und, wie sich sogleich nachher zeigen wird, mit zweifelhafter canonischer Legalität fortwährend geübt wurde. Auch die Frage, welche Mächte empfehlen und ausschließen durften, welche Stimmen zu beachten und welche zu ignoriren wären, blieb stets eine offene und es ist eine vollkommen willkührliche und auf nichts beruhende Behauptung der neuern kirchenrechtlichen Handbücher, daß die Exclusive den schon erwähnten vier Staaten zukomme. Auch viel kleinere italienische Mächte ließen sich zuweilen mit einem Veto im Cardinals-Collegium vernehmen. Im ganzen kann man nur sagen: das Conclave verschloß sich niemals der öffentlichen Meinung gänzlich, welche wohlbefreundete Fürsten auf legalem Wege durch die Cardinäle geltend machten. Alles aber war vollständig der Discretion der Wähler überlassen. Waren die vorgebrachten Ansichten nur nicht als Rechte in Anspruch genommen und haftete an denselben nicht das Verbrechen der Simonie in Form von Wahlversprechen oder Vertrag, von Kauf und Bestechung ganz abgesehen, so konnte eine um die Kirche sonst verdiente Macht auf einige Rücksicht rechnen.

So traten denn in unserm Jahrhundert die modernen Staaten mit einer Art von diplomatischer Gefühlsseligkeit den großen Fragen des Pontifikatswechsels gegenüber. Gestützt auf eine unbestimmte historische Erinnerung an das für sehr wichtig angesehene Recht der Exclusive, betrachtete sich Oesterreich als Erbe der alten Kaisermacht im Besitze der ausreichendsten Garantieen seines Einflusses auf die Papstwahlen. Mit Vergnügen verzeichnete man die Erfolge, welche Oesterreich viel durchgreifender, als das deutsche Kaiserthum der letzten Jahrhunderte, bei einer Reihe von Pontifikatswechseln davon getragen hatte. Nach dem Tode Pius VII. hatte es die hohe Genugthuung, im Conclave Leos XII. sein Veto beachtet zu finden. Bei der Wahl Pius VIII. wurde der Candidat der Partei Bernetti durch Neapel und Oesterreich beseitigt, und der von letzterem bezeichnete Cardinal Castiglione bestieg den päpstlichen Stuhl. Der Cardinal Albani war bei Gregors XVI. Wahl mit dem österreichischen Veto beauftragt, und gab seine Zustimmung zu Capellaris Erhebung, da derselbe aus Oesterreichisch-Italien stammte.[1]) Auch der Cardinal Mastai Ferretti war wenigstens nicht persönlich von einer Exclusive getroffen, wenn auch Oesterreich und Neapel mehr zu den Lambruschinis geneigt hätten.

So konnte denn wenigstens unter den katholischen Hauptmächten Europas die täuschende Zuversicht entstehen, daß das alte bilaterale Verhältniß von Staat und Kirche beim Pontifikatswechsel auch in unseren Tagen immer noch entsprechend gewahrt werde, und kaum war bemerkt worden, daß man sich in diesem Punkte in einem großen kirchenrechtlichen Irrthum befand, und daß dem Veto auch der katholischen Mächte einige kanonische Vorschriften entgegenstanden, welche jeden Augenblick geltend gemacht werden konnten, denn Gregor XV. unterzog in seiner oftgenannten Constitution auch diesen Gegenstand seiner besondern Beachtung. In dem Abschnitt, wo die Bestimmungen der früheren Päpste über Wahlverträge und Wahlversprechen wiederholt werden, ist ein Zusatz gemacht, der sich auf den Gebrauch bezieht, der seither eingetreten war. Den Cardinälen

[1]) Reuchlin, Gesch. Italiens I. 219, 223, 228, 288.

wird verboten, mündliche oder schriftliche Aufträge in Hinsicht der Inclusive oder Exclusive anzunehmen oder zu verlangen.[1])

Wenn die Einrichtung trotz dieser bestimmten Ablehnung einer päpstlichen Constitution sich dennoch forterhielt, so ist dies im Sinne des strengen Gesetzes entschieden als ein Mißbrauch zu betrachten, und niemand wird sich beschweren dürfen, wenn die Staatsgewalten für Wünsche dieser Art keine Uebermittler im Conclave finden. Das Wahlgesetz der römischen Kirche in seiner vollen Ausbildung sorgt dafür, daß selbst der letzte Schatten einer Rücksichtnahme auf weltliche Dinge und Personen in der Idee verschwinde. Die Praxis war freilich in diesem und in anderen Punkten nicht immer so genau, als die Theorie. Es ist nicht unsere Sache, zu untersuchen wie man in Rom die Auslegung der eigenen Gesetze betreibt; als Thatsache nur gilt zu constatiren, daß selbst in dieser zarten Form, auf die sich katholische Staaten zuweilen noch etwas zu Gute thaten, Pflichten von Seite Roms nicht bestehen, sondern lediglich Gefälligkeiten, und daß man sich darüber zu täuschen nicht vermag: der Staat, der sich der Curie gegenüber in diesen Dingen auf Rechte stützen

[1]) Bulle Aeterni patris: § Cardinales. — Cardinales praeterea omnino abstineant ab omnibus pactionibus, conventionibus, promissionibus, intendimentis, condictis, foederibus, aliisque quibuscunque obligationibus, minis, signis, contrasignis suffragiorum, seu schedularum, aut aliis tam verbo, quam scripto, aut quomodocunque dandis, aut petendis, tam respectu inclusionis quam exclusionis, tam unius personae, quam plurium, aut certi generis, veluti creaturarum, aut huiusmodi seu de suffragio dando vel non dando, quae omnia et singula, si de facto intervenerint, etiam iuramento adjecto, nulla et irrita, neque ad eorum observantiam quemquam teneri aut ex transgressione notam incurrere fidei non servatae decernimus et declaramus.

wollte, wäre vor die Thüre gesetzt und dürfte nicht hoffen, im Conclave je verstanden zu werden.

Auffallend bleibt es aber immer, daß sich für die Ausführung einer Gewohnheit, deren canonische Legalität höchst zweifelhaft ist,[1]) jederzeit eine hinreichende Anzahl von Mitgliedern des Cardinals-Collegiums fand, die, wenn auch ohne vertragsmäßigen Lohn, Aufträge befreundeter Monarchen im Conclave übermittelten. Vielleicht erblickte man eine Rechtfertigung des Verhaltens dieser Cardinäle in dem Umstande, daß in neuerer Zeit die Exclusivbriefe der weltlichen Mächte im Conclave versiegelt überreicht zu werden pflegten. Möglich, daß man die Bestimmung Gregors so verstand, als sei durch dieselbe nur verboten, Aufträge solcher Art zu übernehmen, nicht aber verschlossene Schreiben. Sicheres darüber aufzufinden ist uns nicht gelungen. Doch möchte es gestattet sein, einige politische Erwägungen, welche die Fortdauer des Gebrauchs erklären, hinzuzufügen.

Ohne Frage lag in der Exclusive von Seite der katholischen Mächte Europas auch ein positives Zugeständniß. Wer unter vielen Wahlberechtigten Einen von der passiven Wahl ausschließt, der gibt — so darf angenommen werden — seine Zustimmung zur Wahl der Uebrigen. Diese schon vorher ausgesprochene Anerkennung hat aber ohne Zweifel für die Wählenden den größten Werth. Sind nur der Ausgeschlossenen nicht allzuviele, und die neuern Kirchenlehrer betonen deshalb ausdrücklich, daß die Exclusive nur Einen treffen dürfe, so ist der Nutzen dieses Ausschlusses für den nachher Gewählten un-

[1]) Jedenfalls kann nämlich auch im gewissen Sinne der Canon Si quis Papa 2 D. 79 hieher bezogen werden, dessen weitere Entwickelung durch die Bulle Pauls IV. gegeben war

ermeßlich. Konnte die römische Kirche dadurch, daß man eine Gefälligkeit oder ein Entgegenkommen dieser Art den katholischen Mächten, auf welche doch schließlich sehr Vieles ankommt, gewährt, im Voraus die Anerkennung der Wahl erlangen, so war das Opfer wahrlich des Preises werth. Indem man die mehr und mehr zur Bedeutungslosigkeit herabgesunkenen Vetoschreiben im Conclave empfing, hatte man die katholischen Hauptmächte doch zu Complicen der jedesmaligen Wahl gemacht. Der Papst hatte von diesen Seiten keine weiteren Einwendungen mehr zu befürchten, und es wurden in Folge davon seit jener Zeit auch niemals solche erhoben. Außerdem erschien noch die Papstwahl als eine Art Familienfest der katholischen Hauptmächte, an welchem denselben, gleichsam um ihre Gesinnungen zu bethätigen, ein unschuldiger Antheil gestattet wurde. War den Exclusivbriefen der dazu berufenen Staaten überdies Folge gegeben worden, so hinderte nichts die Gesandten der fremden Mächte, sogleich dem neuen Papste zu huldigen und bei dem Pompe der Krönung die passive Assistenz der staatlichen Gewalt zu leisten, deren Mangel doch immer empfindlich gewesen wäre. Es sollte ja nicht jede Gelegenheit entrissen werden, dem Pontifex maximus den Stegbügel zu halten; nur der Ausschluß der Prärogative der weltlichen Macht war der mit wunderbarer Consequenz durchgesetzte Zweck der langen Gesetzgebung über die Wahlen. Nicht den Kaiser, der sich zum Lehnsmann macht, sondern den Kaiser, welcher den Herrn zeigt, wollte man verscheucht wissen, nicht Lothar von Sachsen sollte in Rom vergessen werden, sondern Friedrich der Stauffer.

Wenn die katholischen Mächte die Exclusive als etwas Werthvolles bewahrten, so hatten die Vortheile, welche dieselbe dem Papstthum andererseits brachte, dieses letztere bestimmt trotz entgegengesetzter Anordnung der Wahlconstitutionen bisher keinen Einspruch zu erheben. Daraus erklärt sich somit der scheinbare Widerspruch, der zwischen dem Dekrete Gregors XV. und den Thatsachen der Geschichte besteht. Man mochte nur allzubald eingesehen haben, daß die Vereinsamung der Cardinäle im Conclave bei gänzlicher Zurücksetzung der Völker und Könige doch etwas Unheimliches hätte, wie ein Festmahl ohne Musik. Denn ohnehin hatten die Zeiten die Reihen derer gelichtet, welche sich um den neuen päpstlichen Thron schaarten, um dem Gewählten die Obedienz zu erklären. Und an diesem Punkte des Pontifikatswechsels angelangt, beginnt allerdings das überaus stolze Gemälde, welches eine tausendjährige, sorgfältige, consequente Arbeit geschaffen, Flecken zu bekommen, und der kühne Aufbau der Wahldecretalen des sechzehnten Jahrhunderts steht in argem Gegensatz gegen den Abfall der Völker in derselben Zeit.[1])

Lag nicht etwa in der Anerkennungsfrage der Papstwahl der archimedische Punkt verborgen, wo auch dieses festeste System des kanonischen Rechts gefaßt werden konnte, zeigt nicht vielleicht der starke tausendjährige Panzer des Pontifikatswechsels hier eine verwundbare Stelle? Man mag uns gestatten, das Thatsächliche der Geschichte zunächst kurz und einfach festzustellen.

In der ältern Zeit lag die Anerkennung des neuen

---

[1]) Man vgl. den Artikel Obedienz von Jakobson in Herzogs Encyclopaedie, wo der Abfall der protestantischen Staaten ebenfalls unter den Begriff der Obedienzverweigerung gesetzt wird, — doch scheint hier mit Rücksicht auf die auch von protestantischen Monarchen gewöhnlich erfolgte Anerkennung des neuen Pontifikats nicht hinreichend beachtet zu sein, daß auch schon durch letzteren Akt eine Art von Obedienz wenigstens im Falle paritätischer Gesetzgebung geschaffen worden ist.

Pontifikats in der Bestätigung der Wahl. Die griechischen, fränkischen und die deutschen Kaiser übten, wie sich gezeigt hat, das Recht der Bestätigung und das Recht der Absetzung aus. Die Obedienzerklärung wurde schon frühzeitig als ein besonderer Staatsact in besonderer Form von den fränkischen und deutschen Kaisern dem päpstlichen Stuhl gegeben. Mit der Angelobung der „schuldigen Unterwerfung" in Sachen des Glaubens verband sich der Eid und das Versprechen des Schutzes, welchen die Kaiser nicht selten schon vor ihrer Krönung leisteten.[1]) Daß die Kirche die staatliche Obedienz nicht entbehren könne, war jedem Papste einleuchtend, und sie zu erlangen, mußte sein hauptsächliches Streben sein.[2]) Als nun aber die Kirche sich einseitig von der staatlichen Gewalt losmachte und die Wahl dem Einfluß des Kaiserthums ganz entzog, war es schwer, die von der andern Seite geforderten Pflichten in Geltung zu erhalten. Dennoch ist es den Päpsten gelungen, von dem Kaiserthum bis in die neuesten Zeiten die alten Obedienzerklärungen zu erlangen. Maximilian II. weigerte sich anfänglich die Obedienz zu leisten, endlich ließ auch er sich dazu in gemilderter Form bereit finden. Die besondern Obedienz-

[1]) Phillips V. 683. III. 115. von den dort angeführten Schriften kenne ich Buder, de legationibus obedientiae Romam missis, wo aber Buder ganz Recht hat, wenn er eine wesentliche Veränderung nach dem Wormser Concordat findet. Natürlich der Sache nach liegt in den für die früheren Zeiten maßgebenden Pactum die Obedienzerklärung ausgesprochen, der Form nach ist aber ein großer Unterschied eingetreten.

[2]) So heißt es in der Bulle Unam sanctam: Porro subesse Romano Pontifici omni humanae creaturae declaramus, dicimus, definimus et pronunciamus omnino esse de necessitate salutis. Daraus geht doch hervor, daß der Papst die Pflicht hat um die Anerkennung des Staats sich zu bewerben, da er ja sonst viele Gläubige verloren gehen läßt.

gesandtschaften wurden aber seit dem 18. Jahrhundert außer Gebrauch gesetzt. Es war Leopold I., dem man Mangel an katholischem Sinn nicht zum Vorwurf machen dürfte, welcher wegen der zu großen Kostspieligkeit die Form veränderte und von der Ausrüstung einer besondern Gesandtschaft Umgang nehmen wollte. Alexander VII. forderte aber die Erklärung der Obedienz durch eigens entsendete Botschaft.[1]) Allein dieser alte Gebrauch wurde nicht aufrecht erhalten. Auch die deutschen Kaiser begnügten sich seit Joseph I. mit der Anerkennungsform, wie sie seither von den anderen Mächten geleistet wurde. Zwar beschönigte man von Seite des österreichischen Hofs den Abgang vom früheren Gebrauch dadurch, daß gewisse offizielle Besuche die frühere feierliche Obedienzgesandtschaft ersetzten, aber zu einer Eidesleistung nach älteren Formen ist es nicht mehr gekommen. So wurde nach der Wahl Pius VI. 1775 Erzherzog Max nach Rom entsendet, und die Feierlichkeiten seiner Audienz waren ganz nach dem Muster der alten Obedienzgesandschaften eingerichtet worden.[2]) Die staatliche Anerkennung, welche der neue Papst jeweils erhielt, hatte nicht mehr die Form der Huldigung, aber die Anerkennung des Papstes von Seite des deutschen Reichs blieb ein Erforderniß des Pontifikatswechsels, so gut wie die Anerkennung einer neuen Regierung in einem der weltlichen Staaten. Manche der übrigen Mächte

[1]) Alle voranstehenden Angaben finden sich bei Phillips V. 683 ff.

[2]) Maria Theresia hatte Befehl gegeben, daß der Erzherzog sich auch zur Ceremonie des Fußkusses bereit finde, was aber Pius VI. nachließ. Bericht Herzans aus Rom vom 6. Sept. 1775 bei Brunner, Theol. Dienerschaft S. 24 ff. Die Festlichkeit wurde, um die Bedeutung derselben zu erhöhen in einer gedruckten Broschüre beschrieben, sie fiel — auch nicht ohne Interesse — genau mit der von Neapel erforderten Zinsentrichtung an den neuen Papst der Zeit nach zusammen.

hatten aus Anlaß des Pontifikatswechsels ältere Formen noch bis in die neueste Zeit conservirt, wie Neapel, welches die Ceremonie der Zinsentrichtung mit derselben Feierlichkeit fortsetzte, wie sie in alten Jahrhunderten stattfand.[1])

Die Anerkennung der durch die Cardinäle vollzogenen Papstwahlen von Seite der weltlichen Mächte ist der letzte historische Ausläufer des seit Constantin dem Großen zu Recht bestehenden bilateralen Verhältnisses von Kirche und Staat in Betreff des Pontifikatswechsels. Wie der Staat dem gewählten römischen Papste dadurch, daß er seine Anerkennung feierlich ausspricht, die Ausübung der durch das kanonische Recht begrenzten Jurisdiction ermöglicht, so ist der Papst andererseits verpflichtet, diese Anerkennung zu erstreben, wenn er seinen Pflichten entsprechen will. In dieser bis auf die neuesten Zeiten fortentwickelten Formel drückt sich aber das Wesen des bilateralen Verhältnisses begreiflich eben so scharf aus, wie in den älteren Formen der Bestätigung oder Ernennung des Papstes durch die oberste weltliche Gewalt. Nur ist die Beziehung, die zwischen Staat und Kirche in diesem Punkte durch eine große historische Entwickelung eingetreten ist, genau um so vieles feiner und abstracter, als der moderne Staatsbegriff gegenüber dem Lehnsbegriff. Es ist daher nicht zu verwundern, daß die neuere Staatskunst, wie sich gezeigt hat, in der Auffassung und Behandlung des Pontifikatswechsels vielfach schwankend und ungewiß war und das Wesen des bilateralen Verhältnisses theils aus Unkenntniß, theils aus Furcht in nebensächlichen Dingen suchte, oder ganz verkannte. Zu wenig wurde dem mächtigen Ansturm der kirchlichen Gewalt

[1]) Brunner a. a. O. in demselben Berichte Herzans wiederholt erwähnt.

nach völliger Libertinität gegenüber, auf das Moment Rücksicht genommen, daß es auch eine canonische Pflicht des Neugewählten blieb, die Anerkennung der Staatsgewalten zu erwerben. Es ist der Zweck des Erlasses der Encyclica nach vollzogener Krönung. Der heutige staatsrechtliche Begriff der Anerkennung ist thatsächlich und rechtlich an die Stelle der alten Obedienzerklärung getreten.

Im gewissen Sinne bedeutet die staatliche Anerkennung dem päpstlichen Stuhl gegenüber noch heute eine Art von Obedienz, indem dadurch der Papst als kirchliches Oberhaupt aller im Staate wohnenden Katholiken anerkannt werden soll. Denn es leuchtet von selbst ein, daß zwischen der Anerkennung einer weltlichen Macht und der eines Papstes ein gewaltiger Unterschied besteht. Der fremde Monarch oder die fremde Staatsform erhält durch die Anerkennung gewisse völkerrechtliche Garantien, die auf die einzelnen Personen des anerkennenden Staats doch nur mittelbar Bezug nehmen. Der Papst dagegen erhält durch die Anerkennung als Papst Rechte im Staate, Rechte über Personen und Sachen.

Spitzt sich demnach nicht jeder Pontifikatswechsel im heutigen Staatsrecht in die gewaltige Frage der Anerkennung der Wahl zu?

V. Capitel.

Geschichte der Obedienzverweigerung.

Mit dem Triumphe, welchen die Kirche nach langem Kampfe gegen das Kaiserthum in der Mitte des 13. Jahrhunderts davongetragen hatte, was das bilaterale Verhältniß beider Gewalten im Sinne einer direkten positiven und unmittelbaren Einwirkung auf die Papstwahlen für immer erschüttert. Seit Alexander III. war der älteren Rechtsvorstellung in Betreff einer formell anerkannten Betheiligung des Kaiserthums beim Pontifikatswechsel jeder Boden entzogen worden. Die mannigfaltigsten Modalitäten wurden in raffinirtem Wechsel der Umstände fast ein Jahrtausend hindurch in Anwendung gebracht, um dem Antheil der höchsten weltlichen Gewalt bei den Papstwahlen Ausdruck zu geben. Aber seit der Mitte des 13. Jahrhunderts wurde das Kaiserthum, wie jede andere staatliche Macht, auf eine Linie indirekter Einflüsse herabgedrückt, welche durch die päpstliche Gesetzgebung der folgenden Jahrhunderte ebenfalls beseitigt werden sollte. Alles was übrig blieb war die jedesmalige Frage, ob der Staat den gewählten Papst anerkenne, ob er ihm die Ausübung der pontifikalen Rechte gestatte und die Obedienz leisten wolle oder nicht.

Auf diese Basis gestellt war das bilaterale Verhältniß zwischen dem Papstthum und Kaiserthum nicht mehr verschieden von demjenigen zu allen übrigen abendländischen Staaten. Dieselbe Stellung, welche das deutsche Reich dem Pontifikatswechsel gegenüber einnahm, hatte Frankreich seit der zweiten Hälfte des 13. Jahrhunderts mit dem entschiedensten Glücke einer rivalisirenden Macht behauptet. Wie in allen staatsrechtlichen Fragen das deutsche Reich von der Kirche auf eine und dieselbe Linie mit den anderen Staaten herabgedrückt worden war, so auch im Punkte des Pontifikatswechsels.[1]) Eine vormächtliche Stellung hatte das deutsche Reich nicht mehr geltend zu machen, wie ehedem; die Frage war, wie es sein *nationales* Recht der Kirche und dem Pontifikatswechsel gegenüber wahren konnte.

Der europäische Staatsbegriff erhielt damals seinen mehr nationalen Charakter. Die politische Weltordnung identificirte sich bei dieser Wandlung vollkommen mit dem Wachsthum der nationalen Litteraturen. Kaum berechtigt scheint in dieser Beziehung die landläufige *Phrase*, daß damals das *deutsche Reich in Verfall* gerathen sei. Doch wäre es kaum gestattet über diesen Gegenstand hier anders, als in aphoristischer Weise zu handeln und wir müssen uns daher darauf beschränken, der fast durch die ganze moderne Geschichtslitteratur verbreiteten Vorstellung, nach welcher das deutsche Reich immerfort und zwar 600 Jahre lang in Verfall kommt, entgegenzutreten. In Bezug auf die kirchlichen Verhältnisse wird man wohl gerne dem beistimmen, daß der Widerstand, welchen das deutsche Reich gegen die Uebergriffe des Papstthums seit dem 14. Jahrhundert

---

[1]) Ich erlaube mir hier auf meine schon wiederholt in frühern Werken betonte Aenderung des Staatsbegriffs hinzuweisen, der seit Thomas v Aquino aufgekommen ist Vgl Stzsb. d Wiener Akad 33 Einleitung.

leistete, politisch und national viel tiefer gieng und allseitiger einheitlicher und bedeutender war, als in den Zeiten der alten Kaiser. Nach dieser Richtung hat man daher nicht über Verfall zu klagen. Das 14. und die folgenden Jahrhunderte haben geistige und litterarische Hilfsmittel dem Staate zur Verfügung gestellt, wie sie weder den Heinrichen noch den Friedrichen zu Gebote standen. Auch präsentirte sich der nationale Staat im ganzen genommen viel einheitlicher der Kirche gegenüber als es die kaiserliche Gewalt vermochte. Denn der strenger geregelte Antheil, welchen die Stände an der Verfassung des Staats nahmen, gab den gegen die Uebergriffe des Pontifikats protestirenden Monarchen ein größeres Gewicht und stärkeren Nachdruck.

Nachdem Rudolf von Habsburg zum deutschen Könige erwählt worden war, fanden die Verhandlungen wegen der Anerkennung des Königs und wegen der Berufung zur römischen Kaiserkrönung in Lyon statt. Eben in diese Zeit fällt die Conclaveordnung Gregors X., von welcher wir früher gesprochen haben. (S. 116). Die Zugeständnisse, welche bei der Erneuerung der Reichsgewalt von König Rudolf dem Papste Gregor X. gemacht wurden, enthielten die umfassendste Bestätigung älterer Kaiserprivilegien, welche je vorgekommen ist. Mit großer Sorgfalt wurde von der Curie das gesammte kirchenrechtliche Material, wie es sich damals bereits in den Canonensammlungen fand, den Unterhandlungen zu Grunde gelegt, welche König Rudolfs Kanzler, der Probst Otto von Speier persönlich führte. Aber auch die Reichsfürsten, welche in Lyon gegenwärtig waren, mußten die abgeschlossenen Verträge mit unterzeichnen und beschwören. Die unerschöpflichsten Ansprüche hatte die Curie seit Innocenz III. in Betreff ihres weltlichen

Besitzes erhoben. Rudolf von Habsburg garantirte denselben in der unbedingtesten Weise. Aber auch die staatskirchlichen Verhältnisse waren nicht unbesprochen geblieben. Ja es ist für unsere Erörterung von größtem Interesse, daß sich die Verträge zwischen Rudolf und Gregor X. unter spezieller Berufung auf die kirchenrechtlichen Sammlungen auf zwei Canonen beziehen, wovon der eine zwar nur die weltliche Stellung des Kaisers in Rom, der andere aber die Papstwahl in's Auge faßt. Daß nun bei der reichen Auswahl, welche die kanonischen Sammlungen für das bilaterale Verhältniß in Betreff des Pontifikatswechsels darboten, gerade nach jenen Bestimmungen gegriffen wurde, welche dem Staate einen möglichst geringen Antheil sicherten, darf freilich in der Zeit, wo die Conclaveordnung festgestellt wurde, nicht Verwunderung erregen. Vielmehr möchte man darüber erstaunen, daß das bilaterale Verhältniß in Betreff des Pontifikatswechsels selbst einem Könige, wie Rudolf, gegenüber, der sich zu so gewaltigen Zugeständnissen bereit finden ließ, nicht ganz umgangen werden konnte. Allein der Wortlaut der Vertragsurkunden ist klar[1]), der Canon Ego Ludovicus wurde noch von Gregor X. im Jahre 1274 bei der Erneuerung der deutschen Reichsgewalt als durchaus maßgebend anerkannt, und als die Grundlage der Stellung des Kaiserthums zur Papstwahl bezeichnet. So unlöslich war alles was kirchliche Institutionen betraf mit dem Begriff des Kaiserthums verwachsen, daß man immer wieder auf das alte Verhältniß des Pactums

---

[1]) Leges II. 395—398. Servabit praeterea et faciet omnia et singula, quae in canonibus positis 63 Distinctione quorum quidem canonum alter Ego Ludovicus alter vero Tibi domino papae incipit continentur.

zurückzugreifen genöthigt war. Zwischen Kaiser Ludwig dem Frommen und dem Papste wurde 817 durch das große Privilegium, welches wir kennen (s. oben S. 43 ff.) und welches neben anderen Bestimmungen den citirten Canon enthält, ein Ausgleich gefunden, der zwar in Rücksicht auf die früheren weiter gehenden Zugeständnisse des Papstes Stephan V. eine Wiederherstellung völliger Selbständigkeit von Clerus und Volk in Betreff der Wahl und Consecration zu bedeuten hatte, dennoch aber das kaiserliche Genehmigungsrecht des gesammten Pontifikatswechsels nicht ausschloß.

Wenn die Curie sich wirklich an den Canon, der die Basis der Verhandlungen in Lyon bildete, gehalten hätte, so wäre es ihre Pflicht gewesen nach stattgehabter Wahl und Consecration des Papstes jedesmal eine Gesandtschaft an den deutschen Kaiser zu senden, deren Aufgabe die Erneuerung des Pactums sein sollte. So erheblich demnach auch die Zugeständnisse des Königs Rudolf I. an die römische Curie in Lyon waren, die Grundlagen des bilateralen Verhältnisses beim Pontifikatswechsel blieben dennoch fast unwillkührlich durch den Umstand gewahrt, daß man kein einziges älteres Actenstück in den Rechtssammlungen zu finden vermochte, welches dem Prinzipe der kaiserlichen Anerkennung und Genehmigung des Pontifikatswechsels geradezu widersprochen hätte.

War die römische Curie dieser Verpflichtungen nach Gregors X. Tode eingedenk? Wir wagen die Frage nicht bestimmt zu ver-

---

[1]) dum consecratus fuerit legati ad nos vel ad nostros successores reges Francorum dirigantur, qui inter nos et illum amicitiam et caritatem ac pacem socient. C. 30. D. 63. Das ausdrückliche Citat dieses Canons in den Lyoner Verträgen wird man ohne weiteres gegenüber den gewaltigen Zugeständnissen des Kanzlers als einen Vortheil staatlicherseits betrachten dürfen.

neinen. Innocenz V. sendete wirklich eine Gesandtschaft, um die alten Verträge, wie es in dem Schreiben heißt, zu verbessern und zu vervollkommnen.[1]) Auch Nikolaus III. bemühte sich um ein neues Pactum mit dem deutschen Reiche.[2]) Freilich war die in dem Canon Ego Ludovicus bezeichnete Observanz schwerlich stricte befolgt worden, und der Legat des Papstes Nikolaus III. war mit einer Reihe von Urkunden ausgerüstet, welche mehr den Zweck zu haben schienen, die Machtstellung des Papstthums zu erweitern und zu entwickeln, als eine einfache und schlichte Anerkennung des Pontifikatswechsels zu verlangen. Daß aber der Gedanke des bilateralen Verhältnisses in Betreff der Papstwahl durchaus lebendig war und immer wieder nach einem staatsrechtlichen und diplomatischen Ausdruck strebte, zeigt sich aus einem uns zufällig erhaltenen Schreiben der königlichen Kanzlei nach dem Tode des Papstes Martin IV., in welchem Rudolf von Habsburg die Cardinäle ernstlich, wenn auch in sehr zarten und bescheidenen Formen aufforderte, die baldige und entsprechende Wahl eines neuen Papstes vorzunehmen.[3])

Diesem diplomatischen Wechselverkehre, welcher sich über die Grenzen der staatlichen und kirchlichen Macht in einer sich gegenseitig bedingenden Form bewegte, wurde ein heftiger Stoß durch den Pontifikat Bonifacius VIII. versetzt. Schon die Encyclica des anspruchsvollen „Rechtsgelehrten", welcher den Stuhl Petri bestiegen hatte, ließ erkennen, daß ein besonderes

---

[1]) Böhmer, Reg. Innocenz V. No. 227. Eine Legation wurde also doch wenigstens abgeschickt.

[2]) Nicolaus III. schreibt allerdings schon vor der Consecration — aber nichts weniger als im Sinne einer Bestätigung der Wahl. Vgl. Raynald 54 u. 57. Böhmer 233 u. 235.

[3]) Der von mir gefundene Brief Rudolfs in Sitzgsber. der Wiener Akad. Bd 33. 475

Vertragsverhältniß mit irgend einer weltlichen Macht dem Papste, welcher die Herrschaft über alle menschliche Creatur von Gott erhalten zu haben behauptete, ganz ferne lag. Die deutschen Verhältnisse begünstigten die Uebergriffe Bonifacius VIII. und Albrecht I. unterwarf sich und seine Wahl in einer Weise dem römischen Stuhle, welche den Grundsätzen der Bulle Unam sanctam Staatsgiltigkeit zu verleihen schien.[1]) Indem sich Frankreich hierauf zur Abwehr gegen die römische Allgewalt rüstete, eroberte es den päpstlichen Stuhl für sein Gebiet, für seine Nation, für seine Interessen.

Unter französischem Schutze konnte Clemens V. nach dem Tode Albrechts von Oesterreich Schreiben in das Reich entsenden, welche an die schlimmsten Zeiten päpstlichen Uebergewichts erinnerten und eine Sprache führten, als ob die deutsche Krone durch das Papstthum zu vergeben wäre.[2]) Auch die Erneuerung der Kaiserwürde durch Heinrich VII. vermochte keinen Ertrag für die Stellung des Kaiserthums in Betreff der

---

[1]) Bonifacius anerkannte Albrecht I. am 30. April 1303, nachdem die Bulle Unam sanctam im November 1302 alle Staaten als Dependenzen der Kirche erklärt hatte. Albrecht hatte sich zu derselben Zeit in der unbedingtesten Weise durch Brief und Eid dem römischen Stuhle verpflichtet. In der Anerkennungsbulle des Königs ist natürlich von einem bilateralen Vertragsverhältniß nicht entfernt die Rede. Aus „Milde und Erbarmen" lediglich wurde der deutsche König anerkannt, vgl. Kopp. III. 127 ff. Selbstverständlich war auch bei der Wahl Benedikts XI. von einer Gesandtschaft an das Reich nicht die Rede. Außer dem Erlasse der Encyclica verstand sich der Papst zu keinem Schritte, der an die alten Vertrags- und Rechtsverhältnisse auch nur erinnern konnte. Raynald a. a. 1303. No. 47.

[2]) Böhmer, Reg. Clemens V. No. 218, 321 und das Notariats-Protokoll in Leges II. 493 nebst dem Schreiben an Heinrich VII. ebd. 595. Das Verhältniß war nun vollständig umgedreht worden und die einseitige Inanspruchnahme der päpstlichen Gewalt über die Besetzung des Kaiserthums schien unter französischem Schutze empfindlicher und energischer.

Papstwahlen zu liefern. Der Eid, welchen Heinrich VII. zu Lausanne dem Papste schwören mußte, war für das Kaiserthum in vollständiger Einseitigkeit verbindlich, ohne daß auch nur der geringsten Gegenleistungen oder Verpflichtungen der Curie gedacht worden wäre. Vielmehr trat noch ein neues Moment päpstlicher Ansprüche hinzu, indem Clemens V. Heinrich VII. auch die Constantinische Schenkung bestätigen und beschwören ließ. Officiell war der letzteren Erdichtung noch bis dahin in keinem kaiserlichen Aktenstücke gedacht worden.[1]) Auch wenn man nur die rein weltlichen Besitzfragen ins Auge faßt und von den staatskirchlichen Beziehungen und Verhältnissen ganz absieht, so dürfte man in Zweifel ziehen, ob das, was Heinrich VII. dem französischen Papste versprach, je ausführbar gewesen wäre. Doch haben wir diese Seite der päpstlichen Ansprüche an diesem Orte nur insofern zu berühren, um zu zeigen, daß die stetige Steigerung des einseitigen Machtanspruchs der Päpste gegenüber dem Kaiserthum in ihrer höchsten Entfaltung mit der Uebersiedlung des heiligen Stuhls nach Frankreich zusammenfällt. Indem das deutsche Reich mit allen seinen rechtlichen Ansprüchen zurückgewiesen wurde, war in der That der Moment gekommen, wo sich der nationale politische Geist zum Widerstande rüsten, oder untergehen mußte.

---

[1]) Forma iuramenti prestiti pape per imperatorem apud Lausannam Leges II. 501. Dönniges II. 123. Es unterscheidet sich von dem Iuramentum Rudolfs in Lyon besonders dadurch, daß die älteren Canonen, welche eine Doppelseitigkeit des Verhältnisses nach ursprünglicher Anschauung der Kirche voraussetzen, gar nicht mehr ausdrücklich erwähnt sind. Der Privilegia Constantini ist an zwei Stellen gedacht, der Besitzstand der Kirche besonders auf die Inseln, sowie auf Tuscien und Spoleto ausgedehnt. Vgl. Döllinger, Papstfabeln S. 93.

Kaiser Ludwig der Baier.

Wir haben die gewaltige und wichtige Epoche nur unter den Gesichtspunkten zu betrachten, welche sich aus den voranstehenden Erörterungen ergeben. Schon lange, bevor noch die kirchliche Gesetzgebung über die Papstwahl ihren Abschluß gefunden, ja noch während das Papstthum mit immer neuen Versuchen hervortrat, die Wahlmaschine zu bessern und zu vervollkommnen, waren bereits Umstände eingetreten, wo sich für den aus allen seinen historischen und rechtlichen Positionen thatsächlich gedrängten Staat die Nothwendigkeit ergab, seine letzten Mittel der Selbsterhaltung in Anwendung zu bringen. Je größer die Nachgiebigkeit und Bereitwilligkeit des deutschen Reiches in den dreißig Jahren seit der Thronbesteigung Rudolfs von Habsburg war, desto mehr steigerte die Curie ihre Forderungen, desto weniger ließ sie die alten bilateralen Verträge und Rechte gelten. Alles, was an Gegenseitigkeit von Pflichten erinnern konnte, wurde von der Curie mit rabulistischer Rechtsdeutung seit Bonifaz zurückgewiesen. Nachdem die Unternehmung Heinrichs VII. mit seinem Tode als gescheitert betrachtet werden mußte, war der neue König, wer immer es sein mochte, dem französischen Papstthum gegenüber unter allen Umständen scharf vor die Frage der Obedienzverweigerung gestellt.

Die Schwierigkeit des Moments lag darin, daß die Kurfürsten eine Doppelwahl verschuldet hatten. Aber so unglücklich dieses Ereigniß einerseits war, so lehrreich für die Auffassung und Beurtheilung der Dinge ist es andererseits, daß eine Verschiedenheit der Anschauung dem päpstlichen Stuhle gegenüber schon nicht mehr bestehen konnte. Die Gegenkönige, welche auf deutschem Boden mit einander kämpften, waren doch unvermögend, dem französischen Papstthum gegenüber eine wesentlich verschiedene Politik zu verfolgen. Zum erstenmale war der römische Stuhl in seiner wahren Gestalt, aus dem Nebel der römischen Reichsvorstellungen herausgehoben, dem deutschen Volke in seiner antinationalen Richtung erschienen. Als Bundesgenosse und Interessenvertreter der eifersüchtigen Franzosen hatte sich das Papstthum selbst, dem Blödesten erkennbar, zum Feinde der deutschen Nation gestempelt. Mit großer Wahrscheinlichkeit darf man es als einen echten, jedenfalls in Deutschland unbestritten geglaubten Ausspruch des Papstes Johann XXII. halten: „Zwietracht in Deutschland unter Fürsten, Edlen und Volk bedeute Heil und Frieden für den römischen Papst und die Kirche.“ Ja man konnte officiell behaupten, vor den Cardinälen habe der Papst die Erklärung abgegeben, „die ganze Anstrengung seines Lebens gienge dahin, das Reich der Deutschen, diese eherne Schlange, zu zertreten.“[1])

War dies der Charakter des Pontifikats in diesem Augenblicke, so war es ein nationaler Gewinn, daß inmitten des stärksten deutschen Bürgerkrieges weder vom österreichischen noch vom baierischen Standpunkt eine Verständigung mit diesem französischen Papstthum möglich schien. Friedrich der Schöne vermochte so wenig, wie Ludwig der Baier ohne völlige Preisgebung des Reichsrechts mit Johann XXII. Verhandlungen zum Abschlusse zu bringen. Auf diese Weise lag also eine Art von objektiver Nothwendigkeit in dem Kampfe, welchen das Reich führen mußte, wenn es bestehen wollte. Bald sollte sich zeigen,

[1]) In Ludwigs des Baiern Proceßakten gegen Johann XXII., auf die wir noch eingehender zurückkommen, finden sich diese Anschuldigungen ausdrücklich. Wir wollen sie daher nicht als über jeden Zweifel erhaben darstellen, doch müssen sie sehr bekannt gewesen sein und wurden jedenfalls geglaubt.

daß auch die Stände und voran die Kurfürsten, so schwer es ihnen fiel, nicht in der Obedienz beharren konnten, und daß die Wahrung des Rechtsstandpunkts zu einer nicht immer häufigen Einheit der Anschauungen zwischen dem Kaiser und den Ständen drängte.

Johannes XXII. Wahl in Lyon hätte viele Einwendungen gegen die Rechtmäßigkeit des gesammten Vorgangs gestattet. Die Cardinäle hatten gegen die Bestimmungen Gregors X. und Clemens V. wiederholt das Conclave verlassen. Das endliche Wahlresultat war von der französischen Mehrheit der Cardinäle den Italienern geradezu gewaltsam abgetrotzt worden, wobei der Graf Philipp von Poitiers, Bruder des Königs von Frankreichs einen canonisch schwerlich gestatteten Einfluß übte. Wenn es jemals einen Papst gegeben, der Grund hatte, seine Anerkennung seitens des deutschen Kaiserreichs auf Grund einer rechtfertigenden Darstellung der Wahl anzusuchen, so war es des Schusters Sohn aus Cahors. Allein Johann XXII. ergriff sofort nach seiner Krönung die Offensive gegenüber dem Reiche. Die Erledigung des Kaiserthums durch den Tod Heinrichs VII. und die während der päpstlichen Sedisvacanz stattgefundene Doppelwahl gaben dem französischen Papste die Handhabe zu zwei Maßregeln, von denen jede höchst auffallend gewesen wäre, selbst wenn eine Anerkennung des Papstes als rechtmäßigen Besitzers des päpstlichen Stuhls durch Reich und Reichsgewalten vorangegangen wäre. Am selben Tage, an welchem Johann XXII. gekrönt wurde, befahl er in einem unbedingt gebieterischen Schreiben den beiden deutschen Königen sich zu vertragen,[1] und wenige Monate später stellte er den entscheidenden Grundsatz auf, daß im Falle der

[1]) 1316 5 September Böhmer, Reg. Ludw. Johann XXII. Nr. 2.

Erledigung des Kaiserthums alle und sämmtliche staatshoheitlichen Rechte desselben auf den päpstlichen Stuhl übergiengen. Es mangelte nicht an ganz bestimmten Befehlsschreiben der Curie insbesonders in italienischen Angelegenheiten, welche darthaten, daß es dem Franzosen mit seiner päpstlich-kaiserlichen Theorie völlig Ernst sei.[1])

Als einer der wichtigsten Gesichtspunkte für das Verhältniß Ludwigs des Baiern zum päpstlichen Stuhle muß der Umstand festgehalten werden, daß eine Aufforderung den Streit zwischen den zwiespältig gewählten Königen durch päpstliche Machtvollkommenheit zu entscheiden, gar nicht vorlag. Das Vorgehn Johanns XXII. war daher nicht einmal in der Weise zu erklären, wie die ähnlichen Maßregeln der großen Päpste des früheren Jahrhunderts, die wenigstens von den streitenden Parteien selbst zu einer Art von Schiedsrichteramt aufgefordert worden waren. Hier war vielmehr das Verhältniß geradezu umgekehrt worden; Johann XXII. war es, der die Anerkennung seiner Macht von dem Reiche zu erlangen hatte und statt dessen nahm er die Rechte des Kaiserthums in Person und ganz im Ernste thatsächlich in Anspruch. Lud-

[1]) Kopp IV. 405. n. 2 u. 3. An den Kirchenthüren in Avignon wurde angeschlagen: Es sei klares Recht und seit altem stetsgeübter Brauch, daß bei Erledigung des Kaiserthums, wie gegenwärtig durch den Tod des Kaisers Heinrich, zur Zeit, da niemand an den weltlichen Richter sich wenden könne, des Kaiserthums Gerichtsbarkeit, Regierung und Verwaltung auf den römischen Papst übergehen. Ob Johann XXII. sich bei dieser Inanspruchnahme der kaiserlichen Rechte auch der Insignien des Kaiserthums bedient habe, ist nicht sicher. Gewiß dagegen ist es von Bonifaz VIII., der bekanntlich die päpstliche und kaiserliche Krone abwechselnd trug. Johann berief sich übrigens zu seiner Rechtfertigung speziell auf Clemens V., der in der That bereits mit der Ernennung eines kaiserlichen Reichsvicars für ganz Italien den Anfang gemacht hatte. „Nos ad quos romani vacantis imperii regimen pertinere dinoscitur Raynald 1314. No. 2.

wig der Baier legte niemals die Akten seiner Wahl dem Papste zur Prüfung vor, und auch Friedrich der Schöne unterließ es einen in dieser Richtung vorübergehend gefaßten Gedanken wirklich auszuführen. Denn österreichischerseits waren zwar Schreiben dieser Art an die römische Curie um Prüfung und Genehmigung der Wahl in Erwägung gezogen werden, aber niemals nach Avignon abgegangen.[1])

Als die entscheidende Schlacht von Müldorf um den Besitz der Krone zwischen Oesterreich und Baiern geschlagen wurde, waren die Verhältnisse zwischen der kirchlichen und Reichsgewalt noch völlig ungeordnet und man darf sagen, trotz aller Uebergriffe der avignonischen Curie waren die Brücken nicht abgebrochen worden, welche zu einem Vertrage führen konnten. Diese günstige Aussicht blieb so lange geöffnet, als die Entscheidung über die deutsche Königswahl, welche beide Parteien auf deutschem Boden suchten, nicht gefallen war. Nachdem das Schlachtenglück für Ludwig von Baiern entschieden hatte, war nun aber keine Zeit zu verlieren, um in der Frage des Kaiserthums Stellung zum Papste zu nehmen. Die deutsche Regierung konnte entweder den ohne jede Rücksicht auf die Rechte des Reiches vollzogenen Pontifikatswechsel von vornherein bekämpfen, oder mit stillschweigender Anerkennung der Thatsachen sofort das mehr politische Ziel einer Verständigung mit dem päpstlichen Stuhle ins Auge fassen. Daß man auch die erstere Möglichkeit in Kreisen, welche Ludwig dem Baier nahe standen, in Erwägung zog, beweist der Umstand, daß in den Schriften der Minoriten auf die alten historischen Verhält-

---

[1]) Gegen Kurz, welcher diesen Umstand übersah, hat schon Kopp bemerklich gemacht, daß die betreffenden Schreiben ja noch heute in Originalausfertigung in Wien und nicht in Rom liegen.

nisse des Kaiserthums großes Gewicht gelegt und das Recht des Kaisers Päpste einzusetzen, sehr scharf betont wurde. Und daß Johann XXII. sich selbst mit Entsetzen von einer Lehre bedroht glaubte, welche Einmischung der kaiserlichen Gewalt in die Papstwahlen gleichsam als Recht zu fordern schien, ersieht man aus seiner Verurtheilung der minoritischen Anschauungen gerade in dem erwähnten Punkte.[1])

Trotz der naheliegenden Frage, ob es nicht gerathen wäre vom Reichsstandpunkte die Anerkennung des Pontifikatswechsels schon auf Grund einer Prüfung der Wahl des französischen Papstes zu verweigern, zog es Ludwig der Baier vor Unterhandlungen zu versuchen. Indem er Johann XXII. über seinen Sieg und die im Reich gefallene Entscheidung unterrichtete, forderte er des Papstes Einwilligung zum Römerzuge des deutschen Königs, zur Kaiserkrönung. Aber Johann XXII. lehnte ab, auf etwas anderes als einen päpstlichen Prozeß der beiden Könige vor seinem Forum, auf eine souveräne Entscheidung in den Angelegenheiten des Reiches einzugehen. Gleichsam als ob die Ereignisse sowenig wie die Stimmen der Reichsstände zu sagen und zu bedeuten hätten, nahm Johann XXII. das alleinige oberste Richteramt in den Angelegenheiten Deutschlands in Anspruch. Er wollte die vollkommene und unbedingte Unterwerfung unter seinen Richterstuhl.[2]) Hiermit war der

---

[1]) Der Defensor pacis, von dem noch später zu sprechen sein wird, enthält auch die Erörterung über die Einsetzung der Päpste durch die Kaiser, worüber Johann XXII. in der Bulle bei Rymer II. 2. 271. unter anderm sagt: Praeterea legant isti homines pestiferi historias approbatas, quis unquam papa catholicus ab imperatore institutus fuerit. Die historischen Studien Johanns scheinen nicht sehr gründlich gewesen zu sein.

[2]) Leider ist nur die Antwort des Papstes vom 18. Dezember 1322 vorhanden, Raynald zum selben Jahre Nr. 15. Sehr ungenügend wäre,

Standpunkt des Vertrages, die Hoffnung auf ein Pactum abgeworfen; der Versuch des deutschen Königs auf diesem Wege ein Verständniß zu erlangen, hatte sich als eine Täuschung erwiesen, doch war der Mäßigkeit und Bereitwilligkeit von Seite des Königs wenigstens ein ehrenvoller Tribut gebracht, den auch die Reichsfürsten anerkennen mußten.

Am 8. October 1323 eröffnete Johann XXII. ein sogenanntes Rechtsverfahren gegen den deutschen König, in welchem er, der selbst niemals die Anerkennung seines Papstthums durch das Reich erlangt hatte, Ludwig dem Baier jede Regierungsgewalt bestritt, und die Reichsfürsten aufforderte, sich solange jeder Theilnahme an den Maßregeln des Königs zu enthalten, bis dieser sich förmlich unterworfen und die Bestätigung des päpstlichen Stuhles erworben haben würde.[1]) Die

wenn man den Inhalt der Ablehnung aus Böhmers Reg. 13 entnehmen wollte. Besser gewürdigt findet man die Antwort von Zirngibl, Kaiser Ludwig, S. 165.

[1]) Raynald 1323. No. 30. Ich habe Olenschlager S. 81 vor mir: Idem etiam Ludovicus eodem praesumpto titulo non contentus administrationem jurium regni et imperii praedictorum, in gravem Dei offensam et contemptum ac manifestam injuriam Romanae ecclesiae matris suae ad quam eiusdem vacationis tempore imperii regimen, sicut et in praesentiarum vacat, pertinere dinoscitur, nec non et plurimorum scandalum et rei turbationem ac laesionem publicae ac suae animae detrimentum prosilire, seque illi immiscere irreverenter ac indebite praesumpsit hactenus et praesumit, exigendo et recipiendo sub praefato titulo regio fidelitatis in Alemanniae et nonnullis Italiae partibus tam a personis ecclesiasticis, quam secularibus vasallis Imperii, per se et alios juramenta ac de dignitatibus et honoribus et officiis ad eiusdem Romani regni seu Imperii dispositionem spectantibus, pro suo libitu disponere; etc. Man sieht, hier liegt die Kehrseite des alten bilateralen Verhältnisses vor. Wenn man die Verwahrungen, welche hingegen von Kaiser Ludwig erhoben wurden, in heutiger Zeit noch als bloße Deklamationen bezeichnet findet, so sieht man deutlich, wie schwer sich im deutschen Volke die nationalen Ideen durchsetzen.

Motivirung dieser päpstlichen Entscheidung darf man als ein historisches Ereigniß bezeichnen. Denn die neue kirchliche Lehre, daß die Rechte des Kaiserthums während der Erledigung des Reiches einfach auf den päpstlichen Stuhl übergiengen, und die Ausübung der kaiserlichen Souveränität während des Interregnums vollgehaltlich dem Papste zukäme, gab der Sentenz Johannes XXII. noch einen bei weitem tieferen Hintergrund, als ihn ähnliche Vorgänge der großen Päpste des früheren Jahrhunderts hatten. Staatsrechtlich konnte kaum eine einschneidendere Doctrin erfunden werden, als diese, welche die gesammte geistliche und weltliche Macht, nach gänzlicher Abwerfung des bilateralen Verhältnisses von Staat und Kirche, in der Hand des Pontifex vereinte. Wenn aber in der Geschichte der Staaten und Völker es jederzeit als ein die Ideen reinigender Gewinn betrachtet werden muß, die Consequenzen der in der Zeit und den Umständen liegenden Prinzipien in voller Schärfe zum Ausdruck zu bringen, so möchte man den von Johann XXII. eingeleiteten Prozeß als ein Verdienst der pontificalen Regierung betrachten können. Denn diesen Grundsätzen der Curie gegenüber waren alle staatlichen Gewalten in Deutschland genöthigt Stellung zu nehmen. Nach dem, was in Avignon an den Kirchenthüren angeschlagen worden war, konnte sich kein deutscher Fürst mehr über Unklarheit beklagen und hinter die abgebrauchte Schwertertheorie des sächsischen Landrechts verkriechen. Der von den Ständen des Reiches in früheren Jahrhunderten sehr gerne zu einer bloßen Personalfrage gestempelte Conflict zwischen Kaisern und Päpsten, war durch die Sentenzen des französischen Papstes zu einer eingreifenden und unzweifelhaften Angelegenheit für das Reich, als solchem geworden. Durch Johann XXII. wurde den Reichsständen gleichsam ge=

waltsam der Mund geöffnet. Doch muß man hinzufügen, daß das letztere erst nach einer ziemlich langen Reihe von Jahren durch die Rechtsweisung des Kurvereins von Rense und für das persönliche Schicksal Ludwigs des Baiern zu spät geschah.

Bei seinen ersten Schritten gegen die päpstliche Sentenz war Ludwig der Baier nicht wie Philipp der Schöne von Frankreich, von seinen Ständen unterstützt. Gerade die ersten Fürsten des Reiches beharrten in Theilnahmslosigkeit bei dem Kampfe Ludwigs von Baiern, eine Erscheinung, welche ohne Zweifel dadurch zu erklären ist, daß in der deutschen Verfassung das höchste Staatsamt an eine Person und an ein geistliches Fürstenthum geknüpft war, welches den Interessen des Reiches nur zum Theil gehorchte und mit dem Könige nicht nothwendig Hand in Hand gieng. So war auf den Mainzer erzbischöflichen Stuhl eben damals ein Mann durch päpstliche Provision erhoben worden, welcher das Erzkanzleramt des Reiches in Anspruch nahm, aber als Eindringling gelten mußte und daher dem Könige feind, aber auch bei den Mitständen ohne Einfluß und Ansehen war. Eine Abwehr der päpstlichen Usurpationen mit Hilfe und auf dem breiten Grunde der Reichsgesetzgebung war unter diesen Umständen dem Könige Ludwig zunächst leider versagt. Er war genöthigt seine Verwahrung gegen die Sentenz Johannes XXII. lediglich als einen Ausdruck seiner königlichen Souveränetätsrechte ohne Herbeiziehung einer Reichsversammlung, als einen persönlichen Act unter dem Siegel eines öffentlichen Notars in die Welt zu senden.[1]) Auch darin lag ein schwacher Punkt der

[1]) Notariatsinstrument in domo Alberti Ebner zu Nürnberg vom 18. Dezember Olenschlager 85. Die Zurückweisung der oben besonders hervorgehobenen Stellen geschieht 1. durch die Darstellung der faktischen

Zurückweisung der päpstlichen Usurpationen, daß der König an ein allgemeines Concilium appellirte und dadurch gleichsam die Möglichkeit einer Untersuchung des staatsrechtlichen Falles durch die kirchliche Autorität zugestand. Zwar war Ludwigs Protest, sowohl was die Einzelheiten, als auch die allgemeinen Grundsätze betraf, eine mit Sachkenntniß und Geschick gearbeitete Staatsschrift, aber es fehlte ihr der Nachdruck eines Reichsbeschlusses, die Kraft einer nationalen Erklärung der Rechte, durch welche die westlichen Nationen in wichtigen

---

Sachlage, nach welcher Ludwig das Reich regiert und dieses daher nicht erledigt sei; 2. aber auch principiell: Nec concedimus ita simpliciter, ut proponitur, ad sedem apostolicam examinationem etc. pertinere sicut asserit. Als bedeutungsvollstes Moment muß aber hervorgehoben werden, daß der später von den Ständen adoptirte Grundsatz bereits hier leider vom König vereinzelt mit voller Klarheit ausgesprochen ist: respondemus, quod hactenus a tempore cuius non est memoria, circa electos Romanorum reges et principes sic est de jure et consuetudine observatum, et sic tenent, dicunt .... ut non sit, qui dubitet vel ignoret: quod Romanus rex eo solum, quod electus est a principibus electoribus, ad quos pertinet ipsius electio, omnibus vel majori numero eorundem et coronatus corona regia in solitis locis et consuetis, rex est et pro rege habetur, et rex nominatur et eidem ab omnibus paretur et intenditur sicut regi ac jura regni libere administrat ....

Zwischen die päpstliche Sentenz und die königliche Protestation fällt eine Gesandtschaft Ludwigs mit Urkunde vom 12 Nov. 1323. Dieselbe war abgegangen und wurde vom Papst durch das sogenannte zweite Rechtsverfahren 2. Januar 1324 abweislich beschieden Die Chronologie der Aktenstücke weist auf folgenden Zusammenhang: Erstes Rechtsverfahren. Protestation vom 18. Dez. Bannbulle vom 23. März 1324, zweiter Protest v. 22 Mai; — Absendung der Gesandten am 12. Nov. sogenanntes zweites Rechtsverfahren vom 2 Januar. Zwischen den beiden letzten und den vier ersten Aktenstücken ist kein Zusammenhang, da sie in die Zwischenzeit fallen, innerhalb welcher zwischen Avignon und Nürnberg resp. Frankfurt keine Nachrichten einliefen. Hiemit erledigen sich die von Raynald und Buchner angeregten Bedenken

Augenblicken ihrer Geschichte groß dastehen. Die Kurfürsten hatten zwar am Ende, wie sich zeigen wird, ihren Ausspruch gethan, aber die königliche Protestation war zu Boden gefallen, weil die ständische Mitwirkung fehlte; und als die Stände sich aufgerafft hatten, war die königliche Macht schon im Ansehn geschwächt und executirte daher nur ohnmächtig, was die Stände über die Rechte erklärten. Hierin lag der Unsegen der unfertigen Verfassungsverhältnisse des Reichs, aber auch die Hauptquelle des Unglücks Ludwigs des Baiern.

Als die unmittelbare Antwort des Papstes auf den Protest Ludwigs erfolgte die Bannbulle vom 23. März 1324, welche ihre Begründung in der Fortführung des Titels und Amtes eines römischen Königs und in dessen fortdauernder Unterstützung der Feinde der Kirche in Italien finden sollte.[1]) Mit Verkennung des wahren Sachverhaltes stellte Johann XXII. den Hergang seines Verfahrens so dar, als ob Ludwig durch Entsendung von Boten dem obersten Richteramt der Curie sich unterworfen, aber dann rückfällig geworden und in Folge dessen die Strafen der Kirche auf sich gezogen hätte. Er entband nicht nur jedermann, wie üblich, vermöge apostolischer Machtvollkommenheit des Gehorsams und aller geschworenen Eide und Versprechungen gegen den deutschen König, sondern er verbot auch bei Strafe der Excommunication allen Verkehr und jedwede Unterstützung und Dienstleistung. Nur aus Gnade sah er den deutschen Kirchen, Fürsten und Gemeinwesen nach, was dieselben bisher dem Gebannten gethan oder geschworen und erklärte den Tag der Verkündigung der Bann-

---

[1]) Von Olenschlager als drittes Verfahren bezeichnet S. 96. Urget nos caritas.

bulle als den äußersten Termin, von welchem an jedermann seinen Verkehr mit Ludwig von Baiern abzubrechen hätte.

Die Nachricht von der in Avignon geschehenen That traf den König in Frankfurt, wo er im Frühjahre 1324 weilte und wo sich aus allen deutschen Landen zahlreichere Anhänger einzufinden begannen, als bisher. Zu Sachsenhausen im Deutschordenshause verkündete er wahrscheinlich am 22. Mai seinen zweiten Protest. Nach der Bulle vom 23. März gab es nur eine würdige Erwiederung von Seite des Reichsoberhaupts und das war die Verweigerung der Obedienz. In merkbarer Verschiedenheit von den früheren Aktenstücken wird Johann XXII. nicht mehr als Papst anerkannt, sondern einfach mit seinem Namen bezeichnet, wobei nur hinzugefügt wird, daß sich derselbe einen Papst nenne.[1]) Die Rechtmäßigkeit des Pontifikats wird nicht auf Grund der vor acht Jahren vorgekommenen Wahlumtriebe, sondern lediglich in Folge des ungesetzlichen Verfahrens gegen Ludwig von Baiern und das deutsche Reich bestritten. Die höchst verderblichen staatsrechtlichen Grundsätze, welche Johann XXII. zur Schädigung des Kaiserthums und der Stände des Reiches erfunden hätte, die willkührliche Behauptung von einem Prüfungsrechte der Kirche in Betreff der Personen und Gesetze des Kaiserthums, die Anmaßung, welche in der Einmischung in die Angelegen-

[1]) Nos Ludovicus dei gratia R R. semper Augustus proponimus contra Johannem, qui se dicit Papam XXII. quod inimicus sit pacis, et intendit ad discordias et scandala suscitanda non solum in Italia, quod notorium est, sed etiam in Alemannia suscitando Praelatos et Principes, commovendo per nuncios frequenter et litteras, sollicitando, ut contra sacrum imperium et nos debeant guerram movere et pro viribus rebellare. Am vollständigsten und besten bei Baluze. Vitae II. No. 75.

heiten nicht nur Italiens, sondern auch Deutschlands und die Ruchlosigkeit, welche in der Aufreizung der Unterthanen zur Eidbrüchigkeit und Rebellion sich aussprächen, — dies sind die Gründe für die Aufkündigung des staatlichen Gehorsams gegenüber dem Papste.

Nur im uneigentlichen Sinne kann man das Aktenstück eine Appellation an ein Concil nennen; Ludwig gibt die Erklärung ab, daß er sich und seine Sache der Entscheidung eines Concils unterwerfen wollte, sobald sich ein solches an einem sichern und tauglichen Orte versammeln würde.[1]) Aber es liegt eine Schwäche des damaligen Staatsbegriffs darin, daß Ludwig eine Lösung des Conflikts in Aussicht nahm, die er ohne die Grenzen seiner Gewalt einseitig zu überschreiten nicht herbeiführen konnte. Denn wer sollte das allgemeine Concil versammeln? Johann XXII. war in seinem sichern französischen Winkel selbstverständlich durch den Vorgang Ludwigs nicht einen Augenblick irre gemacht worden. Er setzte im März und April die Excommunication gegen einzelne oder bestimmte Classen von Personen ungeschwächt fort und sprach im Juli gegen Ludwig eine förmliche Ungiltigkeitserklärung seiner Wahl und die Absetzung aus, citirte ihn im Gegensatze zu der Idee einer conciliaren Lösung auf den ersten October persönlich

[1]) Die geschraubten Wendungen, welche das Aktenstück in dem Punkte der Concilsberufung zum Unterschiede von der sonstigen Prägnanz desselben enthält, zeigen, daß man sich an Ludwigs Hofe der Schwierigkeit wohl bewußt war: Juramus etiam nos contra eundem pro viribus persecutores praedicta in concilio generali congregando in loco tuto atque securo ad honorem dei et exaltationem fidei christianae et sanctae Dei ecclesiae et sacri imperii et principum et devotorum . . . in quo nos favente domino intendimus personaliter interesse. Aber wie und wo die Zusammenkunft des Concils ermöglicht werden sollte, dafür sucht man in diesen und allen andern Stellen vergebliche Aufklärung.

vor sein Gericht, ermunterte auch den Oesterreicher zum Bruche seiner Ludwig dem Baier geschworenen Eide und Versprechungen und rüstete den Krieg gegen den König durch Kreuzzugs-Privilegien und Ablaßbullen.

Eine conciliare Lösung des Conflikts, wie sie Ludwig der Baier und seine Staatsmänner und Theologen forderten, war demnach in der That unausführbar, wenn sich die kaiserliche Gewalt nicht gleichzeitig zutraute, wie zur Zeit der Ottonen, Kirchenversammlungen selbstständig zu berufen. Mochte man nun am deutschen Hofe aus Furcht vor der Erfolglosigkeit einer Maßregel dieser Art oder aus anderen Gründen eine bloß theoretische Forderung nach einem Concil aufgestellt haben, die Sache erhielt den Charakter der Halbheit, welche Johann XXII. sehr gut benutzte. Zugleich aber trat in der Proklamation Ludwigs vom 22. Mai noch ein anderes kirchliches Moment zum ersten male hervor, welches den Streit mit dem Papstthum von der rein staatsrechtlichen Basis einigermaßen verschob. Denn wenn wir in der angeführten Zurückweisung der Eingriffe des Papstes in die Reichsangelegenheiten analog der Nürnberger Erklärung Ludwigs eine klar gezogene Linie der Grenzen zwischen Staats- und Kirchengewalt constatieren konnten, so lag schon in der Hindeutung auf den conciliaren Weg der Lösung eine Klippe vor, welche verschärft und gefährlich wurde, wenn der König das weite Gebiet der in jenem Augenblicke schwebenden dogmatischen Streitigkeiten in sein Bereich zog. In unmittelbarstem Anschluß an die streng juristischen Deductionen des Königs, unter denen wieder die Zurückweisung des päpstlichen Anspruchs auf die Reichsregierung während des Interregnums den erheblichsten Eindruck macht,[1]) bricht gleichsam mit phänomenaler

[1]) Hierüber läßt wieder die betreffende Stelle an juristischer Klarheit

Gewalt die Frage der Glaubenslehren und der evangelischen Wahrheiten in die deutsche Staatsschrift herein. In dieser verhängnißvollen Thatsache lag vielleicht ein echt nationaler, wenn man will vorreformatorischer Charakterzug. Es war, als ob es dem deutschen Gemüthe schwer fiele, die Obedienz aus rein politischen und rechtlichen Motiven zu verweigern, als bedürfte es zur Begründung der Abwehr geistlicher Usurpationen auch noch besonders des Nachweises offenbarer Irrlehren und falschmünzerischen Glaubens. Es war, als ob die deutsche Regierung die Gewissensbedenken der Nation bei dem großen Schritte der Aufkündigung des kirchlichen Gehorsams nicht für hinreichend beruhigt hielte, wenn sie nicht auch die gleichsam aus der innern Rechtfertigung des Glaubens hervorgehenden Gründe ihres Abfalls feierlich erklärt hätte.

Die canonische Lehre über das ausschließliche Entscheidungsrecht des päpstlichen Stuhles in Sachen des Glaubens und der Lehre war immer ein Gegenstand mächtiger

---

nichts zu wünschen: Item ille crudelis usurpator iura principum imperii privata negotio indiscusso parte inaudita nititur usurpare. Cum enim vacante imperio comiti Palatino Rheni de iure et approbata imperii consuetudine observata hactenus inconcusse praesertim in partibus Alamanniae competat jus administrandi jura imperii, feoda ecclesiastica et temporalia conferendi, et cuncta alia negotia disponendi, ipse in dicti principatus et principum suorum iniuriam contendit, quod in nullum casum sibi competit ad se administrationem vacantis imperii pertinere. Hieran schließt sich eine Stelle, welche oben S. 163 erwähnt ist: Idem in consistorio manifeste dixit, quod ipse ad conculcandum serpentem aeneum imperium Alamannorum omni tempore suo pro viribus laborare vellet et intendere toto posse, sicut effectu operis declarat et comprobat tota die. Hierauf beginnt mit den Worten Non suffecit autem sibi das Resume der kirchlichen und dogmatischen Streitigkeiten zwischen den Minoriten und dem Papste und die Verurtheilung des letztern als Irrgläubigen.

Differenzen unter den Theologen. Die Frage hatte im damaligen Augenblicke eine sehr tiefgehende Bedeutung durch die Verurtheilung des durch frühere Päpste anerkannten Grundsatzes von der vollkommenen Armuth Christi und der Apostel erlangt. Daß die Minoriten einige Consequenzen hieraus auf die wünschenswerthe Armuth der Kirche überhaupt gezogen hatten, bestimmte Johann XXII., welcher 25 Millionen gesammelt und hinterlassen haben soll, die früher approbirte Ansicht durch kathedrale Entscheidung zu verwerfen. Der gewaltige Streit mit den Minoriten brach aus. Allerdings schien die Forderung eines Concils vermöge der innern Unsicherheit der katholischen Lehre, welche durch eine Entscheidung des Papstes schwankend geworden war, besser und allseitiger begründet werden zu können, allein die Angelegenheit betraf nicht unmittelbar das staatliche Grenzgebiet. Allerdings konnte der Widerspruch, der zwischen kathedralen Aussprüchen nun einmal vorlag, nur durch Berufung eines Concils gelöst werden, aber die päpstliche Curie war natürlich weit entfernt davon, sich einer solchen Versammlung zu unterwerfen und zwischen der Durchführung und dem Wunsche nach einer solchen Maßregel war eine Kluft, welche die Worte und Beweise der königlichen Proklamationen nicht zu überbrücken vermochten.

In der That ist es aber persönlich und sachlich leicht zu erklären, warum der staatsrechtliche Streit Ludwigs des Baiern zu dieser theologisch dogmatischen Umarmung gelangte. Eben jene Minoriten, welche den Papst als Irrlehrer bekämpften, waren auch die Rathgeber Ludwigs des Baiern in Sachen des Staates. Marsilius von Padua, Johann von Gent und ihre Freunde verfochten in ihren Schriften die Rechte des Staates gegen die Usurpationen des Papstthums; ihrer Gelehrsamkeit waren die tiefeinschneidenden Rechtsnachweisungen aus alter und neuer Geschichte zu verdanken; sie waren es, die den Staatsschriften Ludwigs die prinzipielle Grundlage gaben, welche dieselben in seltenem Maße vor allen früheren ähnlichen Aktenstücken im Kampfe der alten Kaiser mit Rom auszeichnet. Mit welchem Bewußtsein überlegener historischer Kenntniß vermochten sie den Papst auf die Stellung der Kirche zur Zeit des Kaisers Constantin zu verweisen; welche Fülle von staunenswürdig scholastischer Schlagfertigkeit zeigte sich in ihren litterarischen Leistungen, die sie unter dem Titel der „Friedensvertheidigung" gesammelt in die Welt schleuderten. Johann XXII. kannte nur zu gut die geistige Ueberlegenheit seiner minoritischen Gegner, gegen die er im Grunde keine andere Widerlegung als die des Fluches hatte: Bestien des höllischen Pfuhles seien sie, heraufgestiegen, um die Menschheit zu verderben. Diese Männer nun waren nicht nur die Bundesgenossen des Königs, sie waren auch seine vornehmsten Räthe, sie standen ihm persönlich nahe, — einer davon war sein Arzt; war es da wohl zu verwundern, wenn sich Ludwig neben dem kaiserlichen Schwerte auch die Waffen des Glaubens umgürtete, um in dem feindlich gesinnten Papst zugleich den Neuerer und Zerstörer der evangelischen Wahrheit anzugreifen?

Und auch manche sachliche Motive schienen für die Hereinziehung des dogmatischen Standpunktes in die staatsrechtliche Streitfrage zu sprechen. In einem Zeitalter, welches zwischen Staatssachen und Kirchenangelegenheiten, zwischen Glauben und Wissen, zwischen Geistlichem und Weltlichem nur sehr schwache Unterschiede machte, mußte es erscheinen, als ob der politischen und staatsrechtlichen Seite des Kampfes ein tieferer Hintergrund in der religiösen Ueberzeugung der Masse des Volkes gewonnen werden müßte. Die Weltanschauung der Menschen wurzelte zu tief in dem Gefühle der Abhängigkeit von den überirdischen Dingen, als daß es leicht möglich gewesen wäre die juristische und politische Frage rein und säuberlich und in selbständiger Weise zur Lösung zu bringen. Nicht nur auf die Gemüther der Menschen sollte es einen großen Eindruck machen, wenn man nachweisen konnte der Papst habe sein höchstes kathedrales Entscheidungsrecht mißbraucht und sei selbst zum Häretiker geworden; ohne Zweifel für den König Ludwig selbst war es ein Sporn zur Ausdauer, ein Mittel eigener Beruhigung, wenn man ihm sagte, der Papst sei von der kirchlichen und dogmatischen Wahrheit abgefallen und zu verwerfen. Aber freilich war der König nunmehr auf eine Bahn gezogen, welche sich als schlüpfrig und abschüssig erweisen sollte und auf der Ludwig von Baiern das volle Gleichgewicht nicht behauptete, weil er die ganze Tiefe der Frage kaum zu fassen vermochte, weil er die Consequenzen der ungeheuren Anklage wohl auch nicht vollständig überblickte.

Das Urtheil der Geschichte war gegen Ludwig den Baier im Allgemeinen ungleich härter, als man bei genauer Betrachtung begründet finden kann. Es war eine gewaltig verwickelte Zeit von ständischen Kämpfen, theologischen Streitigkeiten, fürstlicher Nebenbuhlerschaft, geringen Machtmitteln und finanziellen Krisen, mächtigen europäischen Coalitionen. Die allgemeine europäische Lage war unendlich verworrener und für die Deutschen schwieriger, als zur Zeit Kaiser Friedrichs II. oder gar Ottos I. Kein Wunder, daß Ludwig der Baier um soviel kleiner und unbedeutender erschien, als diese letzteren. Das Urtheil der Geschichte über seine Persönlichkeit, über sein Wollen und Können war immer nur das Reflexbild der damaligen chaotischen Weltlage. Ludwig der Baier gehörte nicht zu den durchgreifenden Menschen in der Geschichte, welche den Dingen auf Jahre hinaus eine bestimmte Gestalt und Richtung geben, aber seine Regierung bildet ein unvertilgbares Glied in der staatsrechtlichen Entwickelung des Reiches. Indem man ihn erfüllt sieht von den großen Doctrinen seiner Zeit, die zum erstenmale einen durchaus modernen Charakter, wenn auch noch in scholastischer Form, tragen, ist man fortwährend im vollsten Zuge sich für seine Geschichte wie für einen Gegenstand, der uns unmittelbar angeht, zu interessiren. Indem er in seinem Kampfe gegen Avignon Ideen mit gewaltigem Anlauf, Muth und ernstem Sinne vertritt, welche die Theilnahme des modernen Menschen erregen, wird man sich unwillkührlich für ihn erwärmen, und es als ein tragisches Geschick beklagen, daß man ihn zuweilen erlahmen sieht, und daß er nicht den letzten kräftigen Sprung wagte, wo er schon so nahe am Ziele zu stehen schien. In manchen Augenblicken seiner Geschichte erregt er die Zuversicht, als wäre er der Mann gewesen die reformatorischen Tendenzen, welche zwei Jahrhunderte später von den Ständen des Reiches getragen wurden, aus dem Centrum der königlichen und kaiserlichen Gewalt heraus zu entwickeln. Es hat etwas Großartiges, wie sich Ludwig gegen den Papst erhebt, gegen den „Abtrünnigen, welcher sich in boshafter Wuth gegen den Herrn, gegen die allerseligste Mutter, gegen die Apostel und die im Leben und Handeln bewährte evangelische Lehre des seraphischen Franciskus von der vollkommenen Armuth der Kirche“ versündigt habe.

Aber es war auch sehr erklärlich, daß sich in dem Jahrelangen schicksalsvollen Streite, ein Charakter wie Ludwig von Baiern nicht stets auf dieser Höhe der Anschauung und Kraft zu behaupten vermochte. Er hatte ein festes und beharrliches Gefühl von seiner hohen Stellung, seinem Rechte, allein wer konnte läugnen, daß hier ein Kampf mitspielte, den die Seele des Königs nicht ganz umfaßte. Wenn ihm die Theologen und Juristen seiner Umgebung von der Verworfenheit jenes Papstes erzählten, so mochte er wohl an seine Mission glauben, dem Staat wie der Kirche zu helfen. Aber in Augenblicken, wo er am Abgrund stand, und die Dinge schief gegangen waren, beunruhigte sich der königliche Herr gar sehr über die Richtigkeit seines Vorgangs und über die dogmatischen Streitigkeiten. Mißmuthig erklärte er dann, er hätte nichts von dem Latein verstanden, das man ihm vorgelesen und das er ungern unterschrieben hätte. Er wollte dann nichts von den Minoriten und ihrem theologischen Gezänke wissen, er sei ein weltlicher Mann, kenne bloß Reich und Recht und sei geneigt sich zu vertragen und zu versöhnen. Aber trotz aller Schwankungen kam es doch nie dazu, daß er sich unterworfen hätte, wobei es unbestimmt bleiben mag, ob mehr durch Ueberzeugungstreue des Königs oder Starrsinn des Papstes dies verhindert wurde.[1]) Wie

---

[1]) Es würde mit den Zwecken dieser Abhandlung nicht stimmen, alle die Akten zu wiederholen, welche für die so oft und hart getadelten Schwankungen Ludwigs bezeichnet sind. Daß in der Vertheidigung des Königs Buchner, Zirngibl und andere zu weit gegangen sein mögen, kann doch nicht den Abscheu gerade vor den gelehrtesten Werken über diesen König vermindern, in denen die Undeutschheit gewisser Gelehrten bis zur förmlichen Anerkennung der französisch-päpstlichen Usurpationen sich steigert. Das traurigste Zeugniß des Wankelmuths ist Ludwigs Verhaltungsbrief für die kais. Gesandten vom Jahre 1331 und das Augsburger Schreiben Sanctissimo in Christo Patri et domino suo Johanni: Sepe fit. Olenschlager, Staatsg. No. 63 u. 64: Und daucht dan den Stul das si (die Minoriten) icht täten, das wider den glauben ware . . . so wolten wir den glauben schirmen

Ludwig die letzten Schritte nach links nicht that, so vermied er sie auch nach rechts. Denn es war eben nicht leicht vom bairischen Hochland, bedroht von allen Seiten und Stämmen, die Welt zu beherrschen; der König war nur zu häufig eingeschüchtert und brauchte dann fremde Ermunterung und Hilfe. Er verfiel in Schwermuth und Trauer und die Thatkraft verließ ihn in solchen Momenten. Er war kein Mann von starker, eigener Initiative, ein breitangelegter tapferer Charakter voll momentaner Ueberzeugungen und von einem gewissen Selbstbewußtsein seiner guten Absichten und seiner Bravheit. Er war gerne bereit seinen gelehrten Freunden und seinen Ministern aus voller Seele zu vertrauen, aber auch ohne das lebendige Gefühl der vollen Verantwortlichkeit für sein Thun und Lassen, welches starken Herrschernaturen eigen ist.

In den deutschen Städten und Bürgerschaften fand Ludwig in seinem Kampfe gegen Avignon den meisten und stärksten Rückhalt. Mit Eifer und Entschlossenheit folgte man dem Könige auf der Bahn der Obedienzverweigerung. Je schwankender und unsicherer die Fürsten sich zeigten, desto populärer war die Opposition gegen das Papstthum in den weiteren Kreisen der Nation. Wenn sich die Bischöfe nicht dem Widerstande des Königs anschlössen, obwohl sie deutliche Beweise gaben, daß sie im Herzen und nach ihrer Gesinnung den Ansprüchen des Papstthums abgeneigt waren, so fanden die Reichsstädte hierin nur desto mehr Grund zur Ausdauer und treuen Hingabe an den König. In den rheinischen Städten waren List und Drohungen der Curie vergeblich aufgewendet worden, um die Bannbullen Johanns XXII. zu publiciren. Die Stadtmagistrate gestatteten nicht, daß man der schmählichen Usurpation des avignonischen Priesters auf den Kanzeln Ausdruck gab, oder das sogenannte Rechtsverfahren an die Kirchenthore heftete.

Auch bei den Kurfürsten schien eine Ahnung vorhanden zu sein, wohin es mit ihren Rechten käme, wenn die staatsrechtlichen Ansprüche des Papstes geduldet würden. Johann XXII. selbst bezeichnete es als ein verläumderisches Gerücht, daß er den Deutschen die Wahl des Kaisers entziehen wolle.[1]) Aber es konnte doch niemand sich täuschen, daß seine Behauptung die Päpste hätten im Falle der Erledigung des Thrones das Reich zu regieren allen Gewohnheiten und Rechten der Kurfürsten präjudicirte. Das Kurcollegium nahm freilich an den Akten des Königs nicht unmittelbar Antheil, aber es war doch sehr weit davon entfernt, sich auf Seite des Papstes zu stellen. Durch alle Mittel der Gefälligkeit und Verführung vermochte die avignonische Curie doch nichts weiter, als den rechtlichen Ausspruch des Kurfürstencollegiums um mehrere Jahre zu verzögern und zu verschieben. Mancherlei Gründe hielten das letztere ab, sich mit der königlichen Gewalt zu identifiziren und dieselbe durch eine verfassungsmäßige Zustimmung unbedingt zu vertreten, allein es kam doch endlich die Zeit, wo die Kurherren nicht länger zu schweigen vermochten. Es war lediglich der seit fünfzig Jahren schwebende innere Verfassungsstreit über die Stellung und Bedeutung des Hofkanzlers in der Regierung des Reichs, wenn das Erzkanzleramt von Mainz sich

---

[1]) Schon im Jahre 1324 muß die Stimmung unter den Kurfürsten sehr bedenklich gewesen sein, wenn sich Johann herbeiläßt an dieselben beschwichtigend zu schreiben, sie möchten nicht glauben, daß er ihre Rechte angreifen wollte: Quocirca serenitatem . . attentius deprecamur, quatenus tuum animum ad cuiscunque sinistrae suggestionis instantiam super his non inclines, sed potius suggestores eosdem fabricatores mendaciorum reputes et mendaces.

zurückhaltend und antheilslos in der tiefeingreifenden Frage verhielt.[1]) Aber selbst der Erzbischof Matthias, der seinen Sitz der päpstlichen Provision verdankte, hütete sich wohl die Behauptungen des Papstes gutzuheißen. Das Kurcollegium, dessen Stellung in der Verfassung seit fünfzig Jahren immer wichtiger und eingreifender geworden war, nahm nun dem Papst gegenüber einen mehr staatsmännischen Standpunkt ein. Besonders die drei geistlichen Fürsten mochten sich wohl der politischen Seite des Streites bemächtigen, aber sie waren weit entfernt sich von den dogmatischen Angriffen Ludwigs gegen den Papst fortreißen zu lassen. Man darf es dem Einfluß Baldewins von Trier, des staatsklugen Bruders Kaiser Heinrichs VII. zuschreiben, wenn die Kurfürsten ihrerseits das sogenannte Rechtsverfahren gegen den deutschen König verwarfen.[2])

---

[1]) Zirngibl will zwar nicht zugeben, daß die Regierung Ludwigs das Gepräge seiner Minister trug, allein das ändert doch nicht, daß die beiden Kanzler Ulrich von Hagenohr und Berthold von Tuttlingen noch bei weitem nicht hinreichend gewürdigt worden sind. Es lag aber der alte Streit vor, daß die Erzkanzler von Mainz sich beeinträchtigt wähnten, und in Folge dessen ihre ständische Mitwirkung häufig versagten. Selbstverständlich ist diese Seite der Geschichte Ludwigs bisher ganz unbeachtet. Auch war der Einfluß, welchen die Grafen Henneberg, Oettingen, Nürnberg auf Ludwig hatten, dem Fürstenstand nicht ganz erwünscht.

[2]) Baldewin von Trier hat jetzt eine gute Biographie erhalten, aus der man leicht sich unterrichten kann, wie derselbe auch stark hin und her diplomatisirte. Als die entscheidende Richtung behielt er doch seit 1326 Ablehnung jeder päpstlichen Einmischung in deutsche Angelegenheiten bei. Er publicirte die päpstlichen Bullen gegen Ludwig trotz der Vermahnungen vgl. Raynald 1326. No. 7 nicht. Matthias von Mainz wollte wegen Oesterreichs mit dem Papste nicht brechen, aber die französischen Gedanken auf das Reich scheint er energisch abgelehnt zu haben; wie man insbesonders aus der Kurfürstenversammlung von Rense 1324 oder 1325 sieht, über welche freilich dürftige Nachrichten, vgl. Kopp V. 1. 218. Ebensowenig reussirten die Bestrebungen für eine neue Wahl im Jahre 1328 ebd. 412.

Hieran ward wenig geändert, als Matthias von Mainz nachher einem Bunde beitrat, dessen Tendenzen Friedrich dem Schönen noch einmal zu Gute kommen sollten, denn auch der österreichische Gegner Ludwigs blieb nach wie vor entschlossen, den französisch-päpstlichen Usurpationen sich nicht zu unterwerfen. In der rechtlichen Frage waren im allgemeinen die Kurfürsten einig und blieben es auch, obschon sie zu einem selbständigen Schritte sich erst viele Jahre später entschlossen. Aber die Opposition gegen Johann XXII. verstärkte sich schon in diesem Kreise, als ein Virneburger Graf an die Stelle des Erzbischofs Matthias in Mainz getreten war. Ohne die dogmatische Seite des Kampfes je zu berühren, hielten sich die maßgebenden Reichsgewalten streng auf der Linie der Abweisung der rechtlich unbegründeten Ansprüche des Papstthums und bildeten, wie sich bald zeigen wird, die politische Grundlage des Conflikts zu einer höchst fruchtbaren deutschen Staatsauffassung aus.

Indessen dürfte man keineswegs glauben, daß Ludwig der Baier in seinen weitergehenden auch das interne Gebiet des Glaubens berührenden Angriffen gegen die Curie von niemandem, als von den Minoriten und den Bürgerschaften der Städte unterstützt gewesen wäre. Auch Bischöfe, wie die von Speier und Eichstädt und der Meister des deutschen Ordens waren Verbündete des Königs. Als Ludwig in Trient die Vorbereitungen zum Römerzuge traf, waren sehr viele Geistliche, italienische und deutsche, um ihn geschaart. Alles was gegen die Omnipotenz des päpstlichen Stuhles, sei es aus politischen und nationalen, sei es aus dogmatischen und Gewissensgründen, Widerstand erhob, setzte die größten Hoffnungen auf Ludwig, welcher durch keinerlei eingegangene Verträge und Verpflichtungen gebunden, vielmehr frei und gewaltig schien, um die staatliche und kirchliche Verworrenheit durch eine große reformatorische That zu lösen. Schon waren nicht nur unter den Feinden des französischen Papstthums in Italien, sondern auch in Deutschland Fälle vorgekommen, wo man bei Neubesetzung geistlicher Stellen nach den Gewohnheiten einer päpstlichen Sedisvacanz verfuhr.[1]) Es war eine nationale Reaction in Deutschland, wie in Italien unläugbar vorhanden, von welcher Ludwig, mochte er persönlich noch so zaghaft sein, immer wieder geschoben und gedrängt wurde. Es gab in diesem Streite Momente, wo man auf eine allgemeine Obedienzverweigerung hoffen durfte.

In einem solchen Augenblicke begann Ludwig sein Unternehmen in Italien. Der staatsrechtliche Thatbestand war der, daß es keinen vom Reich anerkannten Papst gab. Allein das Kaiserthum konnte nicht ohne Papstthum gedacht werden. In dieser Schwäche und Unselbstständigkeit des Staatsbegriffs, welcher dem mittelalterlichen Kaiserthum anklebte, lagen die Keime verhängnißvoller Maßregeln. Die Krönung des Kaisers in Italien war zwar zu Kaiser Heinrichs VII. Zeit nicht mehr vom Papste selbst besorgt worden, und man zog daraus die Lehre, daß auch diesmal die Feierlichkeit „sede vacante“ von Stellvertretern vollzogen werden könnte, allein die Kirche sollte nach der Meinung der Minoriten nicht ohne Oberhaupt bleiben. Man stellte Ludwig vor, daß es seine Sache wäre, Vorsorge zu treffen und den päpstlichen Stuhl zu besetzen. Man wußte so gut, wie wir es heute wissen, daß

[1]) So in Freising, wo das Capitel den bischöflichen Stuhl für erledigt erklärte, einen Stiftspfleger ernannte und ihm auftrug, weder Urtheil, Spruch noch Botschaft von dem Papste anzunehmen. Aehnliches in Bamberg. Vgl. Kopp ebd. 192.

ein altes Recht des Kaiserthums durch ein Jahrhundert thatsächlich geübt worden ist, und daß viele Päpste durch kaiserliche Bestallung auf den Thron erhoben wurden. Die Beweise für das Recht des Kaisers ließen an historischer Gelehrsamkeit nichts zu wünschen übrig; aber nicht immer sind gelehrte Argumente auch praktisch und geschäftlich richtig. Von den deutschen Fürsten, welche der politischen Seite der Frage, wie wir gesehen, die größere Beachtung widmeten, betheiligte sich nicht Einer an den Maßregeln, die in Italien folgten. Deutlich trat der Einfluß italienischer Parteien auf die Regierung verhängnißvoll hervor. Es war, als ob sich der Dunstkreis Rom's über eine deutsche Rechtsfrage gelagert hätte. Indem der Kaiser in das unmittelbare Kirchengebiet einzugreifen anfing, ward seine Stellung immer schwieriger und verworrener; bald zeigte sich, daß eine dreihundertjährige Geschichte sich nicht mehr auf die Zeiten vor Gregor VII. zurückschrauben lasse.[1])

Der erste Schritt, den Ludwig that, lag noch innerhalb der

---

[1]) Es genüge hier für die gesammte Darstellung der Vorgänge auf Kopp V. 233 ff zu verweisen, wo man die urkundlichen Quellen meist in wortgetreuer Uebersetzung findet. Doch kann man die Darstellung trotz scheinbarer Objektivität natürlich nur als vollständig einseitig bezeichnen. Man gestatte mir die Bemerkung, daß ich mich viel lieber auf die alten Werke berufe, um meine Darstellung zu rechtfertigen. Dieselbe beansprucht aus dem trefflichen Reichstreuen Geiste eines Olenschlager hervorgegangen zu sein, dessen hohe und ehrwürdige Gesinnung gemeiniglich von der neuern und neuesten Geschichtsschreibung nicht entfernt erreicht wird. Staatsgesch. § 82 S. 188—90. S. 214. Das Verfahren des Kaisers gegen den Papst, Rom 18. April 1328 ebd. Nr. 58, aber besser bei Baluze II. 512 Gloriosus deus. Am beachtenswerthesten erscheint die Stelle: praedecessorum nostrorum videlicet Ottonis primi, qui cum clero et populo Romano Johannem XII. deposuit de papatu et cum clero et populo de alio pastore urbi et orbi providit et aliorum quamplurium Imperatorum vestigiis inhaerere volentes, ipsum Jacobum etc.

Grenzen des von den Meisten anerkannten kaiserlichen Rechts, und sehr vorsichtig und klug ging man bei dem Verfahren gegen Johann XXII. zu Werke. Er wurde nicht als Papst in der Versammlung zu St. Peter aufgerufen. Der Priester Jacob von Cahors ward beschuldigt, sich des Papstthums angemaßt zu haben und unter dem Namen Johann XXII. die Rechte eines Afterpapstes auszuüben. Noch stand man auf der ganz und gar berechtigten Linie der Verweigerung der Obedienz. Der Wahlakt selbst konnte als null und nichtig angesehen werden, da die Anerkennung des deutschen Kaisers als Corollar der Wahl niemals erlangt worden war. Nicht etwa eine Absetzung des Papstes wurde in Rom ausgesprochen und vollzogen. Blos eine Rechtserklärung sollte die Erledigung des päpstlichen Stuhles sicherstellen. Ganz klug und staatsmännisch erschien auch das Gesetz, welches die Giltigkeit von Urkunden bestritt, bei denen Jahr und Regierungszeit des Kaisers nicht ausgedrückt waren. Dadurch wurde den Akten der Anhänger von Avignon die Legalität entzogen, über welche zu bestimmen doch unzweifelhaft das Recht des Staates war. Allein schon in der Motivirung des Verfahrens gegen Johann hatte Kaiser Ludwig die Grenze des staatlichen und kirchlichen Gebietes überschritten. Wenn die kaiserliche Erklärung sagte, daß der Priester Jacob von Cahors als Irrlehrer unfähig zur päpstlichen Regierung wäre, so lag hierin der Anspruch einer Entscheidung in Glaubenssachen, welche den Minoriten und vielen Italienern hoch willkommen sein mochte, von der es jedoch mehr als zweifelhaft war, ob nicht der größere Theil der Welt hierdurch vom Kaiser abgedrängt wurde. Unzweideutig wurde im Streite mit dem Papst die reine Rechtssphäre vom Kaiser aufgegeben, er griff in einen kirchlich-inneren Streit, bei dem es fraglich schien, ob nicht der Staat den Kürzeren ziehen mußte. Und selbst die Römer, die Ludwig durch ein Dekret zu gewinnen hoffte, nach welchem der Sitz des Papstthums nirgend anders, als in Rom sein sollte, begannen der Enttäuschung Raum zu geben, als nun der Minorite Peter zum Kaiserpapst erhoben worden war. Ein Mann, der den römischen Faktionen ebenso ferne stand, wie der Franzose in Avignon, konnte nichts anderes erwarten, als die vereinte Opposition der sämmtlichen Familien und Parteien Roms.

Der gesammte Vorgang bei der Wahl des Minoritenbruders war überdies ein direkter Angriff gegen alle canonischen Bestimmungen, welche seit dreihundert Jahren in Fleisch und Blut der Kirche übergegangen waren. Längst waren die Erinnerungen an das alte Wahlrecht des römischen Volkes verloren gegangen. Hatten Kaiser und Volk einst Päpste gemacht, so hatte die Kirche das Laienelement so gründlich überwunden, daß sich der uralte Rechtsgebrauch nicht mehr galvanisiren ließ. Die Erhebung des Mannes, der sich Nikolaus V. nannte, trug genau denselben romantischen Charakter, wie ein paar Jahre später der Wiederaufbau der altrömischen Republik durch Cola Rienzi, den letzten der Tribunen. Das neue Rom ließ sich durch Tribunen ebensowenig mehr beherrschen, wie durch Kaiserpäpste.

Das schlimmste war, daß die deutschen Reichsgewalten Gefahr liefen, durch Ludwigs Vorgang in Italien von ihrer eingeschlagenen Richtung abgedrängt zu werden. Je weniger das Kurcollegium an Ludwigs Eingriff in das Kirchenrecht betheiligt war, desto mehr hoffte Johann XXII., auf die Bahnen desselben Einfluß nehmen zu können. Nichts wurde unversucht gelassen, um die rheinischen Politiker im Netz von Avignon zu fangen. Was nur an Wünschen und weltlichen Bestrebungen der Kurherren von Mainz, Trier und Köln dem Papst zu Ohren kam, das wurde in verschwenderischen Privilegien und Bullen ihnen unbesehen zu Theil. Nie strömte eine verführerische Masse von Gnaden auf das Fürstenthum herab, als wenn die Curie seiner Bundesgenossenschaft gegen Reich und Kaiser bedurfte. Daß es in diesem Augenblicke zu einem vollkommenen Zusammenbruch des deutschen Reichs nicht kam, daß Johann XXII. nicht noch glücklicher als Gregor VII. unter den Fürsten operirte, daß die Reichsgewalten sich vielmehr zu einem strengeren Bewußtsein ihres Rechts gegenüber der Curie erhoben, das war eine Wirkung der nationalen Kräfte, die sich, im Gegensatz von Frankreich und französischem Papstthum, allemal am stärksten regten. Das Reichsrecht, abgesehen von allen dogmatischen Fragen, in dieser Noth verworrenster Verhältnisse zu wahren, war mehr und mehr die Sache des Kurfürstenraths geworden.

Als das vornehmste Resultat der Kämpfe Ludwigs mit dem Papstthum in den letzten Jahren Johanns XXII. darf man das einträchtigere Zusammengehen des Königs mit den Ständen und insbesondere den Kurfürsten des Reiches bezeichnen. Häufigere zum Theil gut besuchte Reichsversammlung und das Einverständniß Ludwigs mit dem Erzbischof Baldewin von Trier charakterisiren diese Epoche. Der letztere war durch die unerträglich gewordenen Provisionen des päpstlichen Stuhles bei Erledigung deutscher Pfründen unmittelbar in seinen Interessen aus Anlaß der Mainzer Kirchenverhältnisse geschädigt worden. Denn nach dem Tode des Erzbischofs Matthias war von Johann XXII. der schon erwähnte Graf Heinrich von Virneburg auf den Mainzer Stuhl erhoben worden, in welchem letzteren sich der Papst freilich sehr verrechnete, da derselbe sofort nach seiner Einsetzung zur Reichspartei übertrat und einer ihrer hervorragendsten Führer wurde. Interessant war es nun, daß ein neuer Versuch die tief verworrenen Verhältnisse durch ein Concil lösen zu wollen, von Baldewin von Trier selbst unternommen wurde, der sich hierzu mit den italienischen Cardinälen in Verbindung setzte.[1])

In diesem Augenblicke starb aber Johann XXII. (1334, 4. Dezember) und ein Mann von der gemäßigten Gesinnung Benedikts XII. wurde gewählt. Dieser Pontifikatswechsel wurde von allen Theilen gleich freudig begrüßt, weil er die Möglichkeit eröffnete zu Frieden und Vertrag zwischen dem Kaiserthum und dem päpstlichen Stuhle zu gelangen. Die außerordentlichen Umstände der Zeitlage mochten es rechtfertigen, wenn die ersten Schritte zur Wiederherstellung des bilateralen Verhältnisses nicht durch eine von den älteren Canonen geforderte päpstliche Gesandtschaft eingeleitet wurden, sondern vielmehr von Kaiser und Reich geschahen. Doch hatte Benedikt XII. seine Absicht der Versöhnung und seinen sehnlichen Wunsch, die Obedienz des Reiches zu erlangen, wenigstens indirekt durch mehrfache Vermittlung, insbesondere durch die des Herzogs Albrecht von Oesterreich zu erkennen gegeben.

Man sieht, der Pontifikatswechsel hatte einen ungeheuren

[1]) Ueber die Stellung Baldewins zur Concilsberufung vgl. Olenschlager S. 251 ff., wo auch mit richtigem Einblicke in die verwickelten Reichsverhältnisse auf die Provisionsfragen überhaupt und wie viel es dem Kaiser genützt, daß er sich derselben bemächtigte, hingewiesen wird. Man vgl. auch das Schreiben Benedikts vom 16. Dez. 1336. An diesem Orte will ich indeß der angeblichen Extravagante Ne praeterea gedenken, welche Olenschlager No. 71 mittheilt, „wornach Johann XXII. Italien von dem Kaiserthum und dem deutschen Reiche gänzlich abzusondern sich anmaßet. Baluze, Vitae I. 704 hält aber diese Constitution für falsch und untergeschoben, was man zwar durchaus nicht der Sache, aber der Form wegen wahrscheinlich finden muß.

Umschwung der Dinge herbeigeführt: die dem Papste Johann XXII. verweigerte Obedienz suchte Benedikt XII. in aufrichtigster Gesinnung von dem deutschen Kaiser zu erlangen. Wir unterlassen es die Verhandlungen zu schildern, welche zu einem Vertragsverhältniß führen sollten. Daß der Kaiser Zugeständnisse zu machen bereit war, welche einer Rücknahme aller jener Schritte gleichkamen, die man als ein Uebergreifen der weltlichen Macht in die rein kirchliche und dogmatische Sphäre ansehen durfte, war nicht beschwerlicher geachtet worden, als die Forderung an Benedikt XII. die Eingriffe seines Vorgängers in die Reichsrechte feierlich, förmlich und prinzipiell zu cassiren.[1])

Daß es dazu nicht kam, daß das beiden Theilen erwünschte Vertragsverhältniß nicht hergestellt wurde, daran war ohne Zweifel die Abhängigkeit des päpstlichen Stuhles von der französischen Politik, von dem französischen Königthum und seinen Interessen Ursache. Benedikt XII. wird von der Geschichte einstimmig zu jenen Päpsten gerechnet, welche dem alten bilateralen Verhältniß von Papstthum und Kaiserthum persönlich zugethan gewesen, aber für die Herstellung desselben nichts zu thun vermochten. So lag die Entscheidung der Dinge nun wieder bei den Ständen des Reichs. Daß Ludwig der Baier in den Verhandlungen mit Benedikt XII. nicht bis zur äußersten Grenze persönlicher Demüthigung gegangen sei, konnte Freund und

[1]) Wie weit in diesen Unterhandlungen Ludwig gieng, mag man daraus ersehen, daß er sich anklagte, den Streit der Schriftgelehrten nicht verstanden zu haben. Raynald a. a. 1336 No. 14. Olenschlager 265. Doch resumirt Ludwig in seiner nach dem Kurverein von Rense, 8. Aug. 1338 gegebenen Erklärung die Punkte, welche der Papst unrechtmäßig von Reichsrechten an sich gezogen und deren Verzichtleistung unbedingt gefordert wird. Das Reich verlangte also eine vollständig principielle Cassierung der Aussprüche Johanns XXII.

Feind nicht läugnen. Wenn sich ein Friede nicht gewinnen ließ, so lag dies in den principiellen Ansprüchen, welche die Curie selbst unter einem so gemäßigten Haupte, wie Benedikt XII. nicht aufzugeben vermochte.

Da versammelten sich am 15. Juli 1338 die Kurfürsten zu Lahnstein und verbanden sich eidlich zur Aufrechthaltung und Vertheidigung der Rechte des Reiches und der ihrigen und am folgenden Tage setzten sie zu Rense unter notarieller Beglaubigung die Erklärung auf, daß nach altem Recht und Gewohnheit der durch die Kurfürsten des Kaiserreichs einmüthig oder durch Mehrheit gewählte König zur Verwaltung der Güter und Rechte des Kaiserreichs und zur Führung des königlichen Titels auf Grund und Anlaß dieser Wahl berechtigt und hierin von keinerlei Approbation, Zustimmung oder Autorität des päpstlichen Stuhles abhängig sei. Hierin waren alle Fürsten einig und niemals ist wohl ein Staatsgrundgesetz mit größerer und vollkommenerer Befriedigung aller Stände angenommen worden. Nur in der Form, in welcher der angeregte Beschluß dem päpstlichen Stuhle mitzutheilen und in den Consequenzen, welche aus demselben für die persönlichen Verhältnisse Ludwigs und die augenblickliche politische Lage zu ziehen wären, vermochte sich eine Differenz zwischen Baldewin von Trier und mehreren anderen Kurfürsten zu ergeben, in deren Folge besondere und getrennte Schreiben an die Curie ergingen.[1]) Für

---

[1]) Die reiche Litteratur über den Kurverein von Rense gibt mir nur Gelegenheit zu bemerken, daß ich der Auseinandersetzung Fickers über die Stellung Baldewins folge, Sitzgsber. d. Wiener Akad. XI. 673, wo auch der beste Abdruck der Akten. Die deutsche Ausfertigung ist am 16. Juli 1338 zu Rense und kann nach meiner Meinung nur als eine Uebersetzung des Tags zuvor ausgestellten Lahnsteiner Briefes zum Zwecke größerer Publicität gelten. Ich denke, daß die kurfürstliche Erklärung eben

das Resultat waren die Bemühungen beider Fractionen gleich vergeblich. Denn die Curie entschloß sich nicht dem deutschen Kaiserthum ein Recht zuzuerkennen, welches dem System des neueren Papstthums widersprach. Erst war es der Einfluß der französischen Cardinäle, bald nachher die gewaltthätige Gesinnung des Nachfolgers Benedikts XII. jenes Clemens VI., wodurch die Wiederherstellung der Obedienz verhindert wurde.

Ludwig der Baier sollte unversöhnt mit dem Papstthum abscheiden. Aber das gewonnene Reichsrecht gieng seiner Fortbildung und Entwickelung nach. Die große Reichsversammlung von Frankfurt, die erneuerten Erklärungen der Kurfürsten zu Rense und Bacharach gegen Clemens VI. später die goldene Bulle Karls IV. bezeichnen den Gang der staatlichen Emancipation von der päpstlichen Bevormundung. Bald kam auch der Augenblick, wo die Frage der staatlichen Obedienz für die Kirche eine empfindlichere und eingreifendere Gestalt gewann, und wo die Existenz der abendländischen Kirche nur mit Hilfe und durch den Schutz der staatlichen Gewalten vor innerer Auflösung bewahrt werden konnte. Unter Ludwig von Baiern aber hatte in Deutschland zum ersten male die Obedienzverweigerung einen reichsverfassungsmäßigen, ständischen Charakter erhalten. Es war das erstemal, daß die Mitwirkung der Stände eine große Rolle in den Kirchenangelegenheiten spielte; und es ist daher wahrhaft unbegreiflich, daß unsere deutsche Historik nicht davon abläßt eine Zeit, welche sich den merkwürdigsten Epochen eng-

in deutscher Sprache den gesammten versammelten Reichsständen vorgelesen wurde, — worauf die ganze Versammlung den durch den Notariatsakt beglaubigten Beschluß faßte. Die Vorberathung vom 15. stellt sich demnach als die Bill dar, welche am 16. von der gesammten Reichsversammlung applaudirt wird

lischer Parlamentsgeschichte würdig an die Seite stellt, die Zeit Ludwigs von Baiern unter die zahlreichen und wiederholten „Verfallscapitel“ der endlos „verfallenden“ deutschen Staatsgeschichte zu zählen.

Das päpstliche Schisma.

Am 27. März 1378 starb der avignonische Papst Gregor XI. in Rom, wohin er die Curie zurückgeführt hatte. In Bekümmerniß und Siechthum verlebte er seine letzten Tage, bedroht und angegriffen von den Italienern, angefeindet und verwünscht von den Franzosen. Er wäre gleich Urban V. wieder nach Avignon entflohen, wenn ihn der Tod nicht daran verhindert hätte. In Rom erscholl der Ruf nach einem römischen oder wenigstens italienischen Papst und unter dem Aufruhr der Bevölkerung wurden die anwesenden Cardinäle in das Conclave gezwungen. Schrecklich klingen die Beschreibungen der Franzosen von dem drohenden Treiben des römischen Pöbels, welcher mit Waffen und Brandlegung die freie Wahl der Cardinäle vereitelte.[1])

---

[1]) Daß den sorgfältig geschriebenen Darstellungen der Wahl Urbans VI. von Seite der Avignonesen oft mit mehr kirchlichem Eifer als strenger historischer Kritik entgegentreten wird, ist sicher, und wir theilen die Meinung Gregorovius VI. 489 note, daß Baluze II. No. 192 eine durchaus unverdächtige Beschreibung der allgemeinen Lage enthält: Item praefati officiales mandaverunt omnibus nobilibus urbis, per quos furor populi reprimi poterat sub poenis maximis ut infra tres dies exirent urbem, quod mandatum, pro parte Dominorum Cardinalium requisiti nunquam revocare voluerunt und weiter: Et tunc fortius populus more solito cum magno furore incepit clamare: Romano lo volemo al manco Italiano

Die römischen Behörden wurden angeklagt, für den Schutz des Conclaves nicht ordnungsmäßig gesorgt zu haben; schon wollten die Franzosen ihr Heil in der Flucht suchen, aber niemand vermochte zu fliehen, bevor nicht das geflügelte Wort: „Wir haben den Papst" die harrende Menge beruhigt hatte. Und wie war man zur Papstwahl gekommen? Es war ein verbrecherisches Spiel, welches die gerühmten Säulen der Kirche mit ihrer wichtigsten Pflicht getrieben hatten.

Im Conclave waren 16 Cardinäle unter denen nur vier Italiener und ein Spanier, aber die Franzosen waren getheilt, sieben von der Limusinischen, vier von der avignonischen Fraction. Führer der letzteren war Robert von Genf, welcher im Falle einer Secession noch auf sechs in Avignon zurückgebliebene Cardinäle zu rechnen vermochte. Aber die von den Franzosen beabsichtigte Sprengung der Wahlversammlung wußte der Cardinal Orsini zu verhindern, welcher nicht anders meinte, als daß ihm selbst bei dem durch Wort und That offenbarem Wunsche der Bevölkerung die Tiara zufallen müßte, allein die Limusiner erklärten ihn für zu jung, den Cardinal Tibaldeschi für zu alt, den Cardinal von Florenz und den von Mailand wegen ihrer Beziehungen zu kirchenfeindlichen Mächten ausgeschlossen. So war es unmöglich unter den Cardinälen einen Italiener zum Papste zu erheben. Man entschloß sich eine Scheinwahl vorzunehmen, welche bloß Gelegenheit geben sollte das Conclave nach einem anderen Orte zu verlegen. Man erwartete von dem Neapolitaner Bartholomäus Prignano, Erzbischof von Bari nichts geringeres, als daß er sich zur Ausführung dieser Comödie herbeilassen würde.[1]) Allein man täuschte sich

[1]) Die Histoire des conclaves faßt den fraglichen Knotenpunkt, auf welchen sich das gesammte Urtheil über die Wahl Urbans VI. stützen muß,

in ihm. Einmal gewählt nahm er die päpstliche Tiara in vollem Ernste in Besitz und als Urban IV. wußte er sich in Rom zu behaupten, wenn er gleichwohl den Abfall der Avignonesen nicht hindern konnte und auf solche Art Miturheber des gewaltigsten Schismas wurde, welches die Papstkirche jemals erfuhr.

Das Verhalten der avignonischen Cardinäle nach der am 18. April erfolgten Inthronisation Urbans VI. mußte indeß auf ihre spätere Wahlhandlung unter allen Umständen ein schiefes Licht werfen; und sie vermochten sich in der That niemals von dem Vorwurfe zu reinigen, daß sie dem von ihnen im Herzen verworfenen Papste Monate lange gehorchten. Erst am 2. August verfaßten sie den Wahlprotest, dessen verspätetes Erscheinen doch kaum mit der Erklärung, daß sie bis zu diesem Momente unter dem Drucke der Verhältnisse gestanden hätten, entschuldigt werden konnte. Interessant ist es, daß bei der Entstehung des kirchlichen Schismas die Zulässigkeit der

---

in dem Satze zusammen: Les cardinaux Limousins comprirent aisement la pensée du cardinal des Ursins et lui répondirent en ces termes: Nous ne voulons qu'amuser cette populace en lui donnant l'ombre d'un Pape, je veux dire un homme, qui ne conservera cette dignité, que jusqu'à ce, que nous soyons dans un lieu, où nous puissions procéder à une élection libre. Auch die Scene, welche die französischen Berichte über die durch das Volk erfolgte Inthronisation des Cardinals Tibaldeschi schildern, kann nicht erfunden sein, obwohl sie die römischen Berichte sorgfältig verschweigen. Im ganzen ist der offizielle römische Apparat dadurch sehr verdächtigt, daß er sich bemüht, alle Ordnungswidrigkeit zu läugnen: nimium probat. Die französischen Cardinäle waren so sehr in der Ueberzahl, daß es ja thöricht ist, die Wahl Urbans VI. canonisch zu vertheidigen: entweder war sie eine erpreßte — oder eine Scheinwahl; aber in Urban VI hatten sie sich freilich sehr verrechnet, wenn sie hofften, daß er ihre Comödie mitspielen werde. Die Franzosen sind darin ungerecht beurtheilt, daß man ihre schwierige Lage ebenso, wie ihre gewiß ehrenwerthe nationale Gesinnung gering schätzt, ein Standpunkt, zu welchem der unbefangene Historiker durch seine Quellen nicht genöthigt ist.

Gewissensreservation eine so große Rolle spielt, von welcher sich die katholische Moralphilosophie selten ganz frei zu machen wußte. Nur sehr allmählich und erst nachdem es ihnen gelungen war zu Fundi einen sichern Aufenthaltsort zu finden und nachdem sie sich der Zustimmung Frankreichs versichert halten konnten, entschlossen sich die Avignonesen zu dem entscheidenden Schritte den Cardinal Robert von Genf zum Papste zu wählen und der staunenden Welt die vollzogene Wahl und Inthronisation Clemens VII. anzuzeigen. Mit zum Theil wörtlicher Wiederholung ihres früheren Manifestes erklärten fast dieselben 16 Cardinäle, welche Urban VI. erhoben hatten, seinen Pontifikat für nichtig und die Wahl Roberts von Genf als den allein rechtmäßigen und canonisch vollzogenen Akt.[1])

Die katholische Welt war bereits durch die Erklärung der Cardinäle vom 2. August in fieberhafte Bewegung gerathen. Man begann aller Orten die Frage nach der Rechtmäßigkeit der Wahl Urbans VI. aufzuwerfen und zu studiren. Die staatlichen Gewalten standen vor einer seit geraumer Zeit nicht mehr erinnerlichen Thatsache. Sie waren genöthigt, ihr Gedächtniß durch schriftkundige Männer auffrischen zu lassen, die dann mit

[1]) Littera cardinalium Universis Christi fidelibus Baluze II. p. 847 No. 194. . . diversis super iis tractatibus habitis, die XXI. mensis Septembris Dominus noster Clemens, tunc Robertus basilicae XII. apostolorum presbyter cardinalis existens in civitate Fundodorum praedicta in Romanum pontificem rite et canonice fuit electus et consensum suum hujusmodi electioni de se factae praestitit, inthronizatus et ut est moris solemniter coronatus ..... Praemissis autem ..... Dominum Clementem praefatum pro vero Christi vicario ac universalis ecclesiae summo pontifice ac patre teneat, sibi obedientiam et reverentiam debitas exhibendo, ac assistendo eidem et praedictae ecclesiae matri vestrae contra praefatum virum pestiferum .

der etwas umständlichen Weise der Gelehrsamkeit erst an das Ziel der Untersuchung kamen, als das praktische Bedürfniß der Tagespolitik längst genöthigt hatte in der brennenden Frage Partei und Stellung zu nehmen. So war die Pariser Universität erst nach vier Jahren mit der Prüfung der Wahlakten so weit gekommen, um sich für Clemens VII. als den rechtmäßigen Papst zu entscheiden,[1]) und wenn die spätere Forschung gegen diesen Ausspruch die triftigsten canonischen Grundsätze in das Treffen führte, und es schließlich den Anschein gewann, als ob nicht nur vor dem Forum der späteren römischen Päpste, sondern auch in den Augen der Welt- und Gottesgelehrten Urban VI. das juridische Feld zu behaupten vermöchte, so lag hier nur einer der vielen Fälle vor, wo die Jurisprudenz den Beweis liefert, daß sie die höchsten Höhen des geschichtlichen Lebens, daß sie die entscheidenden Entwickelungen der Menschheit nicht zu beherrschen im Stande ist.

Für das praktische Bedürfniß, welches wie allemal rasche und sichere Entschlüsse und Lösungen forderte, war die Frage der Anerkennung der Papstwahl längst aus der Sphäre des Rechtsstandpunktes hinaus getreten und löste sich in eine rein

[1]) Unter den weitläufigern Gutachten ist das englische zu Gunsten Urbans bei Raynald a. a. 1378 No 51. Ziemlich eingehend ist auch die Declaratio regis Castellae pro Clemente bei Baluze II. 920 No. 216. Die Declaration der Pariser Universität aber erst vom 3. Febr. 1382 ist eine Entscheidung ohne Motive. Charakteristisch heißt es darin: Eapropter veraciter consulti deliberato animo et diuturno, non praecipitato sed maturo, a philosopho eruditi quod sermones in principio debent esse longi execucio vero velox notorietate praemissorum pensata et matre rerum experientia declarata . . . eine zweite Declaration vom 11. Febr 1386 gegen die Wahl Bonifacius IX., beide bei Baluze II. 943—946. In gewissem Sinne muß man übrigens auch die Quellen, wie die beiden Vitae Clementis bei Baluze und ebenso Theodorich von Niem wesentlich unter juristischen Gesichtspunkten beurtheilen.

politische Erwägung auf. Aber die Entscheidungen der Staaten entbehrten deshalb keineswegs einer sehr breiten historisch gerechtfertigten Grundlage. Es war ein Moment, wo die natürlichen und einfachsten Prinzipien des bilateralen Verhältnisses von Staat und Kirche mit geschichtlicher Nothwendigkeit ihre Sprache wieder erhielten. Es war dieselbe Sprache, welche Kaiser Honorius zu Bonifacius und Eulalius redete und welche Heinrich III. auf der Synode von Sutri mit ehernem Tone vernehmen ließ. Auch Ludwig der Baier erinnerte standhaft an die Freiheit des Staates in Ertheilung der Obedienz, als der gewaltige Papst das bilaterale Vertragsverhältniß vor den Augen des Reiches zerriß. Und wo hätte die Entscheidung zwischen Urban VI. und Clemens VII. gesucht werden sollen, als in jenen Händen, welchen schon Constantin der Große die äußere Macht und Stellung der Kirche allein anvertraut glaubte.

Die Papstkirche gieng einem vierzigjährigen Schisma entgegen: Vierzig Jahre hindurch ist die Geschichte der Päpste nichts anderes, als eine fortgesetzte Kette der Obedienzbewerbung, und es wird niemand behaupten wollen, daß in diesem Bestreben ein uncanonisches oder verderbliches Moment der päpstlichen Politik gesucht werden könne. Im Gegentheil wird die Geschichte hervorheben müssen, daß so Pflicht wie Recht des gewählten Papstes dahin giengen, die Anerkennung der Staaten und ihrer Unterthanen zu erlangen, da ja dem Hirten das Amt obliegt, die Heerde zu führen und zu sammeln. So waren denn die schismatischen Päpste in der eigenthümlichen Lage, mit allen erdenklichen Mitteln die Obedienzen erkaufen zu müssen und nicht darin, sondern in der Unsicherheit und der eigenen Ueberzeugung der Hinfälligkeit ihrer Wahlen lag die eigenthümliche Schwäche und Verfallenheit der katholischen Kirche in dieser Epoche.

Es ist von höchster Wichtigkeit, an dieser Stelle der Geschichte der Papstwahlen die Natur und den Charakter der kirchlichen Institution genauer ins Auge zu fassen, welche man sehr passend mit dem Namen der Obedienzbewerbung bezeichnen könnte. Denn während in andern Jahrhunderten Fälle dieser Art nur vereinzelt vorkamen, so bildete sich in dieser Zeit die Sache zu einem förmlichen Systeme aus, welches einen abermaligen Beweis liefert, daß das bilaterale Verhältniß von Staat und Kirche in Betreff des Pontifikatswechsels zwar zuweilen bis zur Unkenntlichkeit verdunkelt werden konnte, aber in den entscheidenden Momenten der Noth der Kirche, oder des starken und selbstbewußten Staatswillens immer wieder zur Geltung kommen mußte. Das welthistorisch bedeutsamste Moment der Entwickelung während des 40jährigen Schismas und darüber hinaus lag in dem Umstand, daß Obedienzbewerbung und Obedienzerklärung anfänglich fast jeder tieferen kirchlichen und staatlichen Rücksichten entbehrten, aber im Laufe der Zeit zu immer fruchtbareren und häufigeren Verträgen führten, welche endlich den nationaten und staatlichen Rechten ein nicht mehr zu bestreitendes Gebiet sicherten. Auf dem Wege der Obedienzverweigerung setzte sich das moderne europäische Staatsrecht in seinem Wesen durch und verschaffte sich zuweilen, wenn auch widerwillige Anerkennung der um die Obedienz werbenden Päpste. Es mag gestattet sein, diese Erscheinung in der Geschichte des 14. und 15. Jahrhunderts etwas genauer zu verfolgen.

Als Urban VI. von den Avignonesen verlassen wurde, hatte er einen großen Vorsprung vor seinem Nebenbuhler voraus. Vor allen Dingen war ihm die Anerkennung des Kaisers Karl IV. rasch und kräftig zu Theil geworden, bevor noch das Manifest von Anagni Seitens der abgefallenen Cardinäle veröffentlicht worden war.[1]) Es war eine der letzten und wie es scheint merkwürdigsten Unterhandlungen Karls IV., bevor er am 29. November 1378 starb.

Die Verhältnisse zwischen dem Kaiser und der römischen Curie waren seit der Wahl seines Sohnes Wenzel zum römischen König nicht durchaus glatter Natur. Die päpstliche Macht beanspruchte, getreu ihren vom Reich angefochtenen Traditionen ein Genehmigungsrecht zur Vornahme der Wahl, welches Karl ohne der Stellung des Kaiserthums etwas zu vergeben, nicht zugestehen durfte. Die Wahl Wenzels wurde wirklich ohne irgend welche Rücksicht auf die Curie vorgenommen. Aber durch eine eigenthümliche Verknüpfung von Umständen und durch eine Reihe von diplomatischen Unterhandlungen wurde nachträglich noch die Zustimmung Gregors XI. zur Erhebung Wenzels erlangt; und die betreffenden Urkunden erhielten, um die angeblichen Rechte der Curie für die Zukunft nicht zu schädigen, eine Datierung, als wären dieselben vor der Wahl Wenzels ausgestellt worden.[1]) Als nun Gregor XI. starb, war es für den böhmischen Hof eine Frage von großer Zweifelhaftigkeit, wie sich der neue Papst den zuletzt geführten Verhandlungen gegenüber verhalten werde. Nun beeilte sich aber Urban VI., die Anerkennung Wenzels als römischen Königs und künftigen Kaisers auszusprechen und umgekehrt gewann er selbst auf diese Weise rasch die Anerkennung Karls IV., dem es zu großer Beruhigung diente, das bilaterale Verhältniß zwischen Papst und Kaiserthum vor seinem Tode auf eine gute Grundlage gestellt zu sehen. Urban VI. hatte schon am 26. Juli 1378 in einem öffentlichen Consistorium den Akt der Verkündigung Wenzels

---

[1]) Diese „Ergebnisse" einer glücklichen Forschung sind das Verdienst Weizsäckers in den Reichtagsakten I., Vorwort 86—91.

vollzogen und gab ihm am 29. hierüber Brief und Urkunde.[1]) Auch gieng eine Gesandtschaft des Papstes an den kaiserlichen Hof, welche ohne Zweifel ein vollkommenes Einverständniß zwischen Urban VI. und den Luxenburgern erzielte. Auch von Seite Karls IV. muß eine öffentliche Erklärung erfolgt sein, in welcher er die Wahl Urbans VI. agnoscirte.[2]) Allerdings konnte es Karl IV. unter diesen Umständen in seinen letzten Tagen als einen großen Erfolg betrachten, daß er das bilaterale Verhältniß in einer so klaren Form, wie seit lange nicht geschehen war, zum Ausdruck gebracht sah.

Indem die Zukunft des Kaiserthums, soweit der Papst darauf Einfluß nehmen konnte, durch Urban VI. vollkommen gesichert schien, mußte der Wahlprotest der Cardinäle vom 2. August in Prag den übelsten Eindruck hervorbringen und

---

[1]) Weizsäcker S. XCI. und Nr 92: . . . te in regem pronunciavimus Romanorum . . . si autem videmur pronunciationem hujusmodi distulisse, non nos in culpa sumus, qui a primordiis nostri apostolatus rem istam super cetera desiderabilia cupivimus feliciter consummare, sed dilationem hanc pepererunt alia impedimenta, que venerabilis noster frater Pavo episcopus Polomanensis dilecti filii nobiles viri Carolus Carazulus dictus Caraffa et Carolus Branchasius milites Neapolitani consanguinei nostri, horum latores tibi referent . . . worauf die Einladung zur Kaiserkrönung sehr dringend und eindringlich folgt.

[2]) Daß eine öffentliche Erklärung stattgefunden, möchte aus manchen Urkunden Wenzels hervorgehen, in welchen er sich immer wieder auf den von seinem Vater vollzogenen Anerkennungsakt bezieht. Jedenfalls sind auch die Ausdrücke sehr wichtig, welche Wenzel z. B. in dem Schreiben an das Capitel von Breslau bei Palacky, Formelbücher II. No. 21 gebraucht: Urbanum papam VI. electum et promotum canonice verum esse summum pontificem . . . quem etiam talem divae memoriae quondam dominus et genitor noster carissimus dominus Carolus imperator . . . recognovit, nos verum apostolicum et papam recognoscimus

in der That verwahrte sich noch Karl IV. in einem Schreiben an die schismatischen Cardinäle sehr bestimmt und sofort gegen jeden Angriff auf die Rechtmäßigkeit der Wahl Urbans VI., welchem er den vollkommenen Schutz des Kaiserthums angedeihen lassen wollte.[1]) Dennoch gaben die schismatischen Cardinäle, nachdem sie nun weiter zur Wahl Clemens VII. geschritten waren, den Versuch nicht auf sich mit dem kaiserlichen Hause zu vertragen und dasselbe zur Obedienz Clemens VII. herüberzuziehen. Schon im Oktober 1378 sendete die schismatische Curie aus Fondi eine Gesandtschaft, welche mit allen möglichen Behelfen und mit den vollständig ausgeführten Vertragsinstrumenten ausgerüstet war, um den deutschen Kaiserhof für sich zu gewinnen. Um die Concurrenz mit den Anerkennungsdecreten Urbans VI. zu Gunsten Wenzels bestehen zu können, bot Clemens VII. ein wörtlich gleichlautendes Schreiben an. Um die Anerkennung und Obedienz seinerseits von dem Kaiser und König zu erlang'en, zeigte er sich genau zu denselben Zugeständnissen, wie Urban VI., bereit. Allein die Entwürfe zu den gern gewährten Urkunden und Briefen mußten an die schismatische Curie zurückwandern, Verträge wurden nicht geschlossen, die Obedienz nicht geleistet.[2]) Auch nach Karls IV. Tode wurde in

---

[1]) Karl IV. an die schismatischen Cardinäle Palacky, Formelbucher II. No. 15 offenbar in Folge des Wahlprotestes vom 2. August. Man sieht, das Schreiben ist noch nicht mit dem ganzen Umfang der Sezession vertraut. Es gehört daher sicher in den Anfang September oder noch in den August. Von Urban VI. heißt es: electum concorditer et ad apostolatus apicem dudum multorum tam dominorum Cardinalium, quam aliorum fide dignorum veridico scriptura nos docuit canonice sublimatum.

[1]) Das Schreiben Clemens VII., Weizsäcker No. 93, hat nur den Ausstellungsort Fondi und den Monat Oktober. Ueber die eigenthümlichen Verhältnisse desselben vgl. Vorrede S. 62. Wenn es ebd. S 63 heißt:

dieser Richtung nichts geändert. Die königliche Kanzlei zeigte sich fleißig, Urban VI. die Obedienz vor allem von Seite italienischer Fürsten zu verschaffen. Sie schrieb in drohender Weise an die Königin von Sizilien Johanna, sie möge von der Obedienz des Gegenpapstes ablassen. Sie richtete Ermahnungen aller Art an Fürsten und Prälaten zu Gunsten Urbans VI.

Eine offene Frage war es jedoch noch immer geblieben, wie sich die Reichsstände, das Kurfürstencollegium, die Städte bei dem Schisma verhalten würden. Die Politik des Königs war keine ausreichende Garantie für die Stellung des Reiches und seiner Stände. An der Curie, welche nach Avignon zurückverlegt worden war, gab man sich noch immer der Hoffnung hin, Wenzel von Böhmen mit Hilfe des befreundeten Königs von Frankreich und der noch nicht fest engagierten Reichsstände umstimmen und von der erklärten Obedienz abbringen zu können.

Wenn man die unermüdliche Thätigkeit der päpstlichen Kanzleien und die keinen Augenblick ermattende Obedienzwerbung der schismatischen Oberpriester betrachtet, so wird man an die alten päpstlichen Gesandtschaften erinnert, welche einst an den Hof Karls des Großen und Ludwigs des Frommen unaufhörlich in Bewegung waren, um sich des Schutzes und Schirms der mächtigen Herrscher der Franken zu versichern, und es nimmt den Anschein, als hätte das Schisma den alten oft hervorge-

---

„Die Approbation desselben (Wenzels) durch den Gegenpapst ist also nicht zur Ausführung gekommen, die Urkunde kann nur als ein für eine eintretende Gelegenheit bereit gehaltener Entwurf aufgefaßt werden; diese Gelegenheit mag im Okt. 1378 nahe geschienen haben;" so scheint mir der Schluß noch wahrscheinlicher, daß die Urkunde von der Gesandtschaft mitgenommen worden ist, um sogleich alle Förmlichkeiten zu vollenden, falls Wenzel die Anerkennung Clemens VII sich abringen ließ

hobenen Canon dem Gedächtniß der Kirche gewaltsam aufgezwungen, wo es heißt: „und sobald der Papst consecrirt ist, hat er die Pflicht Legaten zu senden, damit sie Frieden und Freundschaft zwischen ihm und uns vertragsmäßig feststellen."

Bei der Entwickelung, welche die Verfassung des Reiches inzwischen genommen hatte, kam es nicht mehr auf das persönliche Verhältniß des Kaisers zum Pontifikatswechsel in dem Maße an, wie ehedem. Die von Karl IV. und Wenzel gewährte Anerkennung Urbans VI. konnte nur durch den Hinzutritt der Kur- und Reichsfürsten wahre Bedeutung erlangen, falls die Curie ihre Rechte und kirchlichen Ansprüche in dem Reiche selbst wirklich ausüben wollte. Die Regierung Wenzels bemühte sich daher für ihren Schützling schon auf dem Frankfurter Reichstag vom Februar und März 1379. Aber nur die rheinischen Kurfürsten traten der Obedienzerklärung zu Gunsten Urbans VI. bei. Unter diesen war aber Mainz durch einen Erzbischof vertreten, der selbst schismatisch gewählt worden war, und dessen zweifelhafte Stellung im Reiche die Schwierigkeiten der Anerkennung Urbans VI. nicht wenig vermehrte. Denn sein Gegner Bischof Adolf von Speier hielt sich zu Clemens VII. gleich dem Herzog Leopold III. von Oesterreich.[1]) Die verwickelte Lage der reichsständischen Verhältnisse erschwerte eine durchgreifende Regierungsmaßregel über die römische Obedienz, doch wäre es sehr voreilig hierin ein besonderes Unglück für das Reich zu erblicken. Wenn man beachtet, warum sich die Reichsstädte so schwer gewinnen ließen der Politik des Kaisers zu folgen, so wird man sehr geneigt sein, dem Gedanken Raum zu geben, daß eine Obedienzverweigerung

[1]) Dieses und das folgende beruht selbstverständlich auf Weizsäckers R. A. vgl. Vorwort S. 94—96.

gegenüber beiden Päpsten weit mehr im Interesse vieler Stände des Reiches gelegen haben würde. Nicht auf die allgemeinen geistigen Gesichtspunkte, welche der ausgesprochenen Indifferenz der Städte zu Grunde lagen, wollen wir dabei unser Augenmerk richten, sondern auf die materiellen Verhältnisse, welche der Politik der kaiserlichen Regierung zu widerstreben schienen. Denn indem Wenzel die Neigung für Urban VI. so weit trieb, daß er den Versuch fortwährend nicht scheute, die Anerkennung dieses Papstes zu einem sogar in den Landfrieden zu beschwörenden Artikel des öffentlichen Rechts umzugestalten, hatte die ständische Opposition neben ihren idealen Gründen und von diesen ganz abgesehen, eine sehr materielle Berechtigung. Denn die Städte nahmen das größte Interesse an dem Landfrieden, aber sie konnten keine Lust verspüren für Urban VI. Geld und Truppen in Deutschland und vielleicht gar für einen Krieg in Italien zu verwenden und polizeiliche Dienste zu leisten. Deshalb widerstrebte man an vielen Orten der Anerkennung des Papstes mit gutem Grunde; und in diesem Verhalten der Städte den schismatischen Curien Italiens und Frankreichs gegenüber darf man ohne weiteres ein frühzeitiges Beispiel reichsständischer Neutralität erblicken, welche sich in ihrer späteren Ausbildung als eine der fruchtbarsten kirchenpolitischen Maßregeln der deutschen Reichsgewalten darstellen wird.

Wenn man die Erklärung König Wenzels und der vier rheinischen Kurfürsten vom 27. Februar 1379 zu Frankfurt näher betrachtet, so bemerkt man leicht, weshalb die Reichsstädte eine neutrale Haltung in dem schismatischen Streite vorzogen, denn die von der Reichsgewalt ausgesprochene Anerkennung und Obedienz wurde sehr ernstlich mit dem alten Begriffe des

Schutzes in Verbindung gebracht, welcher dem rechtmäßigen Oberhaupte der Kirche geleistet werden sollte.[1]) Als sich nachher Frankfurt, Mainz und Köln zur Obedienz Urbans VI. bekannten, wurden die Artikel, aus welchen nur zu leicht eine Verpflichtung materieller Art gefolgert werden konnte, sorgfältig aus den Beitrittserklärungen weggelassen.

In Frankreich scheint man indessen die geringe Begeisterung der meisten deutschen Reichsstände für Urban VI. in einem andern Sinne aufgefaßt zu haben. Im Jahre 1383 benutzte Clemens VII. die politischen Unterhandlungen, welche zwischen dem französischen Könige und dem Könige Wenzel schwebten, um einen abermaligen Versuch zu machen, die Obedienz des deutschen Reiches zu erlangen. Er wies den französischen Gesandten 50,000 Franken Gold auf die päpstliche Kammer an, um die Räthe des Königs Wenzel und andere Personen desto besser zu seinen Gunsten bearbeiten zu können. Mit staunenswerther Offenheit wird hier der Preis bestimmt, um welchen man die deutsche Obedienz zu erlangen hoffte. Einige Erfolge wurden denn auch wirklich von den Franzosen erreicht. König Wenzel gab seinen nach Italien beorderten Generalvicar Jost den Auftrag sich näher zu informiren, wer der wahre Papst wäre und vor allem dahin zu streben,

---

[1]) Auch in der Erklärung Wenzels vom 27. Febr. 1379 lautet die Anerkennungsformel: Urbanum papam VI. verum vicarium in hoc mundo domini nostri Jesu Christi recognovimus et firmiter recognoscimus, auch deutsch: hem Urban den sechsten ignen rechten pabst . . . erkant haben und vesticlichen erkennen; weiter heißt es: et sibi (Urbano) astabimus et talibus scismaticis erroribus antedictis ipsius antipapae Roberti de Genneva suorumque coadjutorum, qui se cardinales nominant, et omnium aliorum adherencium et sequacium obviabimus et dictos schismaticos errores evellere et destruere volumus et debemus.

daß die Einheit der Kirche wieder hergestellt würde. Beilegung des Schismas durch ein Concil war seit einiger Zeit die Losung, welche von der Pariser Universität ausgegeben und von der französischen Diplomatie sehr geschickt benutzt wurde, um die Anhänger der Obedienz Urbans VI. einigermaßen zu erschüttern. Schwankungen waren in Folge dessen in der Auffassung Wenzels und seiner Räthe unverkennbar eingetreten, und es giebt Schreiben der deutschen Reichskanzlei, in welchen beide Päpste nur mit ihren Namen und nicht mit ihren Titeln genannt werden, und Urbans Recht als ebenso zweifelhaft hingestellt wird, wie das Clemens VII.[1]) Zu einem Bruche mit Urban VI. kam es jedoch nicht. Auf demselben Reichstag zu Nürnberg, auf welchem die Unterhandlungen mit den Franzosen geführt wurden, gab Wenzel noch eine neue Erklärung zu Gunsten Urbans VI. und zerstreute alle Gerüchte, welche über die Aenderung der Obedienz von Seite des deutschen Reiches entstanden waren. In Süddeutschland, wo die Annäherung an den französischen Papst bereits weiter gediehen war, griff die Regierung energischer zu Gunsten Urbans VI. ein. Die Befürchtung der Städte, daß das Schisma auch auf die inneren Verhältnisse des deutschen Reiches einen gefährlichen und die Ruhe störenden Einfluß nehmen könnte, zeigte sich alsbald

---

[1]) Daß die betreffenden Entwürfe den Standpunkt der französischen Politik bezeichnen, ist klar, daß dieselben aber mit Umgehung der deutschen Kanzlei von Avignon und den Franzosen in Wenzels Namen vorbereitet worden wären, scheint doch einen sehr unwahrscheinlichen diplomatischen Gebrauch vorauszusetzen. Vgl. Weizsäcker S. 395 Diplomatische Beilagen solcher Art in Eingaben an eine fremde Regierung scheinen mir — unmaßgeblich — doch auch damals ganz ungewöhnlich. Warum sollten solche Brouillons im Laufe der Unterhandlungen nicht von der eigenen Kanzlei ausgearbeitet sein?

nur zu sehr gerechtfertigt. Schon waren aus der Reichskanzlei ausdrückliche Aufforderungen ergangen, die Widersacher Urbans VI. anzugreifen und von Reichswegen zu strafen. Zu einer einheitlichen Reichspolitik konnte es bei der Zerfahrenheit des ständischen Wesens nicht kommen, aber die hauptsächlichsten Faktoren der Verfassung blieben der einmal erklärten Obedienz treu.

Das Obedienzverhältniß des Reichs zum römischen Stuhle änderte sich im wesentlichen auch nicht, als Urban VI. starb und Bonifaz IX. sein Nachfolger wurde, und als die Reichsstände Wenzel des römischen Königthums entsetzt und Ruprecht von der Pfalz an seine Stelle gewählt hatten. Zur Zeit des letzteren Ereignisses hatte Avignon bereits seit fünf Jahren ein neues Kirchenhaupt in Petrus de Luna erhalten und die Bemühungen desselben, Benedikts XIII., seine Obedienz auszudehnen, waren ebenso erfolglos als die Clemens VII.

Doch begannen seit 1394 alle weltlichen Mächte ihren Obedienzerklärungen einen wesentlich andern Charakter zu geben, welcher durch die Voraussetzung begründet war, daß die Einheit der Kirche auf dem Wege der Cession beider schismatischen Päpste wieder hergestellt werden könnte. Petrus de Luna hatte sich gleich bei seiner Wahl zur eventuellen Cession verpflichten müssen. Frankreich leistete ihm daher nur eine bedingungsweise Obedienz, welche ihre ernsthafte Bedeutung dadurch erhielt, daß es wirklich zweimal von der Obedienz zurücktrat und nur durch die Resultatlosigkeit der Unionsbestrebungen immer wieder zu derselben zurückgeführt wurde. Die französische Regierung im Vereine mit den französischen Ständen, im ganzen viel einheitlicher gegliedert und viel kräftiger auftretend, erlangte in Folge dessen einen weit größeren Einfluß auf die

Kirchenfrage, als Deutschland, ja man kann bemerken, daß das Uebergewicht der Franzosen in der Zeit der großen Concilien nicht nur auf der theoretischen Entwickelung der französischen Wissenschaft, sondern eben so sehr auf der consequenten Politik des Königreichs beruhte. König und Stände, in sehr energischer Uebereinstimmung, machten von der staatlichen Freiheit der Gewährung oder Verweigerung der Obedienz einen ausgedehnteren Gebrauch als das deutsche Reich, welchem die ständischen Kämpfe eine noch größere Passivität aufnöthigten, als sie selbst England in der Kirchenfrage behauptete.

Ueberhaupt ist hier der Ort, wo man den Ertrag des päpstlichen Schismas für das europäische Staatsrecht vergleichungsweise bezeichnen darf. In Italien mehr noch, als in Deutschland, führten die verschiedenen Obedienzen zu einer starken Entwickelung der kleineren Staaten und Herrschaften und die nationale Zersplitterung erhielt in den sehr eifrig ergriffenen Obedienzen bald für Rom und bald für Avignon einen noch schärferen Ausdruck als in Deutschland. In Spanien wechselte die Obedienz mehrfach, doch giengen die beiden großen Königreiche vorwiegend gemeinsam in der Kirchenfrage vor. In England hielt man sich im ganzen ebenso bestimmt an die römische Obedienz wie in Schottland an die französische. Daß für die schismatischen Päpste auch die Obedienzen der unbedeutenderen Mächte des Ostens und Nordens Gegenstände von großer Bedeutung waren, hatte nicht sowohl einen politischen, als vielmehr einen materiellen Grund, denn wenn auch Länder wie Ungarn, Polen, die skandinavischen Reiche keinen unmittelbaren Einfluß auf die Gestaltung der Kirchenfrage zu nehmen vermochten, so waren die Einkünfte aus denselben für die päpstliche Kammer desto wichtiger und die Obedienz derselben wurde daher von den schismatischen Päpsten ebenso eifrig und angestrengt gesucht, wie die der großen Mächte. Betrachtet man die Obedienzwerbungen der Päpste nach allen diesen Seiten hin, so ergiebt sich leicht die Ueberzeugung, daß das nationale, staatliche Recht durch das Schisma in bester Weise gefördert worden ist. Allerdings war mit der Ablösung der einzelnen Staaten von der Einheit der Kirche auch die Unabhängigkeit derselben von dem Begriffe der kaiserlichen Gewalt mehr und mehr zur Evidenz gebracht worden. Aber das deutsche Reich konnte seinerseits, was es an äußerer Geltung verlor, ohne Frage an innerer Entwickelung gewinnen, wenn es die Kirchenangelegenheit consequent zu einem Gegenstande der ständischen Gesetzgebung umgestaltete. Eine starke Neigung für irgend eine Obedienz in der ganzen Welt thätig zu sein, findet sich in Deutschland nicht, doch läßt sich nicht verkennen, daß auch die deutschen Reichsstände auf ihre besondere Art das staatsrechtliche Verhältniß gegenüber den schismatischen Päpsten zu wahren wußten. Allerdings ließ man die Führung der großen Angelegenheiten mehr den Franzosen, man erhitzte sich nicht in dem Maße über die Obedienzen, wie man es in Frankreich that; auch auf den Weg einer conciliaren Lösung der Frage setzten die deutschen Reichsstände nur geringes Vertrauen, aber man dürfte nicht behaupten, daß die Stände und König Ruprecht die Interessen des Reiches nicht sehr wohl verstanden hätten.[1])

[1]) Es ist nichts leichter als diese Epoche der deutschen Geschichte unter dem Gesichtspunkte der Rivalität Frankreichs in der Führung der kirchlichen Angelegenheit sehr zu Ungunsten und zum Nachtheil des Reichs darzustellen. In den meisten Geschichtswerken dieser Zeit herrscht denn auch die Klage „über den Verfall des Reichs" vor. Es wäre wunderbar, wenn sich unsere Gelehrten diese schickliche Gelegenheit hätten entgehen lassen, wieder einmal das deutsche Reich tüchtig „verfallen" zu lassen.

Die bedingungsweise Obedienz, welche Frankreich seinem Papste Benedikt XIII. bald gewährte und bald entzog, je nachdem sich derselbe dem Concilsgedanken näherte, oder demselben auswich, war politisch für die leitenden Kreise der Pariser Gelehrten und für die Staatsmänner Frankreichs ein überaus fruchtbares Prinzip, aber man dürfte keineswegs den Gang der deutschen Geschichte in diesem und dem folgenden Zeitraum aus dem Gesichtspunkte des französischen Ehrgeizes in der Führung der kirchlichen Frage beurtheilen. Für Ruprecht von der Pfalz war wenig Grund vorhanden die Unionsfrage mit rücksichtloser Härte gegen das römische Papstthum zu betreiben, da er sich bereits mit Bonifaz IX. verständigt hatte und die Bereitwilligkeit des letztern sowie seines Nachfolgers, Ruprecht von der Pfalz zum Kaiser zu krönen, falls es zu einem Römerzuge gekommen wäre, jeden triftigeren Grund beseitigte von der Obedienz des römischen Papstes abzuspringen.

Indessen hatte Gregor XII. bei seiner Wahl, welche am 30. November 1406 einstimmig durch die Cardinäle Roms erfolgte, selbst und freiwillig auf eine unbedingte Obedienz Verzicht geleistet, und konnte daher eine solche auch von dem römischen Könige und dem deutschen Reiche nicht in Anspruch nehmen. Denn schon im Conclave hatten die Cardinäle eine Wahlkapitulation entworfen und beschworen, in welcher der Neugewählte verpflichtet wurde, innerhalb eines Monats von seiner Inthronisation an in Schreiben an den römischen König, an den Gegenpapst, an den französischen und alle andern Könige, Fürsten und Prälaten zu erklären, daß er zur Cession und zu jedem andern Wege bereit sei, um das Schisma zu beseitigen. Wirklich hielt Gregor XII. sein Versprechen und erließ seine Encyclica und seine Wahlmittheilungen an die einzelnen

Mächte genau in dem Sinne der beschwornen Wahlkapitulation. Wenn dennoch auch die Giltigkeit von Wahlkapitulationen, wie sie erst seit wenigen Dezennien in Aufnahme gekommen waren, canonisch bestritten werden konnte,[1]) so war doch durch die nach seiner Inthronisation von Gregor XII. gegebene Erklärung an die Fürsten und insbesondere an den römischen König sein Pontifikat nur als bedingt anzusehen. In dem Schreiben an Ruprecht verlangte der römische Papst nur insofern anerkannt zu werden, als sich sein Gegner Peter de Luna weigerte, zur Herstellung der Union gleich ihm selbst den Weg der Cession zu betreten.[2]) Um die Tragweite eines solchen Zugeständnisses von Seite des römischen Papstes ganz zu würdigen, muß man sich an die Streitigkeiten erinnern, welche in der Kirche theoretisch und praktisch oftmals darüber entstanden waren, ob ein gewählter und inthronisirter Papst überhaupt seine Würde resignieren könne. Wollte man diese schwer zu entscheidende Frage umgehen und die pontifikale Stellung Gregors XII. doch nicht geradezu gefährden, so lag ein anderes Mittel im Bereiche der canonischen Bestimmungen nicht vor, als die freiwillige Verzichtleistung des Papstes auf die unbedingte Obedienz.[3])

[1]) Der erste Entwurf einer Wahlkapitulation kommt bei der Wahl Clemens VI. vor, dagegen spricht sich aber die Const. In eligendis aus: omissa omnino capitulorum confectione primis diebus fieri solitorum. S. Phillips V. S. 832 u. 866.

[2]) Raynald a. a. 1406 No. 16. Martene vet. script. VII. 719 ff.

[3]) Die kirchenrechtliche Definition der Wahl Gregors XII. macht den Canonisten einige Schwierigkeiten, vgl. Hefele, Conc. Gesch. VI. 758: „Diese Verpflichtungen waren derart, daß der Gewählte nicht sowohl als ein Papst, sondern vielmehr als ein mit Resignation aufs Papstthum beauftragter Prokurator erscheinen sollte", aber man vgl. über das Resignationsrecht die Geschichte Coelestins V. Dunkel bleibt die Berufung auf den unauslöschlichen Charakter des zwar bischöflichen aber nicht päpstlichen Amtes auch nach Phillips Auseinandersetzung V. 717.

Es war nun von Seite beider Päpste ein Verhältniß zur Staatsgewalt in Aufnahme gekommen, das uns klar den Beweis liefert, daß der Akt der Anerkennung ein bestimmtes Erforderniß des Pontifikatswechsels war, und auch dann nicht entbehrlich schien, wenn es sich nur um eine vorübergehende Obedienz handelte. Und zugleich kommt noch ein anderes Moment in Betracht: Beide Päpste, sowohl der römische, wie der französische hatten sich mit einer bedingungsweise geleisteten Obedienz begnügt; welchen man daher auch vom Standpunkt des innerkirchlichen Rechtes als den wahren ansehn mochte, immer erhielt die bedingte Obedienzleistung eine geschichtliche Berechtigung, deren man sich in späteren Momenten auch zum Nutzen des Staates bedienen konnte.

Wenn die deutsche Regierung zunächst von den Vortheilen, welche sie durch die bedingungsweise geleistete Obedienz erlangte, nicht einen so ausgedehnten Gebrauch in der Kirchenfrage machte, wie Frankreich, so konnte dies, wenn man das Beispiel der alten Kaiser aus dem sächsischen und salischen Geschlecht ins Auge faßte, leicht als eine Schwäche angesehen werden. In der That aber lag dieser Zurückhaltung ein anderes Motiv zu Grunde, welches unsere Beachtung verdient. Die deutsche Verfassung hatte sich seit dem 10. und 11. Jahrhundert mächtig geändert, die königliche Macht war durch ein großes ständisches Prinzip in erfreulichster Weise beschränkt; König Ruprecht von der Pfalz vermochte weit weniger noch als es Ludwig der Baier thun konnte, von der ständischen Mitwirkung bei seinen Maßnahmen abzusehen. Nun war aber die Stimmung der Stände in Deutschland zu allen Zeiten den Angelegenheiten der römischen Kirche gegenüber mehr eine ablehnende. Der weitaus größte Theil der Nation erblickte seine Stärke in der einfachen Negation. Zu einem unmittelbaren und thatsächlichen Eingreifen in die pontifikalen Fragen, an denen die fremden romanischen Nationen viel mehr Interesse zu haben schienen, wie die deutsche, zeigte sich unter den Reichsständen niemals große Neigung. Gleichwie die Kurfürsten unter Ludwig dem Baier über die Linie der reichsrechtlichen Zurückweisung päpstlicher Ansprüche nicht hinaus giengen, so sträubten sich schon bei der Entstehung des Schismas die Städte gegen jede positive Parteinahme, und wehrten es tapfer ab, die Kirchenfrage zu einem Gegenstande der innern Gesetzgebung des Reiches zu machen. Man hoffte und wünschte am meisten durch die fortschreitende ständische Entwickelung der äußern Kirchenfrage die Spitze abzubrechen.

Von entscheidender Bedeutung für diese Strömung und Richtung Deutschlands waren die Reichstage zu Nürnberg und Frankfurt unter König Rupprecht. Die Regierung bestrebte sich mit Hilfe der Reichsstände zu einer positiven Stellung in der Kirchenfrage zu gelangen. Rupprecht wurde von allen Seiten gedrängt, sich zu entscheiden und durch sein Machtwort der einen oder andern kirchlichen Partei das Uebergewicht zu geben. Gregor XII., der französische König und endlich die zahlreichen Freunde einer conciliaren Wiederherstellung der Einheit stürmten gleichermaßen auf die deutsche Regierung ein. Aber der Nürnberger Reichstag konnte keinen Zweifel darüber zurücklassen, daß man in Deutschlands politischen Kreisen weder für Gregor XII. noch für den Concilsgedanken noch für Benedikt XIII. irgend welche Sympathien empfand. In dieser schwierigen Lage eröffnete Rupprecht den Reichstag von Frankfurt im Jahre 1409, auf welchem sich ein sehr ansehnlicher Theil der deutschen Stände endlich zu einem der folgenreichsten

Beschlüsse erhob. Wir dürfen in dieser wichtigen Reichsversammlung einen Vorläufer späterer Ereignisse erblicken.

Schon am 14. Juli 1408 hatten jene Cardinäle beider Obedienzen, welche sich von ihren Päpsten getrennt hatten, ein Unions-Concil nach Pisa auf den 25. März 1409 berufen. Innerhalb der Kirche schien in diesem Augenblicke keine Partei so stark, wie diese Pisanische. Viel lag daran, daß nun die Deutschen sich entschieden der Pisaner annahmen, allein eine große Aussicht dazu war nicht vorhanden, zumal der abgesetzte König Wenzel Neigung zeigte als Schirmherr der Unionssynode aufzutreten. Die Cardinäle sandten einen ihrer Collegen Landulf von Bari nach Deutschland, der zunächst an einzelnen fürstlichen Höfen Bundesgenossen warb und endlich auch in Frankfurt erschien. Aber das Resultat der Verhandlungen war den Pisanern nicht günstig. Eine Beschickung ihres Concils durch König Ruprecht befürworteten die Stände nicht, und stärkten den letztern in Folge dessen in seiner Neigung Gregor XII. einstweilen die Obedienz zu bewahren; die Reichsstände selbst aber erklärten sich weder für Gregor XII. noch für Benedikt XIII.; alle Obedienzen waren in ihren Augen abgethan und nichtig. Der Erzbischof von Mainz, der sich anfänglich Landulf von Bari geneigt zeigte, war es selbst der den Beschluß der deutschen Neutralität herbeigeführt hatte. Das praktische und fruchtbare der Frankfurter Beschlüsse lag darin, daß sie von der Ueberzeugung getragen waren, man könne in Deutschland zunächst jedenfalls auch ohne alle päpstliche Autorität auskommen; ohne eine prinzipielle Entscheidung über Papstthum und Primat zu fällen, leisteten die deutschen Reichsstände den thatsächlichen Beweis, daß die staatlichen und kirchlichen Verhältnisse Deutschlands nicht die pontifikale Einheit der Kirche zur nothwendigen Voraussetzung hätten. Die damalige große Welt, die vorwiegenden europäischen Mächte waren von der getheilten Obedienz übergegangen und gedrängt worden zur bedingten Obedienz. Die deutschen Reichsstände zeigten nun in einer unscheinbaren und unauffälligen Form, aber sehr eindringlich, daß man auch ohne alle Obedienz in den Gemeinwesen des deutschen Reiches bestehn könne.

Indem die Pisaner den Fehler begiengen, daß sie im Gegensatze zu Ruprecht und den Reichsständen mit dem von den letztern rechtmäßig abgesetzten Böhmen einen Vertrag abschlossen, nach welchem dieser in Pisa als römischer König anerkannt werden sollte, bewiesen sie vollständig, daß ihnen jedes Verständniß für die deutschen Verhältnisse und Bedürfnisse abgieng und daß Deutschland von den Concilsvätern ebensowenig zu erwarten hatte, als von den beiden Obedienzwerbern Roms und Avignons.

Dennoch ist die Thätigkeit der Pisaner und besonders Landulfs von Bari in Deutschland mehr durch die Gelehrten, als durch Politiker in ein unverdient günstiges Andenken gebracht worden. Ein Geschichtschreiber jener Zeit, weit mehr von kirchlichen als staatlichen Interessen erfüllt, stellte schon damals die reichsständische Richtung in ungünstigem Lichte dar, wie sie uns noch heute in den meisten Büchern erscheint, aber es ist kein staatsmännischer Gedanke, aus welchem diese Beurtheilung entsprang. Die Reichsstände hatten den Pisaner Concilsbestrebungen keineswegs präjudiciren wollen. Die Unionscardinäle waren durch das Verhalten Deutschlands in keiner Weise behindert worden zu einer einhelligen Wahl und Obedienz zurückzukehren, aber von einer ständisch gegliederten Reichsgewalt durfte man nicht verlangen, daß sie irgend wie der unbekannten Größe zuzujubeln Grund gehabt hätte. Man hatte in der That Zeit genug abzuwarten, wohin es auf dem Unionsconcil kommen werde, und welche Garantieen einer bessern Kirchenverwaltung etwa der neu zu wählende Papst geben würde. Bis dahin aber war die Neutralität entschieden als die einzig staatsmännisch gerechtfertigte Form anzusehn, nach welcher in Deutschland die Kirchenfrage behandelt werden durfte.

Vielleicht wäre es schon damals möglich gewesen durch eingehendere ständische Verhandlungen des Gegenstandes zur Aufstellung von Bedingungen zu gelangen, unter denen ein für allemal die Obedienz einem Kirchenoberhaupte, möge dasselbe in Avignon, Rom oder Pisa eingesetzt worden sein, vom deutschen Reiche geleistet oder verweigert werden konnte, aber zu so allgemeinen Grundgesetzen verstand man sich damals noch nicht, und vielleicht lag es in der Natur der Sache, daß eben erst aus dem Begriffe der Neutralität heraus der weitere Gedanke einer pragmatischen Gesetzgebung in Kirchenangelegenheiten entwickelt wurde, welche als Basis künftiger Obedienzen betrachtet werden konnte. Aber bis zu diesem Entschlusse reichsständischer Körperschaften war von den Verhandlungen des Reichstags von Frankfurt doch nur mehr ein Schritt, und er wurde gethan wenn auch erst nach manchen Jahren.

Die Wahlen der Concils-Päpste.

In der großartigen Flugschriftenlitteratur, welche durch das päpstliche Schisma und die Conciliarbestrebungen entstand, begegnet man der Anschauung, daß es Aufgabe der weltlichen

Gewalt sei ein Concilium zu versammeln, wenn es an einem ordnungsmäßig gewählten Oberhaupt der Kirche fehle, oder dessen Berufungsrecht in Zweifel gezogen werden könnte.[1]) So sehr hatten sich die Verhältnisse geändert, so durchaus staatenfreundlich war die kirchliche Rechtsanschauung und Litteratur, waren die geistlichen Würdenträger geworden. Daß die Kirche wirklich unfähig war, sich selbst zu helfen, zeigte das Concil von Pisa, welches weder die Union noch die Reform zu erreichen vermochte. Es schien dadurch der Beweis geliefert zu sein, daß auch der conciliare Weg fruchtlos bleibe, da nicht gleichzeitig die staatlichen Gewalten die Hand zur Lösung der kirchlichen Frage boten. Und in der That, nach der Aufstellung eines dritten Papstes zu Pisa hieng das Schicksal aller Unionsbestrebungen von der Uebereinstimmung der staatlichen Gewalten in Betreff der Obedienz ausschließlich ab. Wenn man von der Wiederherstellung der kirchlichen Einheit sprach, so war dies im Grunde nichts als ein bequemerer Ausdruck dafür, daß die katholische Kirche die Anerkennung Eines Papstes durch die sämmtlichen weltlichen Mächte zur Voraussetzung habe. Thatsächlich war nun aber das Schisma durch das Pisaner Concil vergrößert, indem auch der von dieser Versammlung erhobene Papst die einheitliche Obedienz nicht erlangte.

Bei der Wahl Alexanders V. trat aber ein Moment in

[1]) Franc. de Zabarellis: De schism., Schard 691. Si eveniat, quod collegium Cardinalium sit divisum et non concordat in convocando concilium, vel ex quacunque causa non convocat ad quem spectabit talis convocatio. Respondeo, quod ad Imperatorem . . . Convocatio conciliorum ab initio fiebat per Imperatorem, sed postea reservata est papae. Deficiente igitur ipso papa seu non convocante deficientibusque iis, qui succedunt loco papae scilicet Cardinalibus seu non convocantibus revertimur ad ius pristinum.

der kirchlichen Entwickelung hervor, welches vielleicht zu wenig beachtet wurde, obwohl seine Gesetzlichkeit durch einen conciliaren Beschluß sicher gestellt ist. Die Aufstellung von Vorbedingungen für die Anerkennung einer Papstwahl, wie sie durch das Pisaner Concil festgesetzt worden sind, mußte unter allen Umständen als ein Gegenstand von großer Tragweite für das canonische Recht betrachtet werden.

In der 16. Sitzung des Pisaner Concils wurde von den Cardinälen, welche zur Wahl des neuen Papstes schritten, ein Eid geleistet, daß das Concil nicht aufgelöst werden sollte, bevor nicht die Reformation der ganzen Kirche vollendet wäre. Wer immer von den Cardinälen zum römischen Papste gewählt würde, sollte sich persönlich durch diesen Schwur gebunden erachten träfe aber die Wahl einen außerhalb des Cardinalscollegiums stehenden Bischof, so sollte dieselbe erst dann in Giltigkeit treten, wenn von dem Gewählten derselbe Eid geleistet sein würde.[1])

Der Sache nach fand hier ein ähnlicher Vorgang statt, wie er später auf dem Concil von Costnitz vorkam, in der Form dagegen weicht der spätere Versuch, wie wir sehen werden, die Reformation durch eine Verclausulirung der Papstwahl zu retten, nicht unerheblich ab. Was in Pisa geschah, kann man unter den Begriff einer Wahlcapitulation bringen, nur daß dieselbe nicht den Wählern, sondern von den Cardinälen der durch das Concil repräsentirten allgemeinen Kirche geleistet worden ist.

---

[1]) .... quod, si quis nostrorum in summum Romanum Pontificem eligetur, praesens concilium continuabit nec dissolvet neque dissolvi permittet, quantum in eo erit, usquequo per ipsum cum consilio ejusdem concilii sit facta debita, rationalis et sufficiens reformatio universalis ecclesiae, et status ejus tam in capite quam in membris. Man sieht, der Eid ist bindend — für jemand, der kein Papst sein müßte. Die Stelle ist wichtig zur richtigen und allseitigen Würdigung des Constanzer Kautionsdekretes, wovon nachher.

Das Concil setzte fest, daß der Papst nicht die volle, sondern die durch die Reformation zu begründende beschränkte Gewalt erhalten werde. Die Cardinäle beschwuren diese vertragsmäßige Bedingung, unter welcher die Papstwahl vor sich gieng. Allein wenn jemals auf die Stellung der weltlichen Mächte gegenüber dem Pontifikatswechsel ein Gewicht fiel, so war es eben damals, wo es jedem der Päpste lediglich auf die Obedienz ankam, und die Abmachungen innerhalb der Kirche, auch wenn sie conciliarer Natur waren, gar wenig Ansehn bei den drei verschiedenen Curien genossen. Auch die kirchliche Reformation war nur dann und insofern möglich, als sie eine Bedingung der staatlichen Obedienz wurde. Als ein bloßer Wunsch und Gedanke der cardinalen oder conciliaren Bestrebungen dagegen fiel sie in Pisa tonlos zu Boden: Alexander V. löste die Pisaner Versammlung so rasch wie möglich auf, und es ist zweifelhaft, ob er die neue von ihm verheißene Synode berufen hätte, wenn er auch nicht schon am 3. Mai 1410 in Bologna gestorben wäre. Die Cardinäle Alexanders V. wähltten Balthasar Cossa, Johann XXIII. zum Papste, dessen Persönlichkeit zu manchem Tadel, vielleicht auch zu vielen Verläumdungen Anlaß gab, und dem gegenüber Gregor XII. und Benedikt XIII. unschwer ihre Obedienzen aufrecht zu erhalten vermochten.

Indessen war aber Ruprecht von der Pfalz in Deutschland gestorben und Sigismund zur Regierung des Reiches berufen worden, einer jener Kaiser, welcher durch außerordentliche Ereignisse eines sehr merkwürdigen Zeitalters auf eine hohe Stufe der Bedeutung für die deutsche und allgemeine Geschichte gehoben wurden. Doch war er auch persönlich über die schwierigen Fragen hinreichend unterrichtet, um seinem berechtigten

Ehrgeiz eine auf ein großes Ziel hinwirkende Richtung geben zu können. In ihm erscheint das luxemburgische Interesse naturgemäß mit demjenigen der allgemeinen Kirchenangelegenheiten enger verknüpft, als bei Ruprecht von der Pfalz. Seine große Hausmacht nöthigte ihm Gesichtspunkte auf, die über die nächsten deutschen und nationalen Bedürfnisse weit hinausgiengen. Daß die Reichsstände mit dem Prinzip der Neutralität vortrefflich für ihre engeren und kleineren Verhältnisse sich helfen konnten, war nun schon gleichsam historisch bewiesen, aber eine weitergreifende große Politik eines Kaisers vermochte nicht auf dem passiven Standpunkte des Reichstags von 1409 zu beharren. In allen Ländern, welche westlich, südlich und östlich an Deutschland grenzten, brannte die heillose Kirchenfrage in viel empfindlicherer Weise als in dem durch starke Territorialgewalten reichsständisch geschützten Mittelland. Die Luxemburger hatten schon in Pisa die Obedienz Alexanders ergriffen; allerlei Hoffnungen knüpften diese Fürsten sowohl in persönlicher wie in sachlicher Beziehung an die conciliare Richtung. Mit Balthasar Cossa hatte es Sigismund leicht, ein Verständniß herbeizuführen, denn in diesem fand jener hart angefeindete Concilspapst seine einzige wirksame Stütze. In Sigismund machte sich nun aber auch der Anspruch der alten Kaiserhoheit der Kirche gegenüber in behaglicher Breite geltend. In dem Verkehr zwischen den beiden fast gleichzeitig gewählten Oberhäuptern des Reiches und der Kirche lag etwas bilaterales, das an die ältesten Zeiten der Kirche erinnerte. Dem Concilspapst wird alle Obedienz geleistet, man gewährt ihm alle pontifikalen Ehren, aber die Staatsgewalt hält ihn scharf im Zügel: er wird strenge in der conciliaren Richtung erhalten und darf aus den Geleisen nicht abspringen, er wird geschoben, gedrängt, gelegentlich tüchtig abgekanzelt. So kommt das Konstanzer Concil zu Stande. Die Berufung desselben war allerdings vom Papste Johann ausgegangen, aber sehr unbestimmt und ohne Angabe des Orts. Sigismund aber verkündigte am 30. Oktober 1413, daß das Concil am 1. November des folgenden Jahres zu Konstanz eröffnet werden solle, und daß er dabei anwesend sein werde. Er berief sich auf die mit Johann hierüber gepflogenen Unterhandlungen, aber in sehr souveräner Weise gedachte er nur nebenbei der Zustimmung Johanns zu der Wahl des deutschen Ortes als Sitzes des Concils. In der That eine so gewaltige Erinnerung an das bilaterale Verhältniß, wie es in den Zeiten des alten römischen Reiches, oder in denen der strammsten kaiserlichen Oberhoheit gedacht wurde, vermochte mit allem Grund bei Johann trübe Ahnungen hervorzurufen, wie er sie, sich selbst wegen seiner Nachgiebigkeit verwünschend, ausgesprochen haben soll.

Wie sollte unter diesen Umständen der Streit der Päpste anders, als ungünstig für alle drei entschieden werden? Wie war von so rücksichtsloser Staatsgewalt eine Sicherung und Vermehrung der Obedienz auch nur zn erwarten. Es leuchtete ein, daß die Einheit der Kirche Opfer fordern werde, zu denen Balthasar Cossa keineswegs bereit war. Es liegt aber nicht im Bereiche dieser Darstellung, den Gang des Konstanzer Concils und seiner Verhandlungen zu verfolgen, was uns beschäftigt, ist die Wahl Martins V., welche in mannigfaltigem Betracht eine der merkwürdigsten war, welche die achtzehnhundertjährige Papstgeschichte aufzuweisen hat.

Nachdem das Concil von Sigismund gegen Johann XXIII. in so energischer Weise geschützt wurde, daß dessen Anschläge zu Boden fielen, erfolgte die Absetzung Johanns in der zwölften Sitzung am 29. Mai 1415. Die Resignation Gregors XII. geschah durch dessen Bevollmächtigte in der vierzehnten Sitzung am 4. Juli 1415. Peter de Luna dagegen verweigerte die Cession, und gegen ihn wurde erst am 26. Juli 1417 in der 37. allgemeinen Sitzung die Absetzungssentenz ausgesprochen, nachdem alle Verhandlungen sich als fruchtlos erwiesen hatten. Für die Anhänger der Obedienz Johann's XXIII. und Gregors XII. ergab sich demnach eine mehr als zweijährige Sedisvacanz, da die neue Wahl erst am Martinstag 1417 zu Constanz erfolgte.

Die Verzögerung in der Besetzung des päpstlichen Stuhles war wesentlich durch den tiefgreifenden Prioritätsstreit um die Reformation begründet. Die Weigerung Benedikts sich dem Concile zu fügen, war für jene, welche das Reformationswerk gefördert wissen wollten, ein Gewinn der Zeit, der nicht hoch genug angeschlagen werden konnte, weil unterdessen wenigstens die Arbeiten der einzelnen Nationen soweit fortschreiten konnten, daß man nach der Absetzung Benedikts nicht mit gänzlich leeren Händen der neuen Papstwahl gegenüberstand. Denn die in Konstanz versammelten Cardinäle und ihre Anhänger wollten um jeden Preis die Papstwahl vornehmen, während Kaiser Sigismund und die Deutschen sich nicht von dem im Mai 1417 festgestellten Programm abbringen ließen, wornach auch nach erfolgter Absetzung Benedikts zuerst die Reformation und dann die Papstwahl vorgenommen werden sollte. Die Reformationsarbeiten übergab man zur besseren Beschleunigung derselben einem neuen, aus wenigeren Mitgliedern bestehenden Ausschusse, aber schon Anfangs September drängten die Cardinäle abermals zur sofortigen Vornahme der Papstwahl.[1]) Dieser zweite Prioritätsstreit um die Durchführung der Reformation war noch heftiger und gefährlicher als der erste, weil die Cardinäle die Stimmen der Italiener und Franzosen zu gewinnen wußten. Allein die deutsche Nation blieb unerschütterlich in ihrem Verlangen nach der Reformation und Sigismund schreckte nicht vor Gewaltmaßregeln gegen die widerspenstigen Cardinäle zurück. Sehr beachtenswerth ist die Antwort, welche die deutsche Nation am 14. September auf die Denkschrift der Cardinäle gab, weil darin die volle Ueberzeugung von dem bilateralen Verhältniß zwischen Staat und Kirche in Betreff der Papstwahl auch von Seite der der deutschen Nation angehörenden Väter des Concils ausgesprochen ist: „Die deutsche Nation, sagten die Väter zu den Cardinälen,[2]) hat die vielen Injurien und Calumnien, die man gegen sie vorgebracht im Interesse des Friedens bis jetzt geduldig ertragen. Es ist nicht wahr, daß sie wie Huß glaubt, die Kirche könne eines Hauptes entbehren, aber der Papstwahl muß die Reform vorangehen. Da die in Pisa versprochene Reform nach zwei neuen Papstwahlen eigentlich nur verhindert und die Sache schlimmer geworden ist, als zuvor, so erachtet sich die Nation

---

[1]) Vgl. Dr. Bernh. Hübler. Die Constanzer Reformation und die Concordate von 1418. Der erste Prioritätsstreit um die causa reformationis S. 16 ff. Der zweite Prioritätsstreit um die causa reformationis S. 25. Durch dieses vortreffliche Werk, welches sich durch eine umfassende Gelehrsamkeit ebenso, wie durch seltenen juristischen Scharfsinn auszeichnet, ist zum ersten male in das Chaos der Constanzer Concilsacten Ordnung und Licht gebracht worden. Man wird kaum eine erheblichere Leistung auf diesem Gebiete zu verzeichnen haben. Das folgende hat bloß die Aufgabe, diesem Werke die auf die Geschichte der Papstwahl bezüglichen Momente zu entnehmen, was hiemit statt aller weiteren Citate bemerkt wird.

[2]) Ich entlehne den Wortlaut der Uebersetzung (v. d. Hardt IV. 1419) gerne dem in der Sache gewiß als zuverlässig geltenden Hefele, Conciliengeschichte VII., 1. 319 ff.

für getäuscht, und will die schrecklichen Mißstände nicht länger ertragen. Es ist gut, wenn der römische Stuhl, während das Concil die Kirche leitet, einige Zeit vacant bleibt, er kann dann sorgfältig gereinigt und die römische Kirche wieder mit guten Sitten geschmückt werden; ohne dieß aber würde der Neugewählte, und wenn er auch der tugendhafteste wäre, von dem Unrath, in den man ihn hineinsetzt, nothwendig beschmutzt werden. Die Cardinäle sollen darum der Priorität des Reformwerkes beistimmen."

Allein Sigismund und die Deutschen drangen mit ihrem Reformeifer nicht durch. Nachdem auch die Engländer zu der Partei der Cardinäle übergetreten und selbst einige deutsche Bischöfe abgefallen waren, kam es zu einem Compromisse, wornach diejenigen Reformdekrete, über welche sich alle Nationen geeinigt hätten ungesäumt publicirt, dann aber ein Cautionsdekret durch die Synode erlassen werden sollte, welches die Reformation auch nach der Papstwahl zu sichern im Stande wäre. Am 9. Oktober in der 39. Sitzung wurden fünf Dekrete publicirt, welche trotz aller entgegengesetzter Tendenzen immerhin als eine Sicherung gegen die absolute Willkühr des zu wählenden Papstes gelten mochten.[1]) Am wichtigsten aber war das Cautionsdekret, welches dem neu zu wählenden Papste die Verpflichtung auferlegte, das Concil nicht aufzulösen, solange

---

[1]) Die definitive Erledigung derjenigen Reformartikel, über welche sich die Nationen innerhalb der Reformatorien bereits geeinigt hatten, kam zuerst zur Ausführung. Sie erfolgte unmittelbar nach dem Abschlusse der Unterhandlungen am 9. Okt. 1417 in der sess. gen. XXXIX. und zwar durch Publication von fünf conciliarischen Generalreformdekreten. 1. De conciliis generalibus: Periodisierung der allgemeinen Synoden mit einer 5- resp 7 resp. 10jährigen Convocationsfrist. 2. Provisio adversus futura schismata praecavenda: Präventivbestimmungen gegen den Ausbruch eines Schismas

nicht über achtzehn namentlich bezeichnete Materien des Kirchenrechts mit den Nationen Verträge geschlossen worden seien.[1])

Es ist mithin klar, daß auch durch das Constanzer Concil die Zulässigkeit bedingungsweiser Papstwahlen und folglich auch bedingter Obedienzen anerkannt wurde und daß die von dem nachher gewählten Papste ertheilten und bestätigten Concordate als der rechtliche Grund der ihm geleisteten Obedienz zu betrachten war. Das Constanzer Concil leitete durch das angeführte Cautionsdekret die gesammte Papstwahl auf das alte bilaterale Verhältniß des Vertrags zurück. Die durch das Cautionsdekret garantirten Rechte der Nationen war der zu wählende Papst anzuerkennen bemüssigt, falls er auf die Obedienz derselben rechnen wollte. Hierbei ist es im Grunde gleichgiltig, welchen Werth man dem auf diese Weise entstandenen Reformatorium beimißt. Für die prinzipielle Stellung der Wahlfrage und der Obedienzleistung kommt es selbst-

3. De professione facienda per Papam: Glaubensbekenntniß des neu gewählten Papstes vor der Krönung. 4. Ne praelati transferantur inviti: Unversetzbarkeit des höhern Clerus. 5 De spoliis et procurationibus; Aufhebung des päpstlichen Spolien- und Procurationenrechts. Hübler S. 33.

[1]) v. d. Hardt IV. 1452, Hübler 35. Sacrosancta synodus Constantiensis statuit et decernit, quod futurus summus Pontifex per Dei gratiam de proximo assumendus, cum hoc sacro concilio vel deputandis per singulas nationes debeat reformare ecclesiam in capite et curia Romana secundum aequitatem et bonum regimen ecclesiae, antequam hoc sacrum concilium dissolvatur, super materiis articulorum alias per nationes in reformatoriis oblatorum, qui sequuntur: unter den folgenden 18 Titeln berühren Nr. 2, 3, 4, 5, 6, 11, 15, 16 u. 18 staatskirchliche Verhältnisse, die ohne Zustimmung der weltlichen Mächte nicht einseitig zu lösen waren. Der Artikel 13 bezog sich auf die Absetzbarkeit des Papstes Man sieht also, daß die Bedingungen der Papstwahl so eingreifend waren, als möglich und durch die Concordate eine vollständige Lösung allerdings nicht erhielten.

verständlich nicht so sehr auf den Inhalt der Bedingungen, als vielmehr darauf an, daß solche gestellt, von dem Constanzer Concil als zulässig erklärt, und vom gewählten Papste nachher anerkannt wurden. Im übrigen aber wurde doch selbst der Inhalt der fünf Reformdekrete der 39. Sitzung und noch mehr derjenige der Nationsconcordate stark unterschätzt. Wenn die Reform nicht allen Wünschen entsprach, so war doch wesentliches erreicht, das nur deshalb nicht in seinen Wirkungen sich geltend machte, weil sich die römische Curie nicht an die Dekrete hielt. Bedenkt man aber, welcher Entschluß unmittelbar und persönlich von dem auf Grund des Cautionsdekrets zu wählenden Papste erwartet wurde, so ersieht man leicht, daß die Zugeständnisse erheblich und gewiß nur im Momente einer Papstwahl erreichbar waren. Denn niemals hätte ein Papst, dem die unbedingte Obedienz gesichert gewesen wäre, Concordate wie die Constanzer bestätigt.[1]) Sie umfassen den größten Theil der päpstlichen Rechte, sie verringern sowohl in autoritativer, wie in materieller Beziehung den Besitzstand der römischen Curie, sie erkennen die Sonderstellungen der einzelnen Staaten und Nationen in unbedingtester Weise an, sie enthalten die erste und canonistisch einzige bedeutendere Grundlage für ein nationales Kirchenrecht.

In den Vorgängen des Constanzer Concils zeigt sich die Bedeutung der Papstwahl für die Gestaltung und

---

[1]) Hübler bemerkt, daß das Cautionsdekret in der Ausführung der Reformation den Fall der Concordate nicht geradezu vorgesehen habe, er will daher S. 36 das vel deputandis per singulas nationes nicht im Sinne einer Alternative verstanden wissen Doch ist es vielleicht gestattet, darauf aufmerksam zu machen, daß die 39. u. 40. Session bereits einen ziemlich klaren Einblick davon haben mußte, daß es zu einer vollkommnen Einigung der Nationen nicht kommen werde.

Ordnung der staatskirchlichen Verhältnisse. Die deutsche Nation vermochte zwar nicht in jener durchgreifenden Weise wie sie es im Vereine mit Kaiser Sigismund beabsichtigt hatte, die Sedisvacanz zur Reformation der Kirche zu benutzen, aber das Prinzip einer bedingungsweisen Anerkennung des Pontifikats erhielt durch die conciliare Autorität eine unvergleichliche Grundlage. Nachdem der Pontifikatswechsel sich wirklich vollzog, kam es lediglich darauf an, daß die staatlichen Gewalten hinreichende Energie zeigten, um die Durchführung des Cautionsdekrets zu veranlassen.

Indessen war über die vorzunehmende Papstwahl auf dem Constanzer Conzil auch in Betreff der internen Modalitäten eine Uebereinstimmung nicht von vornherein vorhanden, und es ist hier nöthig auch auf diesen Gegenstand einige Rücksicht zu nehmen, obwohl derselbe in erster Linie nicht den Kreis unserer Aufgabe berührt. Die Aenderungen in dem hergebrachten Wahlsystem, welche in dem Conclave des Constanzer Concils zu Tage traten, betrafen das Wahlcollegium.[1]) Die Commission zur Berathung der Modalitäten der vorzunehmenden Papstwahl einigte sich im Oktober 1417 im Anschlusse an die im Mai von den Cardinälen selbst gemachten Propositionen dahin, daß neben den Cardinälen ein aus den Nationen gewähltes Comité an der Papstwahl Theil nehmen sollte. Diese Bestimmung trug den Charakter einer vorübergehenden Maaßregel und sollte den Wahlgesetzen der römischen Curie nicht für die Zukunft präjudiciren. Auch wurde in sehr geschickter Weise eine Form ausfindig gemacht, durch welche die

---

[1]) Die Verhandlungen über den Wahlmodus dauerten 18 Tage. Im ganzen waren zu den 23 Cardinälen 30 Deputirte getreten. Mithin hätten die Cardinäle majorisirt werden können. Vgl. Hefele a. a. O. 327.

Constitution Alexanders III. ihre volle Geltung behielt. Denn die Cardinäle bildeten neben den Nationsdeputirten eine selbstständige Wahlkammer, innerhalb welcher die erforderliche Zweidrittel-Majorität streng nach dem alten Rechte von Seite der Cardinäle ohne Rücksicht auf die andere von den Nationen gebildete Wahlkammer gesichert blieb. Der neu zu wählende Papst sollte in jeder Wahlkammer die zweidrittel Majorität erhalten; es konnte daher wohl geschehen, daß ein von den Cardinälen bezeichneter Candidat wegen des Widerspruches der andern Wahlkammer nicht durchzubringen war, aber es konnte nicht der Fall eintreten, daß aus dem Constanzer Conclave ein Papst hervorgieng, welchen nicht zwei Drittheile der Cardinäle wirklich gewählt hatten. Und so wurde die Wahlordnung Alexanders III. wirklich aufrecht erhalten und gesichert. Was aber die Conclavevorschriften Gregors X., Clemens V. und VI. betraf, so war ihre Giltigkeit ausdrücklich als eine Vorbedingung des Eintritts auch für die Nationsdeputirten erklärt worden.

Mit der Wahl Ottos von Colonna, der mit Rücksicht auf seinen Wahltag den Namen Martin, vielleicht auch deshalb, um an keinerlei politisches Programm zu erinnern, annahm, waren übrigens alle Parteien im hohen Grade zufrieden, und König Sigismund ließ es an nichts fehlen, was zu den Ceremonien der Anerkennung und Obedienzleistung gehörte. Die Tage nach Martins V. Wahl werden als die festlichsten und bewegtesten der langjährigen Versammlung geschildert. Die Reformation schien durch das Cautionsdekret und den festen Willen der weltlichen Macht hinreichend gesichert. In der That trat die Reformationscommission des Concils zu neuer Arbeit zusammen. Die Periodizität der Kirchenversammlungen wurde von Martin V. auf Grund der Erledigung der Generalreformdekrete in der 43. Sitzung anerkannt. Die Bedingungen seiner Wahl waren dadurch wenigstens in den Hauptpunkten erfüllt. Auf den Weg der Particulargesetzgebung aber hatte innerhalb der Reformationscommission zuerst die deutsche Nation hingewiesen und hiedurch den Abschluß der Nationsconcordate erreicht.[1]) Indessen wurden diese Verträge mit Ausnahme des englischen Concordats nur auf fünf Jahre abgeschlossen, offenbar in der Hoffnung, daß man bei einer fortgesetzten conciliaren Thätigkeit zu einer Vereinbarung aller Nationen in Bezug auf die Reform und mithin zu einer neuen Einheit gelangen könne.

So großes und wichtiges nun aber auch durch die Concordate mit den Nationen erreicht war, und so sehr sich die bedingungsweise Papstwahl Martins vom Standpunkte der Kirchenreform zu bewähren schien, so darf doch nicht vergessen werden, daß es in Konstanz eigentlich keine bilateralen Verträge zwischen Staat und Kirche waren, welche aus Anlaß des Pontifikatswechsels entstanden. Es war nur eine Grundlage gegeben worden, auf welcher von Seite der politischen Gewalten nachher fortgebaut werden konnte. Die Reformartikel der Concordate behandelten eine Reihe von Dingen, welche tief in das politische Leben eingriffen, in welcher Beziehung nur an die Bestimmungen des geistlichen Censurrechtes erinnert zu

[1]) Grundlegend auch für die späteren Zeiten blieben die Avisamenta nationis Germanicae super articulis juxta decretum concilii reformandis exhibenda domino nostro Sanctissimo v. d. Hardt I. 199 mit Zugrundelegung der 18 Artikel des Cautionsdekretes Dem Beispiele der deutschen Nation folgten bald auch die andern nach, besonders die französische und spanische Hiebei muß noch besonders auf das hingewiesen werden, was Hübler S. 260 über die Rechtsgiltigkeit der Synodalbeschlüsse auch ohne päpstliche Approbation, oder im Falle der Verweigerung derselben sagt; anders lag es freilich mit den Concordaten, die doch ein einstimmiges Placet aller Nationen und also eine Allgemeingiltigkeit nicht hatten.

werden braucht,[1]) allein die „Nationen," mit welchen die Verträge des Konstanzer Concils vereinbart wurden, waren nur in sehr ungenügender Weise als Repräsentanten der staatsrechtlichen Gewalten zu betrachten.

Es bedurfte erst der außerordentlichen Ereignisse des Basler Concils, um die staatlichen Mächte als solche zu unmittelbaren Conpaciscenten von Verträgen zu erheben, welche die kirchliche Reformgesetzgebung betrafen. Die Streitigkeiten zwischen dem Basler Concil und dem Papste Eugen IV. führten den erheblichen Fortschritt herbei, daß die kirchliche Gesetzgebung auf die voraussetzungslose Basis eines von den Reichsgewalten abgeschlossenen Vertrages gestellt wurde. Und wieder war es ein Pontifikatswechsel, welcher in dieser Entwickelung der Dinge die entscheidende Wendung herbeiführte, eine Papstwahl, deren nur bedingungsweise Anerkennung durch das deutsche Reich auch den Konstanzer Concordaten erst zu einer späten und gerechten Würdigung verhalf.

---

[1]) Es handelt sich um den im Cap. VII. des deutschen Concordats enthaltenen Generalindult, welcher mit einer einzigen Ausnahme, in den Fällen einer censura ecclesiastica a jure vel ab homine generaliter promulgata die Gemeinschaft mit dem von ihr betroffenen frei gab, eine so eingreifende Bestimmung des deutschen Concordats, als man von Seite der Reichsstände gewiß nur wünschen konnte; deshalb ist die Meinung Aschbachs Gesch. Sig. II. 339 zu verwerfen, daß das Constanzer Concordat niemals praktische Geltung erhalten hätte, weil es von den Reichsständen nicht rezipirt war. Daß das Reich von den Zugeständnissen des Reformatoriums Besitz ergriff, beweisen die gleich später zu besprechenden Verhandlungen über die pragmatische Sanction, in der ja großentheils wieder die Avisamenta Quelle waren.

Eugen IV. und die Wahl Nicolaus V.

Wir versetzen uns in den Moment, wo zwischen Papst Eugen IV. und dem Basler Concil der lange vorbereitete Conflikt zum vollen Ausbruch kam, und die Suspension Eugens durch die große Kirchenversammlung ausgesprochen worden war (24. Januar 1438), welcher in nothwendiger Consequenz die Absetzung des Papstes am 25. Juni 1439 folgte. Ein neues Schisma und die alte, schon bekannte Bewerbung um die Obedienzen begann.

Die Stellung der Staatsgewalten zu den beiden streitenden Theilen war eine sehr verschiedene, zunächst haben wir unser Augenmerk auf das deutsche Reich und seine Stände zu richten. So wenig eifrig die deutsche Nation vergleichsweise an den Berathungen der Basler Väter unmittelbaren Antheil nahm, so wachsam waren die großen ständischen Körperschaften in der Wahrung ihrer staatlichen Rechte. Nach dem Tode Kaiser Sigismunds traten im Frühlinge 1438 die Kurfürsten zu Frankfurt zusammen. In ihrem Gefolge befanden sich die beiden Rechtsgelehrten, deren Namen in unvergänglicher Weise mit den nachfolgenden großen Ereignissen verknüpft ist: Johann von Lysura und Gregor von Heimburg. Was sie zur Herbeiführung des kurfürstlichen Beschlusses vom 17. März thaten, mag in der geschichtlichen Litteratur ebenso oft unter- als überschätzt worden sein.[1]) Sicherlich aber dürfte die beschlossene

[1]) Der Gegenstand ist in neuester Zeit wiederholt und trefflich behandelt worden. Ich verweise hier ein für allemale auf G. Voigt, Enea Silvio I. 150 ff. Brockhaus, Gregor von Heimburg und Pückert, die kurfürstliche Neutralität während des Basler Concils. Unterschiede in der Auffassung des Gegenstandes zu bezeichnen, würde hier kaum am Platze sein. Die folgenden Citate beabsichtigen nur den Leser in die unmittelbare Kenntniß der Richtung und des Geistes einiger der wichtigsten Aktenstücke zu setzen.

Neutralität des Reiches in dem Streite der kirchlichen Gewalten nicht als ein neuer Gedanke oder eine Erfindung der Staatsmänner der letzten Zeiten angesehen werden. Die Neutralität gieng im 14. Jahrhundert von den Städten aus, sie erfaßte später die obern Stände, sie fand zur Zeit des Basler Concils in dem Kurfürstencollegium ihre Stütze und ihren Schwerpunkt. Indem nun der erste Stand des Reiches so energisch die Vertretung der alten, gleichsam nationalen Rechtsüberzeugungen übernahm, so erhielt die Neutralität des Jahres 1438 eine so große Bedeutung, daß alle früheren Bestrebungen und Beschlüsse ähnlicher Art fast ganz vergessen schienen.

Der Wortlaut, der unter dem Namen einer Appellation bekannten Erklärung der Kurfürsten von Frankfurt, war allerdings keine Kriegserklärung gegen den Papst, oder das Concil in dem Sinne, wie der eine oder der andere Theil, oder weiter fortgeschrittene Parteigänger erwartet haben mochten, aber von einem rein staatlichen und politischen Gesichtspunkte aufgefaßt, waren die Maßregeln einer einfachen Obedienzverweigerung ohne positive Vorschläge zu einer Reform der Kirche zunächst als ausreichend betrachtet worden. Vom 18. Februar 1438 hörte im Reiche jeder kirchliche Gehorsam sowohl gegenüber dem Papst, wie gegenüber dem Concil auf. Alle Erlasse und Verfügungen beider Autoritäten, welche seit diesem Termine erschienen waren, wurden staatlicherseits als rechtsungültig und wirkungslos erklärt.[1]) Man wollte zunächst nur ein Provi-

[1]) Nachdem die von beiden Seiten erhobenen Forderungen der Obedienz referirt worden sind, fahren die Kurfürsten fort: Cumque dietim in diocesibus et territoriis nostris nonnulla edicta, processus et mandata penalia tam a prefato domino nostro papa, quam a sacro Basiliensi concilio manare noscuntur, quibus simile periculum inesse videtur.... deo protestati sumus animos nostros quoad omnia hujusmodi

sorium schaffen und sich nach keiner Seite die Hände binden, aber in Wahrheit wurde unter unscheinbarer Form eine der wichtigsten und einflußreichsten Entscheidungen getroffen. Denn die Obedienzverweigerung, welche damals beschlossen wurde, dauerte neun Jahre und brachte die erstaunlichsten Wirkungen hervor.

Im Hinblicke auf die Ereignisse, welche hundert Jahre später eintraten, war die Geschichtschreibung zuweilen geneigt, den kurfürstlichen Maßregeln des fünfzehnten Jahrhunderts Schwäche und Halbheit vorzuwerfen. Aber an Klarheit und Bestimmtheit der Ziele fehlte es den Reichsständen, welche die Neutralität beschlossen, durchaus nicht. Der vorherrschende Gesichtspunkt war aber der, die innern Angelegenheiten der Kirche so wenig wie möglich unmittelbar zu beeinflussen, aber in diesem Punkte auf die Concilien ebenso wenig Hoffnungen zu setzen, als auf die Päpste. Als das wesentliche sah man die Verfassungsfragen an, in welchen man der deutschen Nation eine allseitige Unabhängigkeit von Rom zu sichern strebte. Das,

---

aduersancia, que a die 18 Februarii proxime preteriti ab ipso domino nostro, sacroue concilio emanasse contigerit de praesenti suspenso retinere, nosque et subditos nostros in sola ordinaria iurisdictione inconcusse, conseruare, regere et manutenere. Sed quia veremur, ne ipse dominus papa, sacrumque Basiliense concilium, aut ille vel illi, in quorum fauorem mandata, edicta et processus huiusmodi emanarunt, requisicionibus suis inherere non desistant, ex quibus scandala in diocesibus ac territoriis nostris ac universo Romano Imperio suscitari veremur, et electioni, cui iam habemus incumbere pretextu censurarum, que pretendi possent contra personas eligencium aut electi quomodolibet cauillari. Hiis itaque periculis occurrere .... edictis, mandatis, praeceptis et processibus et penis ac censurarum et penarum communicationibus, quas a die ... pronocamus et appellamus conjunctim et diuisim pro nobis ac nostris et quibuslibet nostrorum subditis ac fautoribus etc.

was im Reiche am schwersten empfunden wurde, war der Umstand, daß die Bestimmungen des Konstanzer Concordats seit Ablauf des fünfjährigen Termins nicht erneuert worden und weitere Reformen an der Schwäche der conciliaren Entwickelung schon unter Martin V. gescheitert waren. Seit jener Zeit verfolgte die reichsständische Politik das Ziel, jene Avisamente, welche einst von der deutschen Nation des Konstanzer Concils entworfen worden sind, zu einem integrirenden Bestandtheil der deutschen Reichsgesetzgebung zu machen. Auf dem Reichstage von 1424 hatten die Kurfürsten dem Zaudern der römischen Curie gegenüber die Berufung des Concils in die deutsche Stadt Basel gefordert, indem sie die Erneuerung und Befestigung der in dem Nationsconcordat festgestellten Bestimmungen nur durch ein deutsches Concil gesichert glaubten. Zwei Jahre später wurden die Avisamente des Konstanzer Concils zur Grundlage eines kurfürstlichen Neutralitätsbundes erklärt. Immer wieder erblickten die Reichsstände in diesen Avisamenten die Basis einer zweckmäßigen Reichsgesetzgebung; sie wiederholten im Jahre 1440 die Bestimmungen, auf welche schon 1426 König Sigismund hingewiesen wurde, und sie verschärften die Bedeutung und Kraft dieser verfassungsmäßigen Einrichtungen durch die Erklärung, daß man nur einem solchen Papste Gehorsam schuldig sei, welcher den der deutschen Nation vorzugsweise zukommenden Rechten und Prärogativen uneingeschränkte Anerkennung zu Theil werden ließe. Sehr bezeichnend ist in dieser Beziehung ein Capitel der Avisamente von 1426 und 1440, wo es übereinstimmend heißt: „Darnach, was die Minderung und Aufhebung der Beschwerden belangt, ist avisirt, weil gemelte Nation vor allen andern Nationen und Völkern von der römischen Kirche zu ehren und zu erheben ist, wegen großer und vielfältiger Hilf und dann auch wegen des Röm. Reichs, welches Macht und Gewalt auf gemelter Nation stehet, das die Röm. Kirch mit vielen und mancherlei Gaben gezieret hat: daß derjenige Papst, dem man wird anhangen, gemelter Nation zu Widerlag ihrer Gutthaten für sich und seine Nachfahrn und dem heiligen apost. Stuel, aus Gunst und Verwilligung der Cardinälen mit seiner eigenen Hand unterschreibend, statuire, ordne, befehle und sonderlicher Freyheit und Privilegi gebe, und verehre, durch sich und seine Nachkommen zu ewigen Zeiten unumstößlich zu halten, wie hernach geschrieben stehet."[1])

Mit diesen Worten ist der Reichsstandpunkt so klar wie möglich bezeichnet. Die Obedienz, welche man einem Papste leisten wird, erklärt das deutsche Recht als eine Folge der durch das Constanzer Concil gewährleisteten und eröffneten verfassungsmäßigen Bestimmungen. Indem die zuerst von der deutschen Nation in Constanz aufgestellten Avisamente in das deutsche

[1]) Lünig und nach ihm Horix, Ad concordata nationis Germanicae integra fasc. I. 31 veröffentlichen unter dem Titel Bedenken der Ständ des Röm. Reiches über des Pabsts und der geistl. Eintrag, auf dem Reichstag zu Maintz vor Anfang des Concilii zu Basel von den Ständen deliberirt und Ihrer Majestät Kaiser Sigismundo zu exequiren übergeben." Diese Avisamente stimmen allerdings mit den lateinischen von 1440 großentheils aber nicht vollständig überein, vgl. Müller, Reichsth. I. S. 52, aber auch die Hrsg. bemerken schon diese Uebereinstimmung. (Horix S. 51). Der Wortlaut im Anfang, wo man sich ganz im Gegensatze zu den Reichsabschieden von 1439 nicht auf die Basler, sondern durchaus nur auf die Konstanzer Dekrete beruft, läßt schließen, daß hier keine Irrung vorliegt, außerdem ersieht man aus Cap II., daß das Basler Concil noch unsicher ist. Das würde allerdings auf das Jahr 1426 passen; aber da mir die Uebersicht über den handschrl. Apparat dieser Akten abgeht, so ist hiemit nur eine Vermuthung ausgesprochen. Der in Cap IV. ausgesprochene oben mitgetheilte Wortlaut, bezeichnet gewiß den Charakter der ganzen Neutralitätsfrage besser und unbefangener als manches Buch.

Staatsrecht aufgenommen und übergegangen waren, hieng nun die Frage, „welchem Papste man anhangen wird", von dessen Anerkennung der gesetzlich feststehenden Bestimmungen der deutschen Verfassung ab. Man sieht leicht, es ist der uns schon öfter in diesen Betrachtungen vorgekommene Grundsatz des bilateralen Verhältnisses, wornach die Anerkennung des Pontifikats auf der pontifikalen Anerkennung des deutschen Staatsrechts beruht. Wo dieses Prinzip verletzt worden ist, dort setzt man der einseitigen Forderung des Kirchenoberhauptes die staatliche Obedienzverweigerung oder im Falle eines Streites kirchlicher Autoritäten die Neutralität entgegen. Wenn man nicht überhaupt die Existenz von Staats- und Völkerrecht läugnet, so wird man sagen müssen, daß ein so tief in der deutschen Geschichte wurzelnder und wiederholt geltend gemachter Grundsatz als ein Capitel derselben zu betrachten sein wird. Der kurfürstliche Beschluß von 1438 bewegt sich genau innerhalb der Grenzen dieser Auffassung, man kann denselben daher weder als eine unerwartete Neuerung noch als eine halbe Maaßregel bezeichnen, vielmehr ist derselbe nichts als eine Anwendung eines allgemeinen Prinzips auf den bestimmten Fall der Entzweiung der kirchlichen Autoritäten.

Waren die Reichsgewalten fest und entschieden in der Durchführung dieses Grundgedankens, so durften sie allerdings die innerkirchlichen Streitigkeiten nicht allzusehr in den Kreis ihrer Entscheidungen ziehen. Wie die Kurfürsten von Rense ein Jahrhundert vorher sich nicht in die Frage der päpstlichen Definitionen über die Armuth Christi einmischten, so folgten sie auch dem Basler Concil nicht in allen Irrgängen der Glaubenslehre über die Stellung der Concilien und des Primats. In beiden Fällen aber setzten sie fest was Rechtens in der deutschen

Verfassung in Bezug auf kirchliche und die Grenzen von Staat und Kirche betreffende Angelegenheiten sei. Die Reichsstände zeigten sich im Jahre 1431 gleich bei den ersten Schritten des Basler Concils gegen Eugen IV. mehr zur Vermittlung geneigt,[1]) sie ließen sich durch die ausgezeichnetsten Redner und Schriften im Jahre 1438 nicht zu einer Parteinahme bestimmen, sie vertheidigten das Prinzip der Neutralität und man hoffte, daß es sich in staatsrechtlicher Beziehung ausreichend und fruchtbar erweisen müsse.[2])

Indessen blieb es nicht bei bloßen allgemeinen Worten. Es kam darauf an, die kirchenrechtlichen Verhältnisse im Wege der Gesetzgebung um so mehr zu ordnen und zu fixiren, je größere Verwirrungen in dem Kreise der rein kirchlichen Gewalten einrissen. Am Tage nach der Neutralitätserklärung (18. März 1438) wählten die Kurfürsten zu Frankfurt König Albrecht II. von Oesterreich, einen Mann, welcher auf die reichsständische Auffassung der Dinge verständnißvoll einzugehen vermochte. Er war der Erbe der Länder und der Grundsätze Kaiser Sigismunds. Seine weitgreifende Politik, die so vielerlei Verhältnisse und Richtungen zu berücksichtigen hatte, machte ihn zu einem natürlichen Bundesgenossen der kurfürstlichen gemäßigten Anschauungen, allein, so wenig er sich zu einer Parteinahme entschloß, so sehr war er doch seiner kurzen Regierung nach zu schließen, ein Gegner des Friedens und Ausgleichs um

[1]) Vgl. Müller, Reichstgsth. I. S. 22 das Schreiben der Basler Väter an die Kurfürsten.

[2]) Die kurfürstliche Neutralität erscheint vielleicht nirgends besser gerechtfertigt als in dem Basler Tractat gegen dieselbe, Horix I. 410, vgl. besonders 423: quod subtractio obediencie in casu scismatis, und 442 Allegabatur causa justificativa dicte neutralitatis, quia disceptio inter concilium et papam esset dubium, probabile etc.

jeden Preis, so wenig ein Fanatiker der Ruhe gleich seinem Nachfolger, dem gelehrteren und unterrichteten aber energielosen und unverläßlichen Friedrich III. Ein Verdienst Albrechts II. bleibt es unter allen Umständen, daß eines der umfassendsten Reichsgesetze, welches die kirchlichen Angelegenheiten ordnete, durch seine Mitwirkung, jedenfalls ohne sein Widerstreben zu Stande kam.

Der Reichstag, welcher die pragmatische Sanction[1]) beschloß, wurde zum 1. März 1439 nach Frankfurt berufen aber in Mainz abgehalten. Es wäre sehr verlockend in eine genaue Schilderung der interessanten Verhandlungen des Reichstags einzugehn, auf welchem neben Johann Lysura eine Reihe der hervorragendsten Staatsmänner und kirchlichen Autoritäten als Gesandte des Kaisers, der Stände und des Concils thätig

[1]) Koch hat bekanntlich den Ausdruck eingeführt, welchen wir beibehalten. Pückert S. 97 spricht demselben die Berechtigung ab, indem er den der französischen pragm. Sanction zukommenden gesetzl. Charakter nicht auch bei der deutschen anerkennt. Hierin scheint aber eine Verkennung der ständischen Gebräuche in Deutschland. Auf diese Art hätte auch der Kurverein vom Rense keine gesetzliche Kraft, ja eine Reihe von wichtigsten Reichsgesetzen trägt den rein föderalen Charakter der deutschen Verfassung an der Stirne. Allerdings hat sich leider nur zu wenig die kaiserliche Gewalt an die ständischen Beschlüsse gekehrt, allein das war ein Malheur für die Deutschen, aber nicht ein gesetzliches Gebrechen des Mainzer Beschlusses, der denn doch die Zustimmung der kaiserlichen Bevollmächtigten und Principal-Commissare des Reichstags gleich an der Spitze trägt. Ich wüßte daher nicht, was an der Form auszusetzen wäre. Daß man 1444 noch immer an Friedrich III. arbeitete, ut (die Dekrete von 1439) firmissime custodiantur et manuteneantur kann doch nicht gegen die ordnungsmäßige Form des Abschieds geltend gemacht werden. Die pragm. Sanction fehlt denn auch kaum in einer Ausgabe der Reichstagsakten; daß man das Reichsgesetz aber nach dem Muster des französischen ebenfalls pragm. Sanction genannt — das ist eben ein Name, der an der Sache nichts ändert, aber jedenfalls den Vortheil der Bequemlichkeit und Deutlichkeit hat.

waren. Auch die auswärtigen Mächte schickten ihre Botschafter nach der deutschen Stadt, um über die Beschlüsse des Reichstags genaue Information zu erhalten. Es war eine jener großen deutschen Versammlungen, welche den Beweis lieferten, daß diese Stände des Reiches, trotz aller Zerfahrenheit, trotz allem vielbeklagten Verfalle, trotz vieler wirklicher Schäden und Mißgriffe einer föderalistischen Entwickelung, dennoch von ganz Europa ohne weiters in der großen Politik als der Nabel des Welttheils angesehen wurden, und man kann auch bei dieser Gelegenheit nicht verkennen, daß unsern neueren historischen Darstellungen, zum Unterschiede von der hohen Meinung, welche noch die alten Staatsrechtslehrer des vorigen Jahrhunderts davon festhielten, nicht selten der würdige Begriff dieser Dinge abhanden gekommen ist. Ein solches vornehm absprechendes Verfahren unserer neuern Litteratur gegenüber den alten Reichseinrichtungen hatte aber den Nachtheil, daß die deutsche Nation in den praktischen Fragen insbesondere der Kirche gegenüber in unseren Tagen bei weitem nicht mit dem historischen Gewicht aufzutreten vermochte, welcher in der Sache begründet wäre und daß — so dürfen wir hinzusetzen — eine Nation, welche vor vierhundert Jahren bereits ein pragmatisches Gesetz, wie das von 1439 feststellte, in heutiger Zeit erst noch ihr gesetzgeberisches Recht in Kirchensachen erkämpfen muß.

Betrachten wir nun das Reichsgesetz in seinem Geiste und in seinen einzelnen Bestimmungen, so zeigt sich darin zwar eine prinzipielle Anerkennung des römischen Papstthums aber eine bedingte Anerkennung seiner Wirksamkeit. Was das Constanzer und Basler Concil an Reformdecreten geschaffen, welche die Verfassungsverhältnisse der Kirche berührten, wurde staatsrechtlich verwerthet, und in die Gesetze aufgenommen. Hier begegnet man zunächst dem Grundsatz der Wiederherstellung der unabhängigen Pfründenverleihung durch canonische Wahlen, der Zurückweisung aller päpstlichen Eingriffe in die Selbständigkeit der deutschen Kirchen, der Einschränkung der Confirmation der gewählten Prälaten durch den Papst, vor allem aber einer durchgreifenden Reform des Gerichtswesens, indem kein Prozeß fürderhin dem ordentlichen Richter durch Appellationen an die römische Curie entzogen werden durfte. Rechnet man hierzu noch die Einschränkung des Excommunicationsrechtes, so übertraf die Summe der Mainzer Gesetzgebung in kirchlichen Angelegenheiten bei weitem den Inhalt der Konstanzer Concordate, und hatte zugleich den Vortheil vor jenen voraus, daß die Basis für ein allgemeines Reichskirchenrecht verfassungsmäßig festgestellt worden war.[1])

Daß Eugen IV. in der Reichsgesetzgebung vom Jahre 1439 nicht bloß den Inhalt der kirchenrechtlichen Bestimmungen, sondern auch das principielle Vorgehen der Reichsstände ver-

---

[1]) Bezeichnend für den Charakter des Reichsgesetzes ist: Nos oratores Romani regii, Principes Electores hic presentes aliorumque Electorum sacri Imperii et Almannie Metropolitanorum absentium Oratores, Decreta sacri Basiliensis Concilii acceptamus, cum omni honore, reverentia et devotione qua decet, Salvis tamen in quibusdam ex eis declarationibus modificationibus ac limitacionibus nostre Germanice nacioni ac cuilibet nostrum singulariter in suis provinciis, dyocesibus, seu territoriis congruentibus et accomodis *factis* et *fiendis* su's loco et tempore oportunis exprimendis; . . . etc. Sehr beachtenswerth ist ferner die Stelle, wo dem päpstlichen Rechte gegenüber in Ehesachen auf das gemeine deutsche Recht Bezug genommen wird: nonnulla . . . per decreta sacri Basiliensis concilii nondum sunt reformata . . per sedem apostolicam cottidie privilegia eis conceduntur . . . contra formam Juris communis Koch, Syll. docum. S. 95 u 99. Von diesen Bestimmungen wird man es allerdings glaubhaft finden, daß sie den Zwecken der Eugenianer erregten.

dammte, beweist der Widerstand, den er gegen dieselbe bis zu den letzten Momenten seines Lebens erhob, beweisen die gewaltigen Anstrengungen der römischen Curie vermittelst des Einflusses des Königs Friedrich die fürstliche Neutralität zu durchbrechen, beweisen die zahlreichen Intriguen, die man ins Werk setzte, um die pragmatische Sanction in ihrer rechtlichen und faktischen Wirksamkeit noch vor der Erhebung eines neuen Papstes zu beseitigen. Für den Fortgang der deutschen Kirchengesetzgebung war die Wahl Friedrichs III. ein Hinderniß. Wenn aber trotz des entschiedenen Abfalls der kaiserlichen Gewalt von der Politik der Reichsstände die Neutralität noch bis zum Tode Eugens IV. aufrecht erhalten wurde, so war dies ein Verdienst von Männern, deren Würdigung anderen Orten und Darstellungen überlassen bleiben muß, aber zugleich eine wohlthätige Folge der zähen, wenn auch schwerfälligen Festigkeit und Stärke der deutschen Verfassung, welche selbst bei ungünstiger Constellation der Umstände den übeln Absichten eines Kaisers, von der Art Friedrichs III., einen Zaum anzulegen vermochte.

Friedrich III. konnte seinen Einfluß geltend machen, um die Reichsstände von der Neutralität abzubringen, aber eine Obedienzerklärung für den Papst war durchaus nur in Folge der Anerkennung der deutschen Reichsgesetze durch diesen zu erlangen. Verweigerte Eugen IV. die Bestätigung der kirchlichen Gesetze, so vermochte auch die größte Bereitwilligkeit des habsburgischen Königs ihm die Obedienz des Reiches nicht wieder zu gewinnen. So dauerte denn die Neutralität fort und sie war keineswegs unempfindlich, da in der That jeder Verkehr mit dem Papste sogut wie ausgeschlossen war und wenigstens das Licht des Tages zu scheuen hatte, wenn es auch selbstverständlich Leute genug gab, die sich dem römischen Hofe heimlich verkauften.[1]) Indessen hatte Eugen IV. seine Bannbulle gegen die Erzbischöfe von Köln und Trier geschleudert und dem Kaiser die persönliche Obedienzerklärung abgekauft; aber die Kurfürsten blieben fest und schlossen den Verein von Frankfurt am 21. März 1446. Viel erreichte Eugen IV. auf seinem Todtenbette nicht. Er mußte vertragsmäßig den Gesandten des deutschen Reiches die Bestätigung der Reichsgesetze zusagen und empfieng dafür doch nur die Obedienzleistung eines Theils der deutschen Nation.

Es war eine Zeit großer Ereignisse, leidenschaftlicher Kämpfe, welche mit dem Tode des hart angefeindeten Papstes schloß. In den weitverzweigten Irrgängen der Politik, der Concilsverhandlungen, der Reichsversammlungen erscheint es dem Leser der umfangreichen litterarischen Denkmäler oft kaum möglich die leitenden Gedanken, ja nur den Faden und Zusammenhang der Dinge festzuhalten. Und auch an diesem Orte kann man sich fragen, was denn die Neutralität, die Obedienzverweigerung, die pragmatische Sanction mit der Geschichte der Papstwahlen zu schaffen habe?

Die Papstwahl Nikolaus V. aber giebt hierauf eine unzweideutige Antwort.

Am zehnten Tage nach Eugens Tode traten ordnungsmäßig nach den Wahlvorschriften achtzehn Cardinäle in das

---

[1]) Selbst Pückert, der alle Haare, die sich in der Neutralität finden, sorgfältig herausgezogen, muß doch gestehen S. 140, „seit der letzten Ausbildung der Neutralität hat sich in Pfründen- und Rechtssachen kein Kurfürst an Eugen gewandt und auch von den andern Prälaten und Fürsten des Reichs geschah das nur da, wo ein Gegner beim Concil zuvorgekommen war.“ Im übrigen sind in Pückerts Werk diese deutschen Reichsangelegenheiten im einzelnsten und ganz vortrefflich zu finden. Allerdings — die Reichsmisere war groß!

Conclave im Prädicantenkloster St. Maria sopra Minerva. Die Abschließung desselben war auf das sorgfältigste angeordnet worden, da es darauf ankam, daß gegen die Regelmäßigkeit des Wahlvorgangs keine Einwendungen erhoben werden. Neben den Stadtbehörden wurden auch die Gesandten der weltlichen Mächte, insbesondere die des römischen Königs und des Königs von Arragonien aufgefordert die Ueberwachung zu übernehmen. Als Wahlcandidat erschien in erster Reihe Prospero Colonna, welcher zehn Stimmen für sich hatte, aber die zur zwei Drittel Majorität fehlenden weiteren zwei weder durch Acceß noch bei spätern Skrutinien zu erreichen im Stande war.[1]) Am 6. März wählten die Cardinäle abermals und zur Ueberraschung aller den Mann, welcher als der erste Vertreter der humanistischen Studien auf dem päpstlichen Throne saß, und wohl unter allen Cardinälen am wenigsten dachte, daß er als Papst das Conclave verlassen werde. Parentucelli erhielt zwölf Stimmen. Man behauptet, daß das Skrutinium zu Gunsten desselben dem Cardinal Dominikus von Fermo so unglaubwürdig erschien, daß er vor der Verbrennung der Stimmzettel dieselben noch einmal durchsah. Nachdem aber die zwei Drittel Majorität unläugbar

[1]) Voigt, Enea Sylvio I 401 läßt beim ersten Skrutinium 10 Stimmen auf Colonna, 8 auf Capranica, 5 auf Parentucelli fallen; hiebei sind aber offenbar die beiden Handlungen der Wahl und des Accesses zusammengezogen. Daß es auch schon vor der Constitution Aeterni patris verboten war, zwei Namen aufzuschreiben, scheint mir trotz Voigts entgegengesetzter Bemerkung wahrscheinlicher. — Im vorliegenden Falle verstehe ich den Gang der Dinge nach den ältern Darstellungen dahin (vgl. auch die Hist. des conclaves, daß beim ersten Wahlgang die genannten drei eine nicht näher bezeichnete Anzahl Stimmen erhielten, hierauf folgten die Beitrittserklärungen, wobei es dann freilich möglich war, daß sich für Colonna im ganzen 10, für Capranica 8 und für Parentucelli 5 Stimmen ergaben, aber gewiß nicht so, als ob alle aufgeschriebenen Namen, — auch zu zweien auf einem Zettel ohne weiteres gezählt worden wären.

war, traten sämmtliche Cardinäle der Wahl bei, so daß dieselbe als eine einstimmige bekannt gemacht werden konnte.

Die Frage war nun, ob der neugewählte Papst die Obedienz der Fürsten und insbesondere der Deutschen erlangen werde. Wir wissen, daß König Friedrich und ein Theil der Reichsstände dem Papst Eugen unter der Bedingung der Bestätigung der pragmatischen Sanction in den letzten Augenblicken die Obedienz geleistet hatten. Die Kanzlei vermochte noch die nöthigen Urkunden vor dem Tode des Papstes wirklich auszufertigen. Schon war der Erzbischof von Mainz bevollmächtigt worden, die Anerkennung der pragmatischen Sanctionsgesetze Seitens des römischen Stuhls zu promulgieren. Nun aber war ein neuer Papst gewählt. Wie er sich in der Frage der deutschen Reichsgesetze verhalten würde, mußte abgewartet werden, denn davon hieng die Obedienzerklärung der Reichsstände ab. Selbst ein König von der Art Friedrichs III. hätte nicht vermocht in diesem Augenblicke eine unbedingte Obedienz zuzugestehen, da ja noch die meisten deutschen Fürsten selbst für die früheren Unterhandlungen mit Eugen IV. nicht gewonnen waren. Eine unbedingte Obedienzerklärung vermochte selbst die theologisch italienische Gesandschaft Friedrichs III. unter welcher sich Aeneas Sylvius befand in Gegenwart deutscher Fürsten nicht auszusprechen.

Nachdem jedoch der Papst sofort nach seiner Wahl das mündliche Versprechen gegeben, alles was sein Vorgänger mit der deutschen Nation vertragen hätte, zu bestätigen, nahmen die deutschen Gesandten auf ausdrückliche Bitte des Papstes an der Krönungsfeier Sonntag 19. März 1447 Theil. Aeneas Sylvius durfte nach guter Kenntniß seines Herren seinen eigenen Gefühlen und Wünschen im Entgegenkommen, in der Annäherung an den Papst jeden Zügel schießen lassen. Aber dazu war er selbstverständlich zu wohl bewandert in den deutschen Reichsverhältnissen, als daß er sich über die Tragweite seines Schrittes täuschen konnte. Hätte er nichts nach Deutschland zu bringen vermocht, als die Nachricht von der Wahl Parentucellis, so wäre seine Obedienzerklärung ein eitles Spiel ohne Werth geblieben, welches den deutschen König persönlich binden konnte, aber die Reichsstände nicht. Allein auch Nikolaus V. erkannte den Grundsatz an, daß die deutsche Nation die Obedienz nur unter der Bedingung der Bestätigung der deutschen Rechte und Freiheiten leistete. Wenige Tage nach seiner Krönung confirmirte Nikolaus V. unter der im Kanzleistil wichtigen Formel „zum ewigen Gedächtniß" — ad futuram rei memoriam, alle Abmachungen seines Vorgängers mit der deutschen Nation, durch welche die pragmatische Sanction auch von kirchlicher und päpstlicher Seite Rechtsgiltigkeit erhielt. Nikolaus V. gab die vollkommenste Garantie, daß alle Statuten, Gewohnheiten, Gesetze, wie sie bei der deutschen Nation seit Alters bestanden, von ihm und dem römischen Stuhle anerkannt und aufrecht erhalten würden. Selbst an solchen Versprechen fehlte in der Urkunde es nicht, wornach die Reformation der päpstlichen Curie und insbesondere der sehr verhaßten Kanzleigebräuche in Aussicht genommen wurde.[1])

---

[1]) Wir glauben die merkwürdige Urkunde dem Leser zur Bequemlichkeit vorlegen zu sollen, welche Nikolaus V. am 28. März 1447 zu dem Zwecke der Erlangung der seinem Pontifikat zu leistenden Obedienz, gewährte: Nicolaus, episcopus, servus servorum dei. Ad futuram rei memoriam. Decet sedis apostolicae providentiam, que ab eius auctoritate procedunt taliter moderari, ut per ipsam concessa statuta et ordinata in suo robore inviolata perdurent; cum igitur felicis recordationis Eugenius papa IV. predecessor noster ad requisitionem et

Die Papstwahl Nikolaus V. hatte mit diesem Akte ihren Abschluß erlangt, indem in Folge dieser Zugeständnisse dem neuen Papste die Obedienz in derselben Weise geleistet wurde, wie seinem Vorgänger Eugen IV. Und für die Frage der Form, in welcher sich seit den Zeiten der großen Concilien das bilaterale Verhältniß zwischen Staat und Kirche beim Pontifikatswechsel gestaltete, kann die Untersuchung auch hier als abgeschlossen betrachtet werden.

---

supplicationem carissimi in Christo filii nostri Frederici Romanorum Regis illustris ac venerabilis fratris nostri Theodorici archiepiscopi Maguntini et dilecti filii Nobilis viri Friderici Marchionis Brandeburgensis nonnullorumqne aliorum nationis eiusdem nonnulla pro commodo, statu et utilitate nationis Germanice, eiusque Prelatorum ecclesiarum ac ecclesiasticarum personarum statuerit et ordinaverit, nec non Prelatis Baronibus et singularibus personis dicte nationis nonnulla concesserit ac indulserit, ac quasdam uniones et incorporationes fecerit, gratias expectativas concesserit, prout in diversis litteris desuper confectis, quarum tenores presentibus haberi volumus pro expressis plenius continetur, ac nos postmodum dicto predecessore sublato de medio divina clementia ad apicem summi apostolatus assumpti, post nostram de more subsecutam coronationem pro Curie Romane reformatione, uniones et incorporationes beneficiorum, que non fuerunt sortite effectum, ac etiam expectativas omnes duxerimus revocandas, reservationes quoque aliquos fecerimus et nonnulla alia statuta, ordinationes et regulas in Cancellaria nostra describi mandaverimus, que volumus observari, Nos ne per ipsum predecessorem statuta concessa facta et ordinata in ipsa natione Germanica in dubium revocari possint, et ne ipsis aliquod preiudicium generetur, auctoritate apostolica tenore presentium declaramus nostre intentionis fuisse et esse quod per quecunque statuta, decreta, ordinationes regulas et signaturas . . . . in nullo derogetur factis, gestis . . . neque eis aliquod in parte vel in totum preiudicium generetur, cum intentionis nostre sit . . . . . in nulla re contraire, quin potius . . . decernimus inviolabiliter observari . . . folgt die Straffanction. Datum Incarnationis et Pontificatus.

Indessen wird es dem Leser wünschenswerth erscheinen, an die ferneren Schicksale der Concordate erinnert zu werden. Bekanntlich wurden die Verheißungen des Papstes und die Hoffnungen der deutschen Stände nur zum geringsten Theile erfüllt. Die weitern Verhandlungen über die Ausführung der Vertragspunkte zwischen dem römischen Stuhle und dem König Friedrich sind ein großartiger Versuch die deutsche Nation um das pragmatische Gesetz vom Jahre 1439 zu betrügen. Wichtige und unerläßliche Punkte der Constanzer und Basler Reformdekrete, wurden in den Aschaffenburger Abmachungen, denen nur ein kleiner Theil der Stände beiwohnte und in den Wiener Concordaten fallen gelassen; der Staat verhandelte durch Persönlichkeiten, welche dem Papstthum offen in die Hände arbeiteten, der König war am wenigsten geeignet, sich mit dem päpstlichen Stuhle zu veruneinigen; Friedrich III. opferte in dem Conflikt zwischen seinen Haus- und Reichsinteressen, die letzteren in den Concordaten dem römischen Stuhle auf. Die Ungeschicklichkeit oder Unredlichkeit, mit welcher die Concordate von Seite der staatlichen Gewalten zu Ende geführt worden sind, ließ das Sprichwort entstehen: „Concordiren heißt verlieren." Und in der That nie wieder vermochte man in der deutschen Nation einen lebendigen Glauben an Verträge mit dem römischen Stuhle zu erwecken. Daß das Wiener Concordat den von Nikolaus gemachten Versprechungen nicht entsprach, konnte den Reichsständen auch nicht entgangen sein. Die Folge davon war, daß eine Reihe von deutschen Fürsten, welche sich mit der Herstellung der päpstlichen Annaten, mit der theilweisen Wiedereinführung der Reservationen und Provisionen und vielen andern Eingriffen des Papstthums in die deutsche Kirchenverfassung nicht zu versöhnen vermochten, ihren Beitritt zu den Wiener Concordaten versagten, aber die vereinzelten Stimmen, wie die der Erzbischöfe von Trier und Köln, der Bischöfe von Straßburg, Würzburg, Bamberg sanken ohnmächtig zu Boden. Das Wiener Concordat war vom päpstlichen Standpunkte betrachtet ein Meisterstück des Legaten Carvajal, welcher die getheilten Meinungen der Stände und des Königs trefflich auszunutzen wußte und nachher unermüdlich für Aussöhnung jedes Einzelnen der Opponenten thätig war.

Noch schlimmer aber war es ohne Zweifel, daß auch die Bestimmungen des Wiener Concordats mehr und mehr in Vergessenheit geriethen. Hiedurch war die deutsche Reformation auf eine Bahn gelenkt, welche über das staatsrechtliche Prinzip der einfachen Obedienzverweigerung bei weitem hinaus gehen mußte. Dem römischen Papstthum trat die aus den Fundamenten des Glaubens reorganisirte Kirche der protestierenden Stände entgegen, aber die Kirchengesetzgebung hörte auf ein gemeinsames Gebiet aller Reichsstände, der Gesammtgesetzgebung und der Reichsverfassung zu sein.

Die kaiserliche Gewalt der neuern Jahrhunderte suchte zwar noch den Papstwahlen gegenüber die alten Rechtsansprüche zuweilen energisch geltend zu machen, aber viel zu sicher waren die Päpste der Obedienz des habsburgischen Geschlechtes, als daß der kaiserliche Einfluß auf den Pontifikatswechsel von großer Bedeutung sein konnte. Dennoch aber muß es als ein Verdienst auch der spätern deutschen Kaiser anerkannt bleiben, daß sie die Rechte des Reiches wenigstens formell durchaus niemals völlig fallen oder in Vergessenheit gerathen ließen.

Kaiser Karl V., welcher den Versuch vergeblich machte, die einheitliche Entwicklung des Kirchenrechts zu wahren, und welcher in Deutschland den Abfall von der römischen Kirche vergebens mit dem Schwerte bekämpft hatte, unterließ es doch nicht, seinen lauten kaiserlichen Ruf und Befehl vor dem Conclave vom Februar 1550 vernehmen zu lassen. Man möge, schrieb er an die Cardinäle, eine passende und entsprechende Wahl treffen, und er berief sich hiebei mit voller Kenntniß der Geschichte auf die alten Rechte der Kaiser, denen als Advokaten der Kirche zustand, die Wahlen der Päpste zu leiten und zu überwachen.[1])

Karls Nachfolger am „römischen Reiche deutscher Nation" waren zwar nicht in der Lage und meistens auch nicht in der Gemüthsstimmung durch Schreiben ähnlicher Art so günstige Wahlen, wie diejenige Julius III., hervorzuzaubern, dennoch aber ließen sie keine Gelegenheit vorbeigehen, ohne in mannigfaltiger Weise an die alte Stellung des Reiches bei den Papstwahlen zu erinnern.[2]) Die Obedienzleistungen geschahen noch

---

[1]) Schon in der Abhandl. v M. J. Schmidt ist auf das merkwürdige Schreiben Karls V. aufmerksam gemacht: „tametsi nihil dubitamus vestras reverendissimas paternitates pro suo in rempublicam Christianam officio, zelo pietate (electionem novi Pontificis) ea prudentia et dexteritate gesturas esse, quemadmodum et praesens rei publicae status, ac omnium de se expectatio postulat, et licet neque nostra, neque alterius commonitione ad hanc rem opus esse arbitremur, attamen Nos quem scimus advocati ecclesiae munus et provinciam sustinere eoque nomine — ex veteri majorum instituto in partem huius solicitudinis esse advocatos, neque debuimus nostro officio deesse, quin huic rei omnium maximae et gravissimae partes quoque nostras interponeremus." Schmidt fügt die Bemerkung hinzu: Id prae ceteris notatu dignum in hac epistola videtur, quod Imperator non tantum ad titulum advocati sed et ad vetera majorum instituta provocat.

[2]) Schmidt meint auch von den spätern Kaisern, daß sie ähnliche Aufforderungen an die Cardinäle ergehn ließen: Caroli vestigia deinceps processerunt ipsius e familia austriaca successores, quamquam quae legatis ad conclave missis instructiones fuerint datae non aeque actis publicis proditum fuerit. Haud absque fundamento tamen divinare licet, quod a Carolina parum abludant.

durch längere Zeit in feierlicher Weise, zuletzt auf diplomatischem Wege (oben S. 151). Verweigert wurde die Anerkennung von Seite Oesterreichs bei keinem Pontifikatswechsel, doch machte es redlichen Gebrauch, wie früher schon gezeigt wurde, von dem noch immer hochgehaltenen Recht der Exclusive, nnd hatte dadurch das Verdienst, den staatsrechtlichen Charakter der Theilnahme der weltlichen Gewalten an der Papstwahl, wenn auch in sehr abgeschwächten und häufig trügerischen Formen in unausgesetzter Continuität vor der Verjährung zu bewahren. So gieng dem deutschen Kaiserthum der Grundgedanke des uralten bilateralen Verhältnisses bei keinem Pontifikatswechsel ganz verloren, und der ehernen Tradition der canonischen Wahlbestimmungen steht seit den Tagen Constantins des Großen eine nicht minder ausgeprägte historische Ueberlieferung der weltlichen Gewalt in unverlorner Rechtskraft heute noch zur Seite.

FSC
www.fsc.org
MIX
Papier | Fördert
gute Waldnutzung
FSC® C083411

Kolibri 360 GmbH
Ferdinand-Jühlke-Straße 7
99095 Erfurt, Deutschland
produktsicherheit@kolibri360.de